江苏省教育科学"十二五"规划课题
"应用型本科高校学习文化建设实践研究"(编号：D/2013/01/098)
江苏省教育厅 2012 年高校学生工作委托课题
"榜样激励在大学生思想政治工作中的研究与实践"

应用型本科高校立德树人探索

肖　华　著

苏州大学出版社

图书在版编目(CIP)数据

应用型本科高校立德树人探索 / 肖华著. —苏州：苏州大学出版社，2014.11
ISBN 978-7-5672-1144-5

Ⅰ. ①应… Ⅱ. ①肖… Ⅲ. ①本科—高等学校—发展—研究—中国 Ⅳ. ①G649.21

中国版本图书馆 CIP 数据核字(2014)第 266040 号

应用型本科高校立德树人探索
肖 华 著
责任编辑 巫 洁

苏州大学出版社出版发行
(地址：苏州市十梓街 1 号 邮编：215006)
苏州工业园区美柯乐制版印务有限责任公司印装
(地址：苏州工业园区娄葑镇东兴路 7-1 号 邮编：215021)

开本 700 mm×1 000 mm 1/16 印张 15.5 字数 262 千
2014 年 11 月第 1 版 2014 年 11 月第 1 次印刷
ISBN 978-7-5672-1144-5 定价：28.00 元

苏州大学版图书若有印装错误，本社负责调换
苏州大学出版社营销部 电话：0512-65225020
苏州大学出版社网址 http://www.sudapress.com

前言

当人类社会跨入21世纪的大门,知识经济时代悄然到来。一般而言,经济时代的划分注重的不是生产什么而是用什么生产,知识经济是继自然经济、工业经济之后,人类在财富创造形式上的崭新时代。21世纪是知识经济的时代,其主要特征是:经济增长对于自然的依赖减少,而对知识和科学技术的依赖大大增加,突出表现为知识与科技的创新、知识与科技的应用。因此,人才、知识、科技、教育等要素,在经济社会发展中的重要性日益凸显。党的十八大提出了"全民受教育程度和创新人才培养水平明显提高,进入人才强国和人力资源强国行列,教育现代化基本实现"的教育改革发展目标。高等教育作为人才培养和科技创新的主阵地,显然已经成为经济社会发展的重要引擎。人才强国是国家发展的重要战略。我国是世界第一的人力资源大国,但还远不是人才大国,更不是人才强国,唯有将人力资源大国转变为人才资源强国,才能为实现中华民族伟大复兴"中国梦"提供强有力的人才保障和智力支持。综合国力竞争,归根到底是人才的竞争,谁拥有人才优势,谁就拥有了竞争优势。

在社会变革的大冲击下,高等教育人才培养目标也在不断调整、不断变革。社会需求不仅"比十所大学更能把科学推向前进",也是推动高等教育发展的根本力量。随着整个社会发展程度越来越高,高等教育的职能就越来越分化,高等学校的类别也会变得更加丰富。为了更好地适应时代对人才的实际需求,《国家中长期人才发展规划纲要(2010—2020年)》中提出"促进高校办出特色",党的十八届三中会也提出要"创新高校人才培养机制,促进高校办出特色,争创一流","引导部分地方本科高校向应用技术型高校转型"。目前,我国有1000余所非"211"的地方本科院校,它们数量最多、招生规模最大、人才培养最多,是大众化高等教育的主力。地方本科院校向应用技术大学转型,是顺应经济发展方式转变的趋势,是遵循职业技术教育发展规律的结果。应用技术大学是一种与普通大学并行、以专业教育为主导和面向就业的教育,是高等教育完整体系的必要组成部分,肩负培养高层次应用型人才、开展应用研发创新、服务就业和区域经济发展及促进终身学习等多重使命。

当前,我国应用型本科高校正在迎来一个前所未有的发展机遇。应用型本科高校主要是指20世纪90年代末以来,国家为优化高等教育布局,适应我国高等教育大众化需要,批准建立的一批普通本科高校。应用型本科教育对于满足我国经济社会发展、满足高层次应用型人才需求以及推进高等教育大众化进程起到了积极的促进作用。应用型本科教育的每一个发展阶段,都与当时的社会经济发展状况及对人才的需求、高等教育发展现状、教育政策导向等密切相关,同时也是地方性本科院校不断探索、改革与实践的结果。一直以来,我国科技实力的不强导致综合竞争力的不足,这不仅制约着国家经济发展的步伐,更在很大程度上影响着区域经济社会的发展和产业能级的提升。作为我国高等教育的重要组成部分,应用型本科高校在建设高等教育强国、人才强国的进程中发挥着不可或缺的独特作用。在新形势下,培养出大批德才兼备的高层次应用技术人才,更好地为地方经济社会服务,是摆在应用型本科高校面前的艰巨任务。

育人为本是教育工作的根本要求,德育为先是全面实施素质教育的第一要务。党的十八大明确指出"把立德树人作为教育的根本任务""加快发展现代职业教育""让每个孩子都能成为有用之才""开创人人皆可成才、人人尽展其才的生动局面",这些都有利于完善中国特色社会主义现代教育体系,满足广大人民群众不断增长的多样化教育需求。立德树人已经成为教育改革发展的价值旨归,是建设现代职业教育体系的内在要求。立德树人是应用型本科人才培养的根本任务。实际上,在高等教育大众化深入发展的今天,与人民群众息息相关的是90%的非精英人才培养,他们是高等教育改革发展的主体。而高校传统的思想政治教育模式是以培养精英为目标而设计的,如今,传统模式已经越来越凸显出对当代大学生,尤其是应用型人才培养的不适应。因此,应用型本科高校立德树人,不仅有同层次人才培养的普遍共性,更有自己的规律和特点,需要进一步探索与实践。

立德树人是应用型本科人才培养的灵魂工程。应用型本科高校必须深刻理解立德树人教育方针的内涵,透彻把握立德树人的主要任务,推动应用型本科高校的内涵发展。根据多年来的实践,我们立足于自身人才培养目标的特殊性,初步探索其立德树人的有效机制:(1) 引领大学生成长成才的中国梦是应用型本科高校立德树人的价值追求。高校坚持立德树人,教育和引导大学生把书写出彩人生与实现民族复兴同步,把个人发展与国家发展融合,将中国梦教育融入大学生幸福观教育。(2) 导师育人是应用型本科高校立德树人的有效模式。针对新时期应用型本科高校学生工作面临的问题、挑战及任务,探索建立新型师生关系、促进全面发展的“辅导员 + 班导师”导师育人机制。(3) 文化育人是应用型本科高校立德树人的引导机制。高校通过学习文化建设、榜样激励教育、综合素质评价等多元化发展和差异化教育,实现文化育人。(4) 实践育人是应用型本科高校立德树人的必由之路。实践教学是关键环节,团学组织是重要依托,学生社团是有效载体。(5) 资助育人是应用型本科高校立德树人的必要保障。高校必须坚持物质资助与精神扶贫相统一、心理关怀与能力培养相统一、解困资助与权益保障相统一的原则,构建有效工作机制。(6) 服务育人是应用型本科高校立德树人的重要渠道。以人为本,服务师生,努力提高师生满意度;博采众长,推陈出新,全面推进节约型校园建设。高校教职工运用有形的、无形的,立体的、全方位的服务育人,将真情与关怀融入服务,“春风化雨,润物无声”。

应用型本科高校立德树人,不是单项工作,而是一项系统工程。应用型本科高校在着手构建有利于学生专业应用能力发展、满足社会需要的培养体系时,要注重将德育贯穿于人才培养全过程,避免步入追求“失去灵魂的卓越”的误区。杨叔子院士告诫我们:大学的主旋律应是“育人”,而非“制器”,是培养高级人才,而非制造高档器材。因此,应用型本科高校的大学生不仅要在专业课堂中学到专业知识,在实践课程中掌握专业技能,还要在课外,在党团活动、学生管理、志愿者服务、校园文化熏陶中提升思想政治素质和人文素养。应用型本科高校必须把“立德树人”切实贯穿到学校的各项工作中去,落实在日常教育教学活动全过程中,体现在学生发展服务体系实践中,渗透在大学文化培育中,扎根于大学人的心中,培养信仰坚定、品德优良的高素质应用型人才。

目 录

Contents

第一章

立德树人:应用型本科高校人才培养的根本任务

迈入21世纪的今天,经济全球化日益深化,国际竞争异常激烈,信息化日益改变着人们的生活方式,诸多变化全方位地冲击着教育理念和教育方式。教育作为社会的一个子系统,必然将随着时代的发展而不断发生变化。随着高等教育由精英教育发展到大众化阶段,地方高校必须立足于本校实际和区域特色,培养高层次的应用型人才,以满足社会对应用型人才的多样化需求。应用型本科高校是以培养知识、能力和素质全面而协调发展,面向生产、建设、管理、服务一线,综合素质较高、综合应用能力强,并具有一定创新能力的应用型高级专门人才为目标的高校。教育的根本任务是培养人,关键是"培养什么样的人"。党的十八大报告明确提出,把立德树人作为教育的根本任务,培养德智体美全面发展的社会主义建设者和接班人。①《国家中长期教育改革和发展规划纲要(2010—2020)》提出"坚持育人为本、德育为先、能力为重、全面发展"原则,应用型本科高校要树立"全面发展、人人成才、多样化人才、终身学习、系统培养"的科学人才观念,构建"现代职业教育体系"。立德树人是"办人民满意教育"的根本保证,是建设现代职业教育体系的内在要求,是应用型本科高校人才培养的根本任务。

① 胡锦涛. 坚定不移沿着中国特色社会主义道路前进 为全面建成小康社会而奋斗——在中国共产党第十八次全国代表大会上的报告[M]. 北京:人民出版社,2012:35.

第一节 应用型本科高校人才培养概述

应用型本科教育重在“应用”二字，要求以体现时代精神和社会发展要求的人才观、质量观和教育观为先导，以在高等教育新形势下构建满足和适应经济社会发展需要的新的学科方向、专业结构、课程体系，更新教学内容、教学环节、教学方法和教学手段，全面提高教学水平，培养具有较强社会适应能力和竞争能力的高素质应用型人才。

一、发展应用型本科教育的时代价值

地方本科院校的发展面临着众多的机遇和挑战，而发展机遇的把握和挑战的应对取决于其整体发展目标的价值取向。“近年来，我国高等教育发展出现一种现象，就是原来以行业为主的高校正在逐步重新回到或者是在更高层面上走向围绕行业发展的特色上来。这是一种理性的回归。地方高校尤其是新建本科院校要高度重视这一现象出现背后所蕴含的重要意义。可以说，这是中国高等教育经过一段时期发展后得出的经验甚至是教训，特别珍贵。”①

（一）发展应用型本科教育是人才强国战略的必然选择

随着国际竞争日益激烈，人才资源已成为最重要的战略资源。《国家中长期人才发展规划纲要（2010—2020 年）》指出“当今世界正处在大发展大变革大调整时期，世界多极化、经济全球化深入发展，科技进步日新月异，知识经济方兴未艾，加快人才发展是在激烈的国际竞争中赢得主动的重大战略选择”。自 1999 年中国高等教育开始大规模扩招以来，整个高等教育规模从原来不到 700 万人增加到现在的近 3000 万人，居世界第一位。短短十多年，中国高等教育实现了从精英教育到大众化教育的跨越，中国成为世界上大学生数最多的高等教育大国。我国是世界第一的人力资源大国，但还远不是人才大国，更不是人才强国，唯有将人力资源大国转变为人才资源强国，才能为实现中华民族伟大复兴的“中国梦”提供强有力的人才保障和智

---

① 吴仁华. 大学科布局：地方新建本科院校发展工科的重要策略[J]. 高等工程教育研究，2014(1)：66.

力支持。综合国力竞争,归根到底,就是人才的竞争,谁拥有人才优势,谁就拥有了竞争优势。

走中国特色现代高等教育之路,实施科教兴国战略、人才强国战略,已经成为时代赋予中国高等教育的崇高而又艰巨的历史使命。人才强国的关键在于,一个国家的高等教育培养的人才、提供的科技成果和社会服务,能够基本独立自主地解决本国在经济、社会及科学技术发展中所出现的重大理论和实践问题。纵观美国、英国等世界公认的高等教育强国,不仅有哈佛大学、耶鲁大学、牛津大学、剑桥大学等世界名校,也有各种特色鲜明的单科学院等高等教育机构,这些学校各有分工、各有所长,共同构成一个相对完备的高等教育体系。中国要建设高等教育强国,实施人才强国战略,必须建立科学现代高等教育体系,实现不同类型高等教育的分类发展、协调发展,以满足不断发展的时代和社会对多样化的人才的需求。

多样化不仅是高等教育实现大众化的重要途径,也是高等教育服务社会、人才强国的客观要求。改革开放以来,我们依靠廉价的劳动力大军创造了令全世界惊叹不已的"中国奇迹",很多学者认为这是人口红利带来的巨大成果。有研究表明,改革开放30多年来,我国人均GDP增长中有27%的贡献来自于人口红利。在2007—2012年五年间,中国劳动力成本提升,人均工资提高了一倍还多。当我国在经济上跻身中等发达国家之列,以前廉价而充裕的劳动力供给递减,劳动力成本在递增,"人口红利"将逐渐消失。随着土地成本、人力成本双双上升,我国原有的成本优势逐渐丧失,低端制造业市场正加快向成本更低的东南亚国家转移。因此,加强高层次技术技能人才培养,实现从"人口红利"到"人才红利"的转化,是我国在国际制造业新的竞争中获胜的关键所在。同时,自2008年金融危机以来,世界经济和产业格局的重心重新回归实体经济。国际经济形势的变化和实体经济的回归对经济发展、人才培养提出了新要求和新挑战。

随着整个社会发展程度越来越高,高等教育的职能就越来越分化,高等学校的类别就会变得更加丰富。我国经济发展方式已由粗放型向集约型转变,经济的增长将主要依靠技术进步,而不是原始物质资料的投入,人的素质已成为影响和制约知识经济发展的核心要素之一。随着生产力水平的提高,目前,越来越多的企业从劳动密集型转向高科技型,从而使用工数不断减少,劳动生产效率不断提高。这种经济发展转型,产业结构调整,劳动组织形态变革,要求学校尤其是地方高校,要培养出大批生产和管理一线急需的、具有较强实践能力的应用型人才。以应用型人才培养为目标的地方应用型本科高校，包括老本科院校和新建本科院校，基本定位是培养应用型人才的教学型高校，主要任务是培养区域经济社会发展所需要的应用型人才及部分复合型人才。作为我国高等教育体系的重要组成部分，应用型本科高校在建设高等教育强国的进程中发挥着不可或缺的独特作用。假如没有应用型本科人才质量的提升，那么，提高我国高等教育质量、建设现代化教育强国都将无从谈起，也无法满足国家建设可持续发展的实际需要。

（二）发展应用型本科教育是经济社会发展的客观要求

目前，我国高等教育已经进入大众化发展阶段，高等教育规模跃居世界第一。据统计，2012 年全国共有普通本科高校 1171 所（含独立学院 293 所），其中“211”工程高校（116 所）占 9.9%，非“211”高校（1055 所）占 90.1%。高等教育大众化的快速推进使高校毕业生逐年增加，2013 年应届大学毕业生人数达到 699 万，大学生就业难现象突出，高校毕业生就业问题日益严峻。近年来，有不少地方本科院校仍然简单地模仿和照搬研究型大学的培养模式，沿着“985”“211”大学发展的路子在谋求发展，难度很大，前途渺茫，无法形成自己的特色，更无法满足社会与学生发展的实际需求。人才供给与需求在人才培养规格上的对接错位，导致了大学毕业生的结构性失业。“当前，一方面，随着经济的转型升级，我国高层次技术技能人才的数量和结构远不能满足市场需求，‘高级技工荒’难题凸显；另一方面，高等教育的同质化发展，造成高校毕业生就业困难。因而，调整高等教育结构，推动高等教育多样化发展，促进人才培养结构与市场需求的匹配度，已成为当务之急。”①

地方本科院校的主要职能，是服务地方区域经济社会的发展，为地方经济建设与社会发展培养大批“下得去、留得住、用得上”的本科层次复合型、应用型人才。我国地方应用型本科教育萌芽于 20 世纪 80 年代，兴起于 20 世纪 90 年代，在 21 世纪初得到快速发展。应用型本科教育的每一个发展阶段，都与我国当时的社会经济发展状况及对人才的需求、我国高等教育发展现状、我国教育政策导向等密切相关，同时也是我国地方性本科院校不断探索、改革与实践的结果。新时期，在经济发展方式快速转变、产业结构深度不断调整、实体经济迅速壮大的背景下，社会对人才需求的规模、质量、结构等均发生了许多变化，从而直接对高等教育服务经济发展的能力提出了

---

① 焦新. 加快地方本科院校转型　服务社会经济发展——《地方本科院校转型发展研究报告》负责人答记者问[N]. 中国教育报，2013－12－13(02).

新的挑战,成为促使我国高等教育分类管理和结构调整的主要外因。

自1978年我国实施改革开放政策以来,国家发展重心转移到"以经济建设为中心",生产力水平得以迅速提高,对国民经济建设基层的应用型人才的需求随之不断增加。在北京、上海等教育发达地区,最早开始了应用型本科教育的探索。1990年7月,原国家教委在兰州召开了全国高等理科教育工作座谈会(简称"兰州会议")。"兰州会议"的主题为建设"面向21世纪、规模适宜、布局合理、结构优化、加强基础、重视应用、分流培养、水平较高的具有中国特色的社会主义理科教育体系"。许多学校在培养应用型理科人才方面进行了新的探索,推动了把多数理科毕业生培养成应用型理科人才的改革。[①] 1996年1月,国家教委颁发的《关于进一步深化高等理科教育教学改革的若干意见》指出,要贯彻1994年5月在武汉召开的全国高等学校理科培养应用性人才经验交流会的精神,进一步拓宽和优化理科专业结构,实行两级分流(专业层次的分流和专业方向层次的分流),采取多种形式,探索理科培养应用性人才的新路子。1998年至2000年,随着大批行业特色院校划转地方,高等教育的活力与动力得到激发。

20世纪中叶以来,深刻的社会变革对教育提出了越来越高的期望和要求,培养能够适应知识经济时代挑战的新人才,成为社会发展对高等教育提出的迫切要求。在社会变革的大冲击下,高等教育培养目标也在不断调整,为跟上时代及教育发展的步伐而不断变革。社会需求不仅"比十所大学更能把科学推向前进"[②],也是推动高等教育发展的根本力量。21世纪是知识经济的时代,其特征是:经济增长对于自然的依赖减少,而对知识和科学技术的依赖大大增加,生产资料与劳动力一体化,投资向知识和智慧倾斜。大学正以崭新的姿态步入经济社会的中心,担当起经济社会发展的"人才库""知识库""思想库"以及知识产业的"孵化器"等多种角色。这些突出表现在知识与科技的创新、知识与科技的应用上。一般来说,能够进行知识创新和从事科学研究开发的毕竟只是少数研究型大学、科研院所和少数科技专家,而科技创新的成果要能转化为生产力,必须依靠大量的应用型人才。有学者指出:"过去30年我们制造业取得巨大成功依靠的是我们'勤劳的双手',而未来30年继续成为世界制造业巨头必须依靠我们的'智慧的大

---

① 《中国教育年鉴》编辑部.中国教育年鉴(1991)[M].北京:人民教育出版社,1992:113。
② 马克思,恩格斯.马克思恩格斯全集:第39卷[M].北京:人民出版社,1974:198.

脑'，未来制造业竞争是一场不折不扣的'技术竞争'。"[①]可见，现代经济社会发展对应用型人才的依赖性越来越大，需要大量的能到生产一线从事技术开发、技术应用和生产管理的高素质应用型人才。高校要强调人才多元发展和差异化教育，引导更多青年立志成为应用型人才。

（三）发展应用型本科教育是满足学生发展的主体需要

早在古希腊时期就提出了"人本自由"的命题，要求通过和谐的体育、德育和智育来促进学生的理性发展与体魄健全。联合国开发计划署编著的《2000 年人类发展报告》指出：所有文明的标志是对人的尊严和自由赋予的尊重。1998 年诺贝尔经济学奖获得者印度学者阿马蒂亚·森在其所著《以自由看待发展》一书中，不仅对发展提出一种全新的考察视角，而且对自由和发展的关系做了比较深入而见解独到的探讨。阿马蒂亚·森的基本观点是"自由既是发展的首要目的，又是发展的主要手段"[②]。他指出，发展可以看作是扩展人们享有的真实自由的一个过程。马克思主义认为，人的自由发展是指人自觉自愿地发展自己的才能，施展自己的才华和力量。正如恩格斯所说的，"人终于成为自己的社会结合的主人，从而也就成为自然界的主人，成为自己本身的主人——自由的人"[③]。因此，人的全面发展注重人的素质与能力的普遍性和全面性，主要是指人在德、智、体、美等诸方面的充分发展与普遍提高，而作为理想目标的人的自由发展主要着眼于人的个性自由和协调发展。

高等学校分类发展的基点是满足社会发展的多样性需求，同时也要满足受教育者个体发展的多样性要求。随着知识经济时代的到来，教育首先突破了工业经济时代的传统教育模式。传统的教育模式漠视学生的潜能、兴趣、愿望和个性，追求高度一致的卓越，把所有的学生塑造为整齐划一的"人才"。而今天的高等教育，主张学生是活生生的人，不是被动的机器，认为他们具有很强的主观能动性，强调"以生为本"，尊重学生的人格独立性，尊重并培养学生的创造欲望和创造精神，发展学生的适应能力和迁移能力。《国家中长期教育改革和发展规划纲要（2010—2020 年）》中也明确提出要"关心每个学生，促进每个学生主动地、生动活泼地发展，尊重教育规律和学生身心发展规律，为每个学生提供适合的教育。努力培养造就出数以亿计

① 史占中. 大国复兴与崛起：从"中国制造"到"中国智造"[N]. 文汇报，2013－01－15(12).

② [印]阿马蒂亚·森. 以自由看待发展[M]. 北京：中国人民大学出版社，2002：7.

③ 马克思，恩格斯. 马克思恩格斯文集：第3卷[M]. 北京：人民出版社，2009：566.

的高素质劳动者、数以千万计的专门人才和一大批拔尖创新人才”。其核心是尊重每个学生的需要,发展其个性,开发其潜能,促进人的全面发展,提高人才服务经济社会发展的能力。

随着高等教育步入大众化阶段,很多大学本科毕业生必须到生产和管理一线岗位从事具体的科技知识、理论的应用性工作,而不是从事学术研究工作。应用型本科人才是指能将专业理论知识和专业技能应用于所从事的社会工作的具有本科学历的专门人才类型。这类人才以熟练掌握社会生产或社会活动一线的基础知识和基本技能而区别于研究型人才和技能型人才。多样化的应用型本科人才培养模式,要以科学发展观为指导,树立适应大众化高等教育要求的人才培养理念,遵循“以人为本”的基本价值取向,同时满足经济社会发展对这类人才的需求,实现高校人才培养与人才市场的良好“对接”。应用型本科人才培养,一方面,要承认学生差别,包容学生缺点,尊重学生成才需要,激发学生学习潜能,允许学生选择个人成才方向和成才类型;另一方面,要响应经济社会对人才的多样化需求。为此,在人才培养目标、规格定位等方面,要根据学校生源特点及学校面向的主要社会人才需求领域,进行有效的成才类型设计,形成不同类型人才的规格定位及培养方向设置;在制订人才培养方案时,要释放足够空间,设置不同的培养路径,给予学生多方向成才、发展的充分支持。应用型本科教育尊重学生自由发展的主体需要,以学生的发展为本,根据学生的兴趣、特长、爱好给予其成长成才更多的选择权,包括选择发展方向、选择专业、课程层次、学习进度等,激励学生成为有个性、有特长、有优势的人才。

二、我国地方本科院校转型发展之趋向

在我国现行高等教育体系中,研究型大学和高职(专科)院校的定位相对明确,而地方普通本科高校作为夹心层,定位常有“高不成,低不就”的尴尬,其中地方新建本科院校最为典型。截至2012年,我国共有新建本科学校646所,超过普通本科院校总数的50%,2012年培养的毕业生占全国非“985”“211”普通本科高校的45%,已经成为本科人才培养的重要力量。因此,推动这类学校向应用技术类型高校转型,将极大地推动我国高等教育结构的优化,推动我国现代职业教育体系的构建,最终服务社会经济发展。①

---

① 焦新.加快地方本科院校转型 服务社会经济发展——《地方本科院校转型发展研究报告》负责人答记者问[N].中国教育报,2013-12-31(2).

(一)我国地方应用型本科院校的基本定位

大众化阶段的高等教育对人才培养目标提出了新的要求,从着重培养单一的治国精英和学术英才,转变为着重培养多样化的应用型、职业型、技能型人才,需要丰富的高等教育的类型和结构,更好地适应多元化社会对各类人才的需求,应用型本科院校的发展正处于难得的战略机遇期。[①] 应用本科教育要体现高等职业教育的"高等、职业、教育"三维属性和特征,遵循高等职业教育的规律,坚持"以就业为导向,以服务为宗旨,产学研结合"的办学定位。

1. 应用型人才是地方应用型本科院校的培养目标定位

近年来,高校发展出现了同质化问题。首先表现为高等职业教育与普通高等教育的同质化。许多高职院校想"专升本",升本之后想招硕士,招了硕士又想招博士,最终都想办成研究型名校。同质化更严重的表现是本科高等院校由于扩招和合并,许多院校规模求大,专业设置求全,行业特色型高校的特色专业被"稀释"了。[②] 2014 年我国普通高校毕业生有 727 万人,一方面是高校毕业生面临就业压力;另一方面是许多企业找不到生产服务一线的高素质技术技能型人才。高等教育的同质化直接导致高校所培养的人才与社会所需求的人才对接错位。不少专家提出:"有必要冷静对待'重点大学'的诱惑,克服盲目攀比倾向。从学科建设、师资力量、管理模式、生源层次、教学水平等各方面条件来看,地方应用型本科院校应当把培养知识面较宽、基础较扎实、应用能力强、综合素质好的高级技术人才作为主攻目标,这样才能在高教生态中找到发展空间。"[③]可见,培养应用型人才是地方应用型本科高校培养目标的准确定位。

2. 服务地方促发展是地方应用型本科院校的办学特色

高校的根本任务就是培养人才,培养应用型人才是高等教育由精英教育向大众化教育转变的产物,是社会经济发展的要求。服务地方经济社会发展是地方应用型本科院校的根本使命,也是衡量地方应用型本科院校对地方社会经济发展贡献大小和综合实力强弱的重要标志。要实现地方经济社会发展、产业结构的转型、核心技术的创新以及综合竞争力的提升,迫切

---

① 唐景莉,董少校.地方高校如何定位:应用型本科错位竞争求突围[N].中国教育报,2011-11-01(1).

② 潘懋元.高校办学应避免同质化[N].中国教育报,2011-07-04(2).

③ 唐景莉,董少校.地方高校如何定位:应用型本科错位竞争求突围[N].中国教育报,2011-11-01(1).

需要地方应用型本科院校提供人才和智力支撑。应用型本科院校必须以服务求支持、以贡献求发展,充分融入地方经济社会发展,面向产业办学,加强校地互动。经济社会转型不应仅仅是产业、经济的转型,更本质的是人的成长成才方式的转型,教育应充分体现出经济社会发展对教育优质化、多样化、特色化的需求。要转变教育发展理念和发展模式,推进教育治理体系和治理能力现代化。为了培养出具有"地方性"的高素质应用型人才,不同区域的高校不能"随波逐流",更不能盲目照搬经验,而要走出一条适合本校实际,更符合当地社会经济发展的特色之路。

3. 多样化的人才培养是地方应用型本科院校的发展动力

我国进入全面建成小康社会的决定性阶段,人均国内生产总值由世纪之初1000美元上升到6000美元以上,社会开始由生存型消费逐渐进入发展型消费阶段,广大人民群众对通过接受良好教育提高自身素质、增强发展能力、改善生活质量,以及更好服务国家社会的愿望愈加迫切,也更为多样化。经济社会的多元化、多样化发展,使得社会对人才的需要呈现出多类化、多样化趋势,企业对人才的需要也多样化了。主要体现在三个方面:一是同一专业对人才的需要是多样化的,既需要技能型、技术型,也需要创新型,还需要复合型,等等;二是专业的多样性,这主要体现在要适应经济社会发展的需要来培养所需的各类专业人才,特别是一些新兴行业所需的专业人才;三是价值取向的多样性,也决定了人才培养服务模式的多样性。① 地方应用型本科高校以培养高层次应用型人才为目标。社会发展对应用型人才的多样化需求,推动了地方应用型本科院校人才培养模式和教育类型的多样化发展。

(二)我国地方本科院校转型发展的现实选择

前有老牌研究型大学"堵截",后有各类高职院校"追兵",地方应用型本科高校如何在错位竞争中突围呢?我国高等教育已从培养学术精英转向培养应用型、职业型、技术型等多样化的大众化人才,地方本科院校正处于难得的黄金发展机遇期。同时,在知识经济时代,对人才培养的类型和层次提出了新要求,应用型人才的培养备受关注。"世界经济论坛"(World Economic Forum)发布的《全球竞争力报告(2010—2011)》(The Global Competitiveness Report 2010—2011)有关数据表明,我国与发达国家和地区在技术储备上的差距十分明显,总排名排在138个国家和地区的第78位,而可用

① 陈小虎,杨祥.新型应用型本科院校发展的14个基本问题[J].中国大学教学.2013(1):18.

的最新技术更是排名94位。核心技术的缺失和综合竞争力的不足，不仅制约着国家经济发展的步伐，更在很大程度上影响着区域经济社会发展和产业能级的提升。经济发展方式转变、产业转型升级的趋势倒逼高等教育分类改革，要求形成与经济产业结构相匹配的高等教育结构。纵观世界各国的教育，无论是哪种类型的大学，都是社会经济发展到一定阶段的产物。

2013年11月，应用技术大学（学院）联盟、地方高校转型发展研究中心共同发布的《地方本科院校转型发展实践与政策研究报告》显示，地方本科院校就业率低，专业对口率低，就业质量不高，2011年的初次就业率仅为75.8%，为三类高校中最低，1999年以来新设的本科院校尤其低。该报告指出，目前我国有1055所非“211”地方本科院校，它们数量最多、招生规模最大、人才培养最多，是大众化高等教育的主力。目前，部分地方本科院校陷入发展困境，如办学定位趋同，盲目按照惯性思维发展；学科专业无特色，与地方产业结构脱节；师资队伍重学历、轻能力，教师专业实践能力低；等等。新建本科院校及独立学院问题更加突出。[①] 潘懋元先生曾说：“高校可以分类发展，教育领导部门可以分类指导，从而避免千校一面争奔学术型、研究型大学的独木桥。”[②]地方本科院校将人才培养目标定位在培养高素质应用型人才上，这是高等教育分层分类办学的必然要求。随着我国产业结构和技术结构的变化，企业对高层次技术应用型人才的需求逐渐扩大，专科层次的职业技术教育已经不再是职业技术教育的终结层面。《国家中长期教育改革和发展规划纲要（2010—2020年）》提出，要建立现代职业教育体系、优化高等教育结构、实行高校分类管理。这三大任务的交集是地方高校特别是地方行业高校及新建本科在现代教育体系中的科学定位问题。要解决这一问题，地方高校转型是首要任务，也是必然趋势。

2014年1月15日，教育部袁贵仁部长在全国教育工作会议上的讲话中指出：“学校只有主动面向社会、服务社会，不断提高服务意识、服务能力、服务水平，才能实现持续健康发展。教育部将出台关于引导地方本科高校转型发展的指导意见，引导一批本科高校在办学思路、模式、方法上向应用技术大学转变。”[③]教育是发展之本，就业是民生之本。我国要引导部分地方

---

① 董少校.引导一批普通高校转型，是加快教育综合改革的重要举措——应用技术大学时代如何迎接[N].中国教育报，2014-04-26(1).

② 潘懋元，吴玫.高等学校分类与定位问题[J].复旦教育论坛，2003(3):8.

③ 袁贵仁.深化教育领域综合改革　加快推进教育治理体系和治理能力现代化——在2014年全国教育工作会议上的讲话[N].中国教育报，2014-01-15(1).

本科院校向应用技术类型高校转型，建设现代职业教育体系，解决就业结构性矛盾，从根本上缓解高校毕业生就业难的压力。2014 年 3 月 21 日，教育部副部长鲁昕在中国发展高层论坛上释放更为明确的信号："我们必须下决心，学习借鉴发达国家应用技术大学和应用型高校的经验，通过试点推进、示范引领，以 2000 年以来新设的 600 多所本科高校为重点，引导部分本科高校加快转型发展步伐，更加直接地为区域发展和产业振兴服务，通过产教融合、校企合作、工学结合，培养生产服务一线的高层次技术技能人才，逐步实现人才培养和就业需求的无缝对接。"[①]2014 年 4 月，178 所高校齐聚驻马店，落实国务院常务会议做出的"引导部分普通本科高校向应用技术型高校转型"的战略部署，以产教融合发展为主题，共同探讨"部分地方本科高校转型发展"和"中国特色应用技术大学建设之路"，达成"驻马店共识"，成立了应用技术大学联盟，部分地方本科院校向职业教育转型慢慢开始步入轨道。

（三）我国地方本科院校转型发展的实现路径

地方本科院校向应用技术大学转型，是顺应经济发展方式转变的趋势，是遵循职业技术教育发展规律的结果，是比较借鉴国外高校办学经验的选择。应用技术大学是一种与普通大学并行、以专业教育为主导和面向就业与生活的教育，是高等教育体系的必要组成部分，肩负培养高层次应用型人才、开展应用研发创新、服务就业和区域发展及促进终身学习等多重使命。我国地方本科院校转型发展，不是单项改革措施的简单相加，也不是简单的更名，而是整体性、系统性的改革，必须明确转型发展的目标和标准，推动转型高校的实质性改革创新。面对困境，地方高等学校如何转型发展？《地方本科院校转型发展研究报告》负责人孟庆国指出，基本思路是：根据我国地方经济发展的布局以及地方院校发展的基础，参考国外的应用技术大学的办学经验，立足地方、明确定位，校企合作、开放办学，成就学生、服务社会。[②]实现这一任务，需要国家的顶层设计和各级政府的共同努力，更需要全社会的共同参与，创设建设现代职业教育体系的良好环境。

首先，政府大力主导是转型发展的保障条件。一是加强顶层设计，完善立法，明确新建本科院校在我国现代职业教育体系中的地位，建立健全政府

① 赵婀娜，记者专访教育部副长鲁昕——建设现代职业教育体系：解决就业结构性矛盾的重要举措[N]. 人民日报，2014－03－24(16).

② 焦新. 地方高校转型发展呼唤顶层设计——访《地方本科院校转型发展实践与政策研究》课题负责人孟庆国[N]. 中国教育报，2014－01－06(4).

主导、行业指导、企业参与的办学机制，扩大招生自主权，提高地方院校的生源质量，加快"双师型"队伍建设；二是以经费保障转型，研究应用技术类型高校生均经费基本标准、生均财政拨款基本标准，中央财政和地方财政应该共同设立转型示范学校专项资金；三是以信息促进转型，收集社会经济发展信息，及时发布国家产业结构调整目录，加强人才需求预测，建立就业预警机制，为高校转型提供信息支持；四是以评估引导转型，建立符合应用技术类型高校特点的评估标准；五是以试点带动转型，采用阶梯式分步走的方法，选择不同类型的办学基础条件较好的院校先行试点，探索新建本科院校的多种转型路径。①

其次，学校主动作为是转型发展的关键因素。一是进一步解放思想，更新办学理念。地方本科院校应当打破传统思维方式和办学模式，以全新视角看待当今的高等教育，摒弃高校发展一味追求"高大上"的规模、一提职业教育就嫌"档次太低"的陈旧观念，充分认识到应用技术大学的重要性和转型发展的重要性和必要性。二是进一步明确应用型本科定位，为区域经济服务，人才培养目标突出应用性和技术性。应用型人才培养应更加注重技术层面的提升，与一般本科相比，它更强调技术操作和解决实际问题的能力；与高职高专相比，它又有更宽的专业理论基础。三是优化专业和课程结构，提高专业课程设置与产业结构的匹配程度。人才培养过程重视理论与实践相结合，研究侧重于应用性研发创新。四是引进企业兼职教师，推动"双师型"结构队伍建设。"双师型"教师应该认识并懂得应用型人才的培养规律，认清自己的教育职责，正确判断自己的能力，增强为学生服务的意识、教育质量意识、市场竞争意识和与市场接轨的意识。五是积极回应企业需求，形成校企合作的双赢局面和良性循环，实现产学研结合、产教融合。应用型本科院校只有增强主动服务地方经济社会发展的意识和能力，才能更好地服务于地方经济增长方式的转变，服务于区域经济结构的调整，服务于产业升级和企业产品换代，在地方技术创新体系中发挥基础和支撑作用。

再次，企业积极参与是转型发展的必要条件。国内外的实践表明，加强学校与企业的深度合作，是培养应用型人才的有效模式。"驻马店论坛"呼吁行业企业积极主动参与地方高校转型发展，在激烈的市场竞争中合作互赢、共同发展。政府和学校需要出台相关政策，保护企业的经济利益，鼓励

---

① 焦新. 加快地方本科院校转型　服务社会经济发展——《地方本科院校转型发展研究报告》负责人答记者问[N]. 中国教育报，2013－12－31(2).

和支持企业参与校企合作。企业积极参与的切入点,一是积极参与人才培养目标制定。在制定人才培养目标和构建人才培养模式时,企业要主动参与,充分考虑市场和社会需求,明确表达企业对人才知识、技能的需求,以市场需求为导向,紧密结合学校的办学特色和办学定位,在专业设置、教学内容、课程设置和教学方法等方面力求企业与学校需要相对接。二是积极参与人才培养过程。为学生提供真实的工作环境和工作岗位,相关技术人员传授知识和经验,实地指导学生生产、管理与服务,充分利用企业的设备和工程技术人才资源,让学生在与企业的广泛接触的生产教育过程中学习知识,获取知识,提升能力。三是积极参与校企合作研发。企业和学校都是创新主体,依据市场和社会需要确定项目,根据项目的攻关要求,企业抽调专门的技术人员和高校教师以及相关学生组成研发团队合作开展攻关。学校和企业的合作,方式可以灵活多样,结合实际,实现资源共享、优势互补,形成互利共赢的发展共同体。

第二节　立德树人是应用型本科人才培养的灵魂工程

当前,我国现代化建设正处在深化改革开放、转变经济发展方式的攻坚时期,中国特色社会主义事业的深入发展和全面建成小康社会,迫切需要符合社会主义发展需要的高等教育,迫切需要坚定社会主义理想信念的各类人才。党的十八大报告指出教育方针是“坚持教育为社会主义现代化建设服务、为人民服务,把立德树人作为教育的根本任务,培养德智体美全面发展的社会主义建设者和接班人”[①]。这是首次在党的代表大会上把“立德树人”确立为教育的根本任务,也是党中央在新的历史条件下为完成“两个一百年”的奋斗目标、推进中华民族伟大复兴中国梦的实现而实施的教育战略决策。立德树人是应用型本科人才培养的灵魂工程。高校必须深刻理解“立德树人”教育方针的内涵,主动掌握应用型本科高校立德树人的主要任务,推动应用型本科高校的内涵发展。

① 胡锦涛.坚定不移沿着中国特色社会主义道路前进　为全面建成小康社会而奋斗——在中国共产党第十八次全国代表大会上的报告[M].北京:人民出版社,2012:35.

一、立德树人是教育的根本任务

十八大报告首次提出要“把立德树人作为教育的根本任务”，要通过“立德树人”来提高人才培养质量和促进人的全面发展。“立德树人”就是指教育者不断涵养内在品质，以身作则、身体力行，充分发挥主导作用，尊重学生的主体性，不断培育与社会发展相互适应的、德才兼备的人才的教育过程。

（一）立德树人：追求“有灵魂的卓越”

当今社会，经济全球化、文化多元化、信息开放化、交往网络化，鱼龙混杂的各种思想交织到一起，充斥着社会生活的方方面面，大学生属于信息接收的前沿群体，但是非辨别能力还不强，很容易受到诸多不良信息的干扰和影响。当代大学生群体中出现了不同程度的信仰缺失、道德失范、理想信念不坚定、价值取向失衡以及社会责任感缺失等问题，严重影响了大学生的健康成长与成才。“培养什么人、如何培养人”①，是我国社会主义教育事业发展中必须解决好的根本问题。党的十八大提出要“立德树人”，坚强而有力地回答了这一事关党和国家前途命运的问题，具有里程碑意义。它抓住了教育的本质要求，明确了教育的根本使命，符合教育规律和人才培养规律，进一步丰富了人才培养的深刻内涵，有利于“办人民满意的教育”。党的十八大对教育方针的新表述包括三个方面：教育功能即“坚持教育为社会主义现代化建设服务，为人民服务”；教育任务即“立德树人”；教育目的即“培养建设者和接班人”。尤其是关于教育任务的表述是在十七大“坚持育人为本，德育为先”的基础上做出的进一步深化、概括和升华，指明了今后教育改革发展的方向。袁贵仁部长指出：“坚持立德树人基本导向，本质要求是育人为本、德育为先、能力为重、全面发展，尽力为每个学生提供适合的教育，让每个孩子都能成为有用之才，成为德智体美全面发展的社会主义建设者和接班人。”②

立德是教育的本质内涵，也是教育的根本任务。也就是说，高校教学、科研、管理、服务等各个层面都要服从于“立德”，唯有立德，才能树人。教育方针将“立德树人”教育任务置于中心环节。教育任务是功能和目标的前提和基础，功能和目的是教育任务的外化和延伸。只有教育任务达到，才能促使教育功能的实现和教育目的的达成。教育方针中理顺了三者的关系，将

---

① 中共中央文献研究室. 十六大以来重要文献选编（中）[M]. 北京：中央文献出版社，2006：632.

② 袁贵仁. 深化教育领域综合改革[N]. 中国教育报，2013－11－20（1）.

教育任务置于中心地位，对我们具体的教育工作起到明确的方向性指导作用。因此，“立德树人”对高校发展具有重要意义：一是指明高等教育的方向就是“树人”，要坚持育人为本，通过合适的教育来发展人、改造人、塑造人；二是指出高等教育的途径就是“立德”，要坚持德育为先，通过正面的教育来引导人、感化人、激励人；三是强调高等教育的内容就是要在传授知识、培养技能的同时，突出社会主义核心价值观，从而规范人、要求人、提高人。立德树人，是高校追求“有灵魂的卓越”的实现。

（二）立德树人：让教育回归教育的本真

党的十八大报告提出的“立德树人”，既根植于中华文明的深厚土壤，又体现了时代发展的进步精神，是在新的形势和条件下提出的新的教育理念，有着崭新的科学内涵和丰富的理论意蕴。

1. 回归教育“以人为本”的本质规定

长期以来，我们的教育偏离了育人的本质，把人当作工具来“制器”。人成了现代化建设的手段和工具，而不是目标。透视目前教育中的林林总总现象，可以看到，许多与立德树人的目标南辕北辙，似乎“育分”远比“育人”更重要。尽管目前整个社会的文化水平上去了，但社会道德水准没有同步提升，甚至出现道德滑坡、社会信任危机。这种教育显然是将“德育为首、育人为本”的人才培养目标搁置一边，追求功利化的眼前成功，这必然导致“轻德育、重智育”的局面，是对教育本质的漠视与扭曲。十八大报告明确地指出“把立德树人作为教育的根本任务”，这可不是一般性的宣示和口号，而是正本清源的重要命题，它具有强烈的现实针对性，它针对的就是当前在相当程度上存在着的甚至还在发展着的对于教育本性认识的迷失。这个表述清晰地表达了我们党对于教育本质的认识和坚守，回归教育“以人为本”的本质规定。这个回归提醒我们：人是教育的目的而不是手段。教育的根本对象是“人”，根本目的是“人”，根本任务是育“人”，而且是活生生的、有思想的人，而绝不是分数、排名、升学率、论文量以及头衔多少等冷冰冰的数据。蔡元培先生曾经说：“德育实为完全人格之本。若无德，则虽体魄、智力发达，适足助纣为恶，无益也。”

教育在本质上是一种道德实践，道德目的总是内嵌于教育本身。爱因斯坦曾经说过：“用专业知识教育人是不够的，通过专业教育，他可以成为一个有用的机器，但是不能成为一个和谐发展的人。”[①]要成才，先成人。把立

① 爱因斯坦. 爱因斯坦文集：第 3 卷[M]. 北京：商务印书馆，1979：310.

德树人作为教育的根本任务,抓住了问题的实质和核心。“立德树人”的提出是在科学发展观指导下对教育目标和任务的重新准确定位。让教育回归本质,实现知识教育、能力培养与价值观培育的有机统一。因此,要推进“学科德育”,深入挖掘学科本身所蕴含的价值观念和道德内涵,让各学科的教师都认识到,如果脱离了学科中蕴含的情感、态度、价值观的具体生动的教育,课堂教学就只能停留在知识层面。清华大学梅贻琦校长说过,“师生犹鱼,行动犹游泳,大鱼前导,小鱼尾随,从游既久,其濡染观摩之效,不求而至,不为而成”。“教”不只是为了使学生成为有知识或是见多识广的人,而且是为了使他们对所学的内容感到有兴趣并产生深刻的关切。由此可见,“育德”与“增智”彼此交融、不可分割,没有无德育的教育。

2. 传承中华优秀教育思想的精髓

中华民族历来是重视德育和志趣高尚的民族。“立德”和“树人”是中华民族关于人生价值的基本理念和核心观念。《左传》载有“太上有立德,其次有立功,其次有立言,虽久不废,此之谓不朽”①。意思是,人生最高的境界是立德有德、实现道德理想,其次是事业追求、建功立业,再次是有知识、有思想、著书立说,这三者是人生不朽的表现。“立德”之所以被摆在首要位置,就是因为无论什么时候,做人都是安身立命、为人处事、建功立业的基础。“一年之计,莫如树谷;十年之计,莫如树木;终身之计,莫如树人。一树一获者,谷也,一树十获者,木也,一树百获者,人也。”②《管子》中的这段话说明我们的先贤已充分认识到培养人才是长远之计。中华文化尤其是儒家文化以伦理道德为核心,以“孝悌”修身为根本,以止于至善为目标,注重人的品质、品格的养成,这对中国人的人格的形成,对中华文明的延续起到了奠基性的作用。儒家思想中格物致知的修齐路径也是根除现代文明中物欲横流、人与自然对立的一剂良药。

立德树人的提出是对几千年优秀传统文化的延续和继承。优秀传统文化对我们认识社会、了解国情、处理人际关系、提高自身品德修养具有重要作用。传统文化中提出的仁爱忠孝、礼义诚信、温廉恭谦等观念,对规范个人行为、构建文明和谐秩序都具有重要作用;所呈现的辩证思想、人生哲理、处世态度等都可以为我们提供借鉴和启示。党的十八大报告把“立德树人”确立为教育的根本任务,是对我国古代优秀传统文化关于育人思想的正确

① 杨伯峻.春秋左传注(三)[M].北京:中华书局,2009:1088.

② 黎翔凤.管子校注[M].北京:中华书局,2004:55.

扬弃,是对我国教育事业长期发展实践经验的科学总结。在社会主义条件下,在今天,"立德"中的"德"是广义的,"立德"指树立美德,就是要建立社会主义核心价值体系、培育社会主义核心价值观和培养社会主义社会公德、职业道德、家庭美德、个人品德等;"树人"中的"人"也是广义的,"树人"指培养人才,我国教育事业要努力培养和造就数以亿计的高素质劳动者、数以千万计的专门人才和一大批拔尖创新人才等。"立德"与"树人"不仅在理论上紧密相连,而且在实践中不可分割。

3. 彰显大学生健全人格的内在要求

我国已进入高等教育大众化时代,但教育规模、规格的大众化不等于教育思想观念的大众化。固守精英教育理念的家长和学校,往往围绕考试,鼓励学生"拔尖",攀登金字塔的塔尖;迷信题海战术、魔鬼训练,开足马力向孩子灌输实用知识、应用技能,却偏偏忽视对作为一个普通而真实、平凡而健康的"人"的培养。《国家中长期教育改革和发展规划纲要(2010—2020年)》提出,要"树立科学的质量观,把促进人的全面发展、适应社会需要作为衡量教育质量的根本标准"。应用型本科高校要强调立德为先,要首先培养学生正确的世界观、人生观和价值观,让他们懂得最基本的做人之道,这是树人的根基。树人的前提是立德,立德的核心在于培育价值观、坚守灵魂。柏拉图说:"人若受过真正的教育,他就是个最温良的、最神圣的生物;但是他若没有受过教育,或者受了错误的教育,他就是一个世间最难驾驭的家伙。"①

可见,立德树人,既强调了思想道德素质的重要性,也强调了成才要素的全面性,其目标是德智体美全面发展,为实现中国梦奠定坚实的人才基础,提供强有力的保证;其核心是帮助学生树立正确的世界观、人生观、价值观,确立崇高的人生目标,使学生有高尚的道德情操,成为有责任心、有正义感、有奉献精神的人;其根本是构建社会主义核心价值体系,对大学生进行道德观塑造和主流意识形态的认同和接受教育,培养德智体美全面发展的社会主义建设者和接班人。美国教育家杜威指出:"青少年在连续的和进步的社会生活中所必须具有的态度和倾向的发展,不能通过信念、情感和知识的直接传授发生,它要通过环境的中介发生。"②坚持立德树人,高校要把课堂教学与课外活动,学校教育、家庭教育与社会教育有机衔接起来,注重引

① [捷克]夸美纽斯. 大教学论[M]. 傅任敢,译. 北京:教育科学出版社,1999:27.

② [美]杜威. 道德教育原理[M]. 王承绪,等,译. 杭州:浙江教育出版社,2003:43.

导教师在传授科学文化知识的同时，自觉挖掘学科中所蕴含的健全人格教育资源，将显性教育与隐性教育结合起来，使学生在获取知识的同时，得到德性的滋养与人格的涵育；高度重视对学生的人文关怀，营造良好的师生关系、同学关系，为培育学生健全人格提供良好氛围。

二、应用型本科高校立德树人的主要任务

新世纪以来，我国高等教育已经进入大众化阶段，教育的先导性、全局性作用在高等教育上表现得更为突出，所以高等教育的改革与发展负有重大责任。高校“立德树人”任务的确立，关系着社会主义建设事业的兴衰成败，关系着国家和民族的前途命运。因此，应用型本科高校应该重视大学生思想政治教育的改革和创新，以理想信念教育为核心，以爱国主义教育为重点，以公民道德教育为基础，以全面发展为目标，努力把当代大学生培养成有理想、有道德、有文化、有纪律的“四有”新人，培养成中国特色社会主义的合格建设者和可靠接班人。

（一）以理想信念教育为核心

当今世界，全球化的浪潮对大学生的思想和行为带来巨大的冲击。处于社会转型期的中国面临深层次改革的诸多困难，多元文化的冲击以及社会分配方式、社会组织形式、就业方式等一系列时代巨变给大学生思想政治教育带来许多新挑战。如何在纷繁变幻的世界潮流中，把握立德树人的正确政治方向，把大学生培养成具有坚定的中国特色社会主义共同理想、符合中国社会主义现代化建设需要的人才，是一个重大的课题。党的十八大报告中关于中国特色社会主义的新概括极大地丰富了高校思想政治教育的内容，所以，对大学生加强思想政治教育，就应把理想信念教育和中国特色社会主义共同理想教育结合起来，和中国梦教育结合起来，就应用中国特色社会主义理论武装广大学生，把大学生凝聚在中国特色社会主义伟大旗帜之下。要把理想信念教育放在首位，教育引导广大青少年学生不断增强道路自信、理论自信、制度自信。目前，中国特色社会主义理论教育在各高校均已展开，但其中的关键是要让学生真学、真懂、真信、真用。

坚持“立德树人”，要以理想信念教育为核心，高校要抓实大学生对马克思主义理论、中国近代革命史、中国共产党史的学习领会，坚持用马克思主义科学理论武装学生，这样才能使其掌握科学的思维方法、提高科学思维能力；引导大学生投身社会实践，在理论学习和实践锻炼中增强对中国特色社会主义的道路自信、理论自信和制度自信，从而坚定跟党走的决心，使立德

树人的教育实践建立在科学的理论基础之上。坚持“立德树人”,就是要培养学生的社会责任感、创新精神和实践能力,培养学生树立建设中国特色社会主义的共同理想,引导大学生把个人理想融入中国特色社会主义的共同理想之中,能运用科学理论来观察和认识我们在建设中国特色社会主义过程中遇到的新情况和新问题,自觉抵制西方腐朽思想的影响,努力学习,积极投身于中国特色社会主义建设事业中,实现国家富强、民族振兴、人民幸福相统一的“中国梦”。

(二)以爱国主义教育为重点

爱国主义是永恒的教育主题,大学爱国主义教育一直是德育的重要内容。人们对列宁的经典表述耳熟能详:“爱国主义是由于千百年来各自的祖国彼此隔离而形成的一种极其深厚的感情”①。当前,在改革开放和全面建成小康社会的关键性阶段,在经济全球化、文化多元化以及信息网络化的背景下,不同国家的人们的交往愈益频繁,“地球村”的形成宣告“世界是平的”,国家之间的思想界限备受考验。深受这些因素的影响,当代大学生的爱国意识和爱国主义情感面临前所未有的冲击,大学生爱国主义情愫出现弱化倾向,高校爱国主义教育工作面临着巨大的挑战。西方发达国家利用其经济、科技、网络等优势,大肆吹捧“国家主权过时论”“人权高于主权”等观念,竭力对我国进行文化渗透,削弱了大学生对我国民族文化的认同,动摇了他们对优秀传统文化的自豪感、民族自尊心和自信心,使大学生爱国主义教育的目标实现更加困难。甚至导致一些大学生错误地认为,经济全球化就必须全盘西方化,“外国的月亮比中国圆”,西方资本主义国家的一切都是美好的,对我国社会制度和政治制度的认同度大大削弱。毫无疑问,这也同样增加了大学生理想信念教育的难度。

坚持立德树人,必须以爱国主义教育为重点。“爱国主义是人们对自己故土家园、民族和文化的归属感、认同感、尊严感与荣誉感的统一,也是民族精神的核心。”②习近平指出,实现中国梦有三项基本要求:必须走中国道路,即中国特色社会主义道路;必须弘扬中国精神,即以爱国主义为核心的民族精神,以改革创新为核心的时代精神;必须凝聚中国力量,即中国各族人民大团结的力量。可见,爱国主义始终是把中华民族坚强团结在一起的精神力量。当代的“爱国主义教育包括社会主义教育、国家主权教育、改革

---

① 列宁.列宁全集:第35卷[M].北京:人民出版社,1985:187.

② 罗国杰,夏伟东.思想道德修养与法律基础[M].北京:高等教育出版社,2010:40.

开放观念教育、民族自尊心和自豪感教育、中华民族优秀传统文化教育等时代内容”①。热爱祖国，不是停留在口头的玄虚高妙的口号，而是体现在实实在在的行动上。高校要培养学生拥有爱国情怀，坚定走中国特色社会主义道路，热爱集体，关心国家，关爱他人，爱惜自己。要抓住一切有利于振奋民族精神的重大活动或事件，通过开展切实有效的教育活动，激发学生的爱国情感，培育理性的爱国意识和爱国情感。用优秀传统文化对大学生进行爱国主义教育，同时也要避免让大学生产生狭隘的民族意识。开展形式多样的社会实践活动，引导大学生明确人生追求和发展方向，使个人理想融入中华民族的共同理想之中，使个人成长成才与民族复兴、国家强盛、人民幸福相统一，把爱国情感上升为爱国意志，落实为爱国行动。

（三）以公民道德教育为基础

教育不是一个私人世界，而是一个共同的世界，教育就是培养一个人参与公共生活的品质。当前，社会交往的复杂化、多样化和自然生态的恶化，对大学生的道德构成严峻的时代考验。党的十八大报告指出，要“推进公民道德建设工程，弘扬真善美、贬斥假恶丑，引导人们自觉履行法定义务、社会责任、家庭责任，营造劳动光荣、创造伟大的社会氛围，培育知荣辱、讲正气、作奉献、促和谐的良好风尚”②。提高大学生的公民道德素养是公民道德教育中的重要方面，也是“立德树人”的基本要求。推进对大学生的公民道德教育，不仅要培养大学生的道德认知能力，更要重视大学生道德实践能力的提高；不仅要全面而系统地对大学生进行道德教育，还要引导大学生加强道德实践，实现知情意行的统一，以使他们成为践行公民道德规范的表率。

当代大学生道德成长离不开社会主义核心价值体系的指导和引领。党的十八届三中全会提出，教育要“全面贯彻党的教育方针，坚持立德树人，加强社会主义核心价值体系教育，完善中华优秀传统文化教育，形成爱学习、爱劳动、爱祖国活动的有效形式和长效机制，增强学生社会责任感、创新精神、实践能力”③。培育和践行社会主义核心价值观，关系到大学生的健康成长和全面发展。社会主义核心价值观明确为“富强、民主、文明、和谐；自

---

① 徐柏才，李从浩. 深入开展大学生爱国主义教育的若干思考[J]. 中南民族大学学报（社会科学版），2004(2)：162.

② 胡锦涛. 坚定不移沿着中国特色社会主义道路前进　为全面建成小康社会而奋斗——在中国共产党第十八次全国代表大会上的报告[M]. 北京：人民出版社，2012：32.

③ 《中共中央关于全面深化改革若干重大问题的决定》辅导读本[M]. 北京：人民出版社，2013：42－43.

由、平等、公正、法治；爱国、敬业、诚信、友善”,这 24 个字涵盖了现代中国人所公认的公共领域主要美德。其中,针对公民道德建设层次的“爱国、敬业、诚信、友善”,理所当然是大学生道德成长目标。坚持立德树人,以公民道德教育为基础,引导大学生树立正确的世界观、人生观、价值观,养成良好的家庭美德、职业道德、社会公德、个人品德。实现从个人私德走向社会公共道德的培育,“提升人性、弘扬生命,促进人的幸福,在自由平等的合作中维护公民权利,在功利充斥和规则盛行的世界中完善情感、涵养德性”①。

(四) 以大学生全面发展为目标

“立德树人”的根本任务是不断提高学生认识世界和改造世界的能力,促进学生的全面发展。高校要把促进学生成长成才作为学校一切工作的出发点和落脚点。“人的全面发展是人的各种潜能素质的充分发展,人的个性的丰富完整,人的本质力量的充分显现等。人的发展是一个不断地由片面到全面的过程。”②人的全面发展对于大学生而言,就是指在体力、智力、心理、品德、能力等各个方面的发展,是个人内在潜力的彰显和张扬。在市场经济的今天,人们往往过度迷信市场导向,片面理解就业导向,导致“培养出来的科技人员只是服务于某些目的的专业工人,他们并没有受到真正的教育”③;“热门”“好找工作”“高薪酬”几乎成为选择专业的主导理念,这些冲击、制约着高校的学科专业设置和人才培养模式,往往导致高校难以改变对“失去灵魂的卓越”的追求。不仅在职业教育领域如此,而且在整个高等教育领域也普遍存在这样的“教育误解”。目前,高校人才培养模式缺乏个性差异,相当一部分不同类型、不同层次的高等学校呈现日渐趋同、千校一面的趋势。

道德成长是人性的成长,是人的生存方式、生活方式、发展方式的优化和提升,也是学生人格完善的内在需要。因此。“立德树人”培养的是德才兼备、和谐发展的人,不是畸形人或“半个人 ”,不是“只懂技术而灵魂苍白的空心人”,或者“不懂技术而奢谈人文的边缘人”,而是完整的人。应用型本科高校必须全面贯彻党的教育方针,要把提高人才培养质量作为教育现代化的核心,坚持“育人为本、德育为先、能力为重、全面发展”,着力增强学生服务社会主义现代化、服务人民的社会责任感,勇于探

① 高国希. 道德哲学[M]. 上海：复旦大学出版社,2005:31.

② 李德顺. 价值学大词典[M]. 北京：中国人民大学出版社,1995:63.

③ [德]卡尔·雅斯贝尔斯什么是教育[M]. 邹进,译. 北京:生活·读书·新知三联书店,1991:50.

索的创新精神，善于解决问题的实践能力，注重更新教育观念，把促进人的全面发展和适应社会需要作为衡量人才培养质量的根本标准，树立多样化的人才观念和“人人成才”观念，树立终身学习和系统培养观念，培养信念执着、品德优良、知识丰富、本领过硬的高素质人才，培养中国特色社会主义事业合格建设者和可靠接班人。

三、立德树人推动应用型本科高校的内涵发展

走内涵式发展道路、建设特色鲜明的地方性大学，最突出的一个问题就在于能否培养出高质量的人才。党的十八大报告强调，推动高等教育内涵式发展，这是贯彻落实科学发展观的本质要求，是实现高等教育现代化的战略选择。作为人才培养、科学研究、社会服务以及文化传承基地的高校，必须从实施科教兴国和人力资源强国战略的高度，从培养德、智、体、美全面发展的社会主义事业合格建设者和接班人的高度，深刻认识推进“立德树人”工作的重要性和紧迫性。应用型本科院校应紧密联系自身实际，不断创新内容、创新形式、创新手段，切实增强德育工作的针对性和实效性。

（一）德育为先，尊重受教育者的主体地位

长期以来，在我国教育实践中，德育一直处于“说起来重要，做起来次要，忙起来不要”的尴尬地位。应用型本科院校要实现“立德树人”，首先要确立“育人为本，德育为先”的理念。坚持“育人为本”就是要求高校把培养人才摆在学校工作的中心位置，作为高校工作的重中之重，把学生作为学校的根基，“一切为了学生、为了一切学生、为了学生一切”，努力创造良好条件，为大学生的成长成才开辟道路；坚持“德育为先”就是要求高校把德育放在一切教育工作的首位，注重德育对于整体教育和学生学习的促进作用、激励作用和引领性作用，把握品德对于人的知识、才能、业绩的主导性和主控性作用，努力提高大学生的科学文化素质和思想道德素质。在这一理念的指引下，高校“立德树人”要坚持党政一把手抓德育；学校教育的第一职责是育人；学校各项工作的第一要务是德育。

坚持德育为先，必须充分尊重受教育者的主体地位。所谓尊重受教育者的主体地位，就是指在教育教学过程中，教育者要把受教育者看作平等对话的对象，在民主、平等、协商的气氛中完成教育过程，这是教育“立德树人”的前提。教育的目的就是唤醒人的主体意识，发展人的主体能力，塑造良好的道德品质，使人真正成为自主、自立、自由的发展主体。面对竞争激烈的时代境遇，大学生的理想信念坚守、价值取向判断、行为导向都受到比较大

的冲击和影响,受教育者的社会环境复杂化,价值取向多样化,行为方式个性化。这就要求教育者坚持以人为本,创新教育方法与手段,注重交流沟通,激发受教育者的主体意识,更好地尊重人、理解人、关心人、帮助人,在相互尊重的过程中不断培育受教育者的良好品质。高校教师要关注学生、尊重学生,妥善处理师生关系,营造民主、和谐的教育氛围,形成开放、包容、自由、互动的教育模式,满足学生自由个性成长的需求。

（二）身正为范,提升教育者的师德水平

为更好地贯彻全员育人、全过程育人、全方位育人的现代教育理念,高校每一位教师都有育人义务。高校要转变将德育仅仅看成是思想政治理论课专任教师和辅导员的任务的错误观念。所有的教职员工都要真正将立德树人作为自己从事教育职业的根本任务,落实在自己的工作岗位上和言行举止中,既要"言教"更要"身教"。"立德",既有对被教育者的要求,也有对教育者的要求,对学生的要求是立"学德",对教师的要求是立"师德"。教育者能否"立德"是能否"树人"的关键之一,古语道"其身正,不令而行;其身不正,虽令不从"。师德师风建设要放在突出的位置长期抓好抓实。党的十八报告提出要"加强教师队伍建设,提高师德水平和业务能力,增强教师教书育人的荣誉感和责任感"①,"要坚持把干部的德放在首要位置,选拔任用那些政治坚定、有真才实学、实绩突出、群众公认的干部,形成以德修身、以德服众、以德领才、以德润才、德才兼备的用人导向"②。"立德树人"首先要立师德。大学教师的道德情操、处世方式、行为准则、治学态度等至关重要,教师人格魅力本身就是一门隐性课程。美国学者沃德说过:"平庸的教师在说教,良好的教师在解惑,优秀的教师在示范,卓越的教师在启迪。"教师是教授引导的主体,学生是学习养成的主体。正可谓"德高为师""身正为范",教师要带头树立中国特色社会主义理想信念,带头践行社会主义核心价值观,带头成为知荣辱、讲正气、做奉献、促和谐的风尚引领者。高校要贯彻落实习近平总书记关于培养造就高素质教师队伍的重要论述,坚持把加强教师队伍建设作为最重要的基础工作。要把"三个牢固树立"作为根本要求,引导广大教师带头践行社会主义核心价值观,踊跃投身教育创新实践,不断提高业务能力和教育教学质量,"切实肩负起立德树人、教书育人的光荣

---

① 胡锦涛.坚定不移沿着中国特色社会主义道路前进 为全面建成小康社会而奋斗——在中国共产党第十八次全国代表大会上的报告[M].北京:人民出版社,2012:35.

② 胡锦涛.在庆祝中国共产党成立90周年大会上的讲话[M].北京:人民出版社,2011:13.

职责”，要“以高尚师德、人格魅力、学识风范教育感染学生，做学生健康成长的指导者和引路人”①。

在经济全球化、文化多样化的新形势下，高校教师思想和行为的选择性、独立性、多变性和差异性呈现出新的变化和新的特征。这就需要高校审时度势，加大改革和创新力度，完善教师思想政治工作的教育、实践、服务和考评环节，促进良好师德师风的形成。引导广大教师爱岗敬业、关爱学生，刻苦钻研、严谨笃学，勇于创新、奋发进取，淡泊名利、志存高远，静下心来教书，潜下心来育人，努力成为无愧于党和人民的人类灵魂工程师，以人格魅力、学识魅力和有效工作赢得广大学生和全社会的尊重。为弘扬教师爱岗敬业精神，增强广大教职员工教书育人、管理育人、服务育人的使命感和责任感，学校每年组织开展“我最喜爱的老师”“我心目中的好导师”评选活动。通过多种形式宣传优秀教师以德育人的先进事迹，展示教师的时代风采，发挥他们的示范带头和引领导向作用。同时，高校也要激励教师志存高远、爱岗敬业，忠于职守、乐于奉献，自觉履行教书育人的神圣职责，以高尚的情操引导学生全面发展。

（三）全员育人，增强教育者的育人能力

从某种意义上说，所有教育工作者都是德育工作者。要实现“立德树人”，需要不断提升教育工作者的育德意识和育人能力，打造一流德育人才队伍。高校的思想政治课教师、班主任以及高校辅导员等是德育工作的骨干。然而，高校教师对学生的影响不仅是个人以点线的平面形式辐射到周围，更是群体性以“场”的立体形式渗透到思想政治教育全过程当中。高校教师群体所形成的“场效应”具有广泛性、普遍性和深入性，极大地影响着学生的价值选择和德性发展。高校应着眼于专业化发展，引导高校思想政治课教师和辅导员牢固确立“立德树人”的职业理想与操守，加强能力锻炼和岗位培养，增进交流学习，造就有理想、有知识、有水平、能战斗的德育骨干队伍。专业教师基数大、分布广，与学生接触多，也是做好德育工作的重要力量。应在“学科德育”的引领和要求下，进一步增强其育德意识，进而凝聚共识，使更多学科教师学会并善于结合学科特点，在课堂教学中因势利导地开展德育教学，使学生既学到学科知识，又接受德育引领。高校可以将教师师德与育德能力培训纳入日常培训内容体系。当然，除了学校教师外，社会大课堂中还隐含着大量德育工作者。从各类实践基地的负责人、讲解员到

---

① 胡锦涛.在庆祝清华大学建校100周年大会上的讲话[N].人民日报，2011-04-25(1).

活跃在各个领域、基层一线的先进个人和优秀代表人物,都能对学生的成长产生深远影响。如果善于发现并积蓄汇聚,则能成为德育工作广泛的社会基础,形成强大的育人合力。

高校要将立德树人作为学校的中心工作,引导全体教职员工不断创新工作方法,拓展工作途径,提高工作针对性,协同配合,齐抓共管,全面提升高校教师育德意识和育德能力。既要开展丰富多彩的育人活动,又要着眼长远,面向未来,立足长效,从制度层面、政策层面、机制层面进行科学设计,使"立德树人"工作能够全面协调可持续发展。要把德育渗透于教育教学的各个环节,把德育和整个育人工作统一考虑,统一部署,统一落实,努力构建全员、全方位、全过程育人的有效机制。要整合学校内部的育人力量,整合课内、课外育人力量,使所有教师都履行育人职责,学校各门课程都发挥育人功能。要不断创新教育手段和拓宽教育载体。由于高校师生对新媒体的敏感性、依赖性越来越强,高校要创造条件充分利用网络、手机等载体,拓展教育覆盖面,提高网络思想政治教育的交互性、普及性、常态性、有效性。

(四) 氛围熏陶,完善大学生成长成才的文化环境

大学文化是学校特色和历史积淀的反映,是全体师生认同的思维和行为方式,对学生道德品质养成具有潜移默化的导向作用和持久深远的影响功能。马克思曾说:"既然是环境造就人,那么就必须以合乎人性的方式去造就环境。"[①]应用型本科院校要把大学文化建设作为大学发展的一项基础性、综合性、前瞻性工作,渗透在学校教学、管理、科研、服务、生活等的方方面面。这就要求学校的物理环境、课堂教学和学科课程,都要体现立德树人的文化特质,让立德树人的过程成为"用文化育文化人"的过程。人类学家兰德曼(M. Landmann)有一句妙语:"自然只完成了人的一半,另一半留给人自己去完成。"[②]上帝造人,造了一半就让我们上路了,另一半就得靠文化,这就是要发挥文化影响人的力量。文化就是人的生存方式,是面向心灵的生活方式,正如弗洛伊德的学生荣格所说,"一切文化,最后都沉淀为人格"。教育工作者的永恒使命是用文化丰富人的心灵。人最终是受文化规定的,要培养什么样的人,就给他什么样的文化环境。高校要从制度文化、精神文化、行为文化和物质文化等方面或者从学习文化、教学文化等层面进行大学文化建设,增强学校核心发展力,塑造

① 马克思,恩可斯.马克思恩格斯文集:第1卷[M].北京:人民出版社,2009:335.
② [德]兰德曼.哲学人类学[M].阎嘉,译.贵阳:贵州人民出版社,2006:7.

学校共同价值观。

斯普朗格曾说:“教育即文化的别名。”[①]教育本身是人类的一种实践活动,是一种“改变世界”的实践活动、一种指向人自身的实践活动。教育实践是通过对思想文化的选编和“以文化人”的方式实现的。高校要着眼于满足应用型本科人才的精神文化需求,组织开展内容丰富、形式新颖、吸引力强的思想政治教育、科技竞赛、体育文化活动,把德育与智育、体育、美育有机结合起来,寓教育于文化活动之中。要善于把提高学生文化底蕴和综合素质的“知识型”文化活动、提高学生专业技能和身体素质的“竞技型”文化活动、陶冶学生道德情操和提高审美情趣的“艺术型”文化活动有机结合起来,打造提高学生素质、丰富学生文化生活的重要载体。每一所学校的教室、操场、图书馆、实验室等,积淀着这所学校所独特的历史与人文、特定的人物与故事,孕育出这所学校独具的风格和气质、专属的光荣与梦想,也形成了校训、校歌等文字性的特别表征,班导师制等制度性安排,以及建筑、碑刻、雕塑等物化载体。高校要进一步加强对学生的校史、校训、校歌宣传教育,充分挖掘学校历史文化内涵,培养学生爱国爱校、敬业乐群的优秀品质,使学生在潜移默化中形成独特的精神气质。

① 邹进.现代德国文化教育学[M].太原:山西教育出版社,1992:77.

第二章

中国梦：应用型本科高校立德树人的价值追求

党的十八大以来，习近平总书记提出了实现中华民族伟大复兴的中国梦的一系列重要论述。国家富强、民族振兴、人民幸福是中国梦的基本内涵。中国梦生动诠释了中国特色社会主义的科学内涵，是中国特色社会主义价值目标的形象表达，是社会主义核心价值体系的生动反映。这些重要论述，既体现了历史、现实与未来的内在联结，彰显了国家梦、民族梦与人民梦的高度一致，也是社会发展与人的发展相吻合的崭新表达。教育是民族振兴和社会进步的基石，肩负着培养德、智、体、美全面发展的社会主义合格建设者和可靠接班人的历史重任。中国梦是高校"立德树人"的价值追求，是大学生思想政治教育的核心主题。"就大学生思想政治教育和高校立德树人事业而言，中国梦是内容和形式的最佳组合。大学是一段追梦的岁月，大学生处于做梦的年龄，有着圆梦的期待；思想政治教育需要把深奥的理论大众化，把艰深的概念通俗化。用中国梦教育大学生，更能为大学生所理解和接受。"①

第一节　中国梦与应用型本科高校的立德树人

从鸦片战争以来的170多年的历史看，一代又一代的先进青年走在时代前列，为国家富强、民族振兴、人民幸福贡献青春、智慧和力量，是中华民族百年追寻"强国之梦"道路上的中坚力量。青年志存高远，牢固树立共同理想，中国梦的实现就会拥有活力四射的力量源泉；青年踏实勤勉，努力坚

---

① 王树荫，温静. 中国梦的由来、意义与实践路径[J]. 中国高等教育，2013(10)：12.

持共同奋斗，中国梦的实现就会赢得广泛而坚实的群众基础。应用型本科高校的大学生是当代青年中的重要组成部分，应用型本科高校坚持立德树人，教育和引导大学生把书写出彩人生与实现民族复兴同步，把个人发展与国家发展融合，具有重要的时代意义和深远影响。

一、中国梦是当代中国发展进步的精神旗帜

中国梦的实现过程就是马克思主义中国化的过程，是当前中国加快社会主义现代化建设和全面深化改革的过程，同时，也是中国层次最深、领域最宽的价值认同的过程。中国梦是中华民族和全体中国人民的共同理想，凝聚了中华民族对世界和生命的历史认知和现实感受，积淀了中华民族最深层次的精神追求。梦想引领着价值，中国梦具有独特的价值维度、精神实质与实现路径。

（一）中国梦的价值维度

中国梦反映了中华民族的共同心声、共同愿景、共同意志，为现阶段国家发展、人民奋斗提供了核心价值和动力源泉，是当代中国发展进步的精神旗帜。中国梦的价值维度集中表现为：提升综合国力的发展维度、振兴中华民族的文明维度、保障人民幸福的民生维度。

1. 提升综合国力的发展维度

改革开放30多年以来，我国经济飞速发展，综合国力日益增强，国际地位显著提高，我们到了可以有底气地畅谈起属于我们自己的梦想的时刻了。中国梦就是要把我国建设成为富强、民主、文明、和谐的社会主义现代化国家，实现中华民族伟大复兴。中国梦的第一要义，就是实现综合国力的进一步飞跃。如今，我国经济总量已跃居世界第二位，但人口多、底子薄、发展不平衡的状况并未从根本上得到改变，同时我们还面临快速发展带来的贫富差距增大、生态危机突显、腐败频发、社会冲突多现等诸多问题。中国梦就是要解决当代中国发展中面临的突出问题。当前，中国特色社会主义实践面临的主要问题是通过全面深化改革，完善发展中国特色社会主义制度，推进国家治理体系和治理能力现代化，从而坚持和发展中国特色社会主义。为了实现中国梦，党的十八大报告提出“两个百年”奋斗目标：到2020年实现国内生产总值和城乡居民人均收入比2010年翻一番，全面建成小康社会；到本世纪中叶，建成富强、民主、文明、和谐的社会主义现代化国家，实现中华民族伟大复兴。“实现‘两个一百年’奋斗目标也意味着中国的发展水平将登上两个新台阶，为‘中国梦’的实现铺平道路。可见，实现‘两个一百

年'奋斗目标是实现'中国梦'的基础。"[①]

2. 振兴中华民族的文明维度

实现中华民族伟大复兴,是近代以来中国人民最伟大的梦想。民族复兴是国家富强的根本标志,是人民幸福的重要保障。中华文明是世界上唯一绵延数千年、传承至今的文明,但要步入现代文明,就必须超越数千年来延续的农耕文明。中国梦既有厚重的历史底蕴,更有鲜活的时代感,为坚持和发展中国特色社会主义指明了新目标。党的十八大将中国特色社会主义总布局从经济、政治、文化、社会建设"四位一体"升华为包括生态文明建设的"五位一体",标志着中华文明格局的提升,开启了向物质文明、政治文明、精神文明、社会文明和生态文明全面发展的更高阶段演进的新里程。坚定不移地推进中国梦的实现,中华文明必将放射出更加灿烂的光芒。中国梦描绘了民族复兴的光明前景,描绘了实现好、维护好、发展好最广大人民根本利益的宏伟蓝图,最大限度地兼顾和包容了各族人民的根本利益,有利于把全国人民更好地凝结成"利益共同体""命运共同体"。中国梦是中国各族人民利益的最佳融合剂,是中国力量的最佳着力点,各族人民只有朝着中国梦的价值目标共同奋斗,才能真正形成中华民族大团结、大联合的磅礴力量,实现富强、民主、文明、和谐、生态的社会主义现代化国家,振兴中华文明,为世界文明增光添彩。

3. 保障人民幸福的民生维度

幸福是人类发展孜孜以求的价值目标。习近平总书记说得好:"中国梦归根到底是人民的梦,必须紧紧依靠人民来实现,必须不断为人民造福。"[②]让人民幸福是中国梦的终极价值追求,是中国特色社会主义道路的本质要求。中国梦将人民幸福看作最高价值尺度,体现了马克思主义价值理想的根本要求。人民幸福主要体现在人民群众过上幸福安康的生活上。实现中国梦的根本目的,就是实现好、维护好、发展好最广大人民的根本利益,进而提升整个社会的幸福指数。今天的中国梦是在物质条件比较富裕的情况下提出的,无论对个人还是社会来说,中国梦的实现都是物质与精神生活的双赢。人民幸福是党和人民群众的共同期盼,而国家富强、民族振兴最终都将统一于人民幸福的现实语境中。没有人民富裕,发展就不算成功;没有人民幸福,复兴就不算完成。党的十八大着眼于提升人民的幸福指数,将"坚持

---

① 蔡娟."两个一百年"奋斗目标铸就"中国梦"[N].中国社会科学报,2013(455).

② 习近平.在第十二届全国人民代表大会第一次会议上的讲话[M].北京:人民出版社,2013:5.

维护社会公平正义”“坚持走共同富裕道路”“坚持促进社会和谐”纳入夺取中国特色社会主义新胜利的基本要求，将“保障和改善民生”作为社会建设的重点，使发展成果更多、更公平地惠及全体人民。这些对中国梦的阶段性目标作了更为清晰的描绘，也为中国梦未来的蓝图增添了更加美丽的幸福光环。中国梦不是一个虚构的幻想，它深深地扎根于中国的历史和现实，有着科学的价值维度，归根到底，国家富强和民族振兴都是以人民幸福为根本指向的。

（二）中国梦的精神实质

唯物史观告诉我们，社会存在决定社会意识，社会意识反映社会存在并反作用于社会存在。中国梦的精神实质是：中国梦体现了理论性与实践性的统一、个人需要与社会需要的统一、中国发展与世界和谐的统一。

1. 中国梦体现了理论性与实践性的统一

理论是行动的向导，科学理论是实践成功的前提。中国梦实现了历史与逻辑相统一、理想与现实相结合。中国梦作为一种执政理念，是马克思主义中国化的最新理论成果，属于中国特色社会主义理论体系范畴。中国梦是在科学理论指导、科学制度保障、科学方法运用的基础上探索形成的符合人类社会发展规律、社会主义建设规律、共产党执政规律的战略思想。一方面，它从实际出发，初步回答和解决了“什么是中国梦、为什么要提出中国梦、怎样实现中国梦”等一系列重大理论问题；另一方面，它将解放思想、实事求是、与时俱进、求真务实的思想精髓贯穿其中，倡导空谈误国、实干兴邦的追梦理念，将实现中国梦的过程自觉置于理论与实践、主观与客观有机统一的轨道上。①

中国梦的提出，根源于中国特色社会主义的伟大实践，与中国特色社会主义在理论渊源、目标任务、路径选择、根本保障、依靠力量等重大问题上精神实质一致，二者辩证统一，不存在谁替代谁的问题。中国特色社会主义是中国梦科学内涵的实践沃土，“中国特色社会主义与时俱进的蓬勃生机与创造活力，是中国梦丰厚的实践沃土、科学的实践内涵”②。中国梦将中国的发展置于过去、现在、未来的时空坐标中，从历史长河中探寻发展的规律：从世界层面来看，追求“和谐、和平、合作、共赢”，从国家层面来看，要求协调“国家好、民族好与个人好”三者关系，而个人层面强调个体的责任担当与个体幸

---

① 中央党校中国特色社会主义理论体系研究中心. 深刻把握中国梦的丰富内涵和特质［N］，人民日报，2014－06－06(7).

② 孙临平. 中国梦的自信在哪里［N］. 解放军报，2013－05－22(1).

福的统一,将国家梦、民族梦、人民梦统一于中国特色社会主义的伟大实践。

2. 中国梦体现了个人需要与社会需要的统一

中国梦建立在家国情怀的整体主义哲学基础上,不仅具有社会意义,也有个体意义,即是我们个人人生所需要的,是个人需要与社会需要的统一。一个国家、一个民族、一个社会的精神旗帜,只有转化为每一个具体的、活生生的人的精神追求,才有寄寓的载体,才有擎起的力量,才有趋附的真实主体。人民群众对自己利益的追求是创造历史的强大动力。中国梦提供个人与社会的共享价值,归根到底是人民的梦,是"使群众认识自己的利益,并且团结起来,为自己的利益而奋斗"①的梦。每个中国人都是"梦之队"的一员,人人都有追梦的权利,也都是梦想的筑造者。

习近平总书记指出:"生活在我们伟大祖国和伟大时代的中国人民,共同享有人生出彩的机会,共同享有梦想成真的机会,共同享有同祖国和时代一起成长与进步的机会。"②也就是让每个人通过自己努力不懈的奋斗便都可以获得成功,过上理想的生活。人不仅是社会存在和发展的前提,也是社会文明与进步的归宿和目的。《共产党宣言》指出,共产党人的最终目标是建立"每个人的自由发展是一切人的自由发展的条件"③的"联合体"。党的十八大强调,"不断在实现发展成果由人民共享、促进人的全面发展上取得新成效"④。这标志着中国梦的实现是个人需要与社会需要的统一,把实现人的自由全面发展作为终极价值追求。

3. 中国梦体现了中国发展与世界和谐的统一

和平与发展是当今世界的主题,求和平、谋合作、促发展仍然是时代的主流。天下太平、共享大同是中华民族绵延数千年的理想。中国梦以独立的话语权阐释对世界和谐发展的担当,表达了中华民族要对人类有所贡献的雄心壮志。习近平总书记在中法建交50周年纪念大会上的讲话中指出,中国一直遵循着"万物并育而不相害,道并行而不相悖"⑤的原则。中国梦

① 毛泽东.毛泽东选集:第4卷[M].北京:人民出版社,1991:1318.

② 习近平.在十二届全国人大一次会议上的讲话[EB/OL].中华人民共和国中央人民政府网,2013-03-17,http://www.gov.cn/ldhd/2013-03/17/content_2356344.htm.

③ 马克思,恩格斯.马克思恩格斯文集:第2卷[M].北京:人民出版社,2009:53.

④ 胡锦涛.坚定不移沿着中国特色社会主义道路前进 为全面建成小康社会而奋斗——在中国共产党第十八次全国代表大会上的报告[M].北京:人民出版社,2012:8.

⑤ 习近平.在中法建交50周年纪念大会上的讲话[EB/OL].[2014-03-28].http://www.fmprc.gov.cn/mfa_chn/zyxw_602251/t1141773.shtml.

的实现要以中华民族兼济天下的博大情怀和与世界其他民族包容共生的民族文化心理为基础,通过自身的发展与富强造福世界。“中国梦从政治价值、发展道路、制度安排、理论指导等层面展示了中国特色社会主义的价值,为世界人民展示了中国特色社会主义价值的魅力,为广大发展中国家实现现代化提供了价值选择的坐标,同时也为发达国家的再发展提供了有益的价值启示。”①

中国发展绝不会只考虑本国利益,甚至牺牲别国利益谋求自身发展,而是树立“和谐”“和平”“合作”“共赢”理念,与其他国家一起共享战略机遇,共担国际风险和责任。中国梦的提出,是与世界共赢的倡议,不是征服世界的号角;中国梦的实践,需要和平的国际环境,不会重现昨日的战争;中国梦的实现,是世界和平的福音,不是各国人民的梦魇。从这个意义上讲,中国梦不仅属于中国,也属于世界。因此,中国梦的实现是全世界人民的福祉。中国梦的实现,不仅能够促进世界各国取长补短、互惠互利,而且也为探索人类文明多样化发展道路描绘了更加美好、光明的前景。

(三)中国梦的实现路径

中国梦可以坚定理想信念、凝聚发展共识、增强发展信心。中国梦不仅体现中国人民对美好未来的价值追求,而且具有实现美丽梦想的现实路径。习总书记强调,实现中国梦必须走中国道路,必须弘扬中国精神,必须凝聚中国力量。这“三个必须”,清楚地概括了实现中华民族伟大复兴的三项基本要求,指明了中国梦的实现路径。

1. 实现中国梦要坚持以科学理论为指导

列宁指出:“没有革命的理论,就不会有革命的运动。”②实现中国梦伟大理想,必须有科学理论的指导。理论的作用在于能够为实践活动提供理想和信仰支持,确保实践活动在科学理论指导下,具有明确的奋斗目标和战略步骤。中国特色社会主义是新时期我们党全部理论和实践的主题。中国梦的实现是不能靠在幻想中编织的,要实现伟大的“中国梦”,需要坚持中国特色社会主义的道路自信,需要靠中国特色社会主义制度作坚定的政治保证,也需要坚定的理论自觉与自信。从实现中国梦的宏观视野来看,中国特色社会主义理论体系,是我们全面建成小康社会与建成富强、民主、文明、和谐社会主义现代化国家的行动指南。

---

① 贾英健. 中国梦的价值论审视[J]. 理论学刊. 2014(4):78.

② 列宁. 列宁专题文集(论无产阶级政党)[M]. 北京:人民出版社,2009:39.

新世纪以来，党围绕坚持和发展中国特色社会主义提出了以实现什么样的发展、怎样发展为主题的一系列紧密相连、相互贯通的新思想、新观点、新论断，形成了科学发展观，把对中国特色社会主义规律的认识提高到新水平，开辟了当代马克思主义发展新境界。而且，党的十八大报告又提出了经济建设、政治建设、文化建设、社会建设、生态文明建设五位一体的新论述等，进一步彰显了中国特色社会主义的实践特色、理论特色、时代特色、民族特色。对中国特色社会主义及其理论形态的自信，是实现中华民族伟大复兴中国梦的巨大精神力量，是一种巨大的软实力。中国梦本身也具有丰富的理论内涵，坚持历史唯物论，丰富和发展了科学社会主义。

2. 实现中国梦要树立人民主体性思想

中国梦的实现，贯穿于其中的一条主线是人民权利、人民利益以及人民的行动。树立人民主体性思想，体现了历史创造主体与价值主体相统一。首先，坚持人民主体性基本原则。人民群众是创造历史的主体，人民群众是推动生产力发展及人类自身解放的主体，是发展和进化的人的实践活动的主体。因此，实现中国梦必须牢固树立人民主体性思想，尊重人民主体性地位，充分发挥人的主动性和积极性。其次，坚持人民主体性价值取向。实现中国梦，要以充分保障人民享有的经济、政治、文化、社会等各方面权益为出发点，让发展成果为广大人民所共享。中国梦，是人人平等的梦，它追求的不是“标签”的平等，而是“人民主体”的平等。这样，无论哪个阶层、哪个领域、哪个方面的群众，都能从民族复兴的宏伟蓝图中看到自身利益所在，都能从国家富强、民族振兴中真切品尝自身利益的果实。再次，坚持人民主体性的实现途径，依靠人民群众，让人民成为发展的主体，让最广大的人民群众共建共享改革开放和科学发展的成果，从而紧密团结起来，焕发出共同理想、共同目标、共同事业所具有的强大凝聚力，共同推进民族复兴的伟大历史进程。保证人民当家做主是坚持人民主体地位的直接目的，人民行使当家做主的权利就是实现主体地位的现实路径。因此，“推进国家治理体系和治理能力现代化”，也只有以人民主体性为思想基础，才能切实坚持人民主体地位，为实现中国梦保驾护航。

3. 实现中国梦要坚持科学发展道路

实现中国梦，坚持走中国道路，必须投身中国特色社会主义实践，在实践中坚持科学发展、和谐发展、和平发展。科学发展道路坚持以人为本，把人民群众的根本利益放在首位，把人民群众是否切实感受到发展带来的成果作为衡量一切工作的重要标准，这就克服了原来唯 GDP 的片面认识和简单做法。胡锦涛指出:“坚决破除一切妨碍科学发展的思想观念和体制机制弊端,构建系统完备、科学规范、运行有效的制度体系,使各方面制度更加成熟更加定型。”①共享美好生活的中国梦,充满着人性关怀。实现中国梦走和谐发展道路,就是要正确处理社会生活中的各种矛盾,协调各种利益,理顺各种关系,切实做到调动一切积极因素,化消极因素为积极因素,把一切可以利用的力量都动员起来,形成实现中国梦的共同行动。实现中国梦走和谐发展道路,就是要正确处理人与自然的关系。生态文明是中国梦的重要组成部分。生态文明梦想使“美丽中国”成为现实的时候,就是中国梦实现的一个重要标志。一直以来,中华民族有着爱好和平、珍惜和平、维护和平的优良传统,有着自尊自信、理性科学、务实进取、开放宽容的健康的国民心态。中国梦是和平之梦、和谐之梦,不仅造福中国人民,也造福世界人民,能够为世界和平发展带来新机遇。实现中国梦要顺应当今世界要和平、求合作、促发展的共同呼声,同各国人民共同应对全球挑战,共同破解人类难题,建设和谐世界,促进人类持久和平、共同繁荣。

二、中国梦融入应用型本科高校立德树人的主要目标

2013 年,中共教育部党组发出《关于在“五四”期间深入开展中国梦宣传教育活动的通知》,提出要深入开展中国梦宣传教育活动,激励师生在中国特色社会主义伟大实践中同心共筑中国梦;强调要切实把中国梦宣传教育融入育人全过程,做到进教材、进课堂、进学生头脑。② 应用型人才不仅要具有优秀的专业素质,还应具有责任心、自信心、道德品质、团队精神、心理素质、身体素质等非专业素质。应用型本科人才培养过程中,坚持立德树人,用中国梦团结青年、引领青年、指导青年、服务青年,就是对大学生进行体现核心竞争力的非专业素质培养。中国梦是应用型本科高校立德树人的价值追求。

(一)引导大学生对社会主义核心价值观的认同与践行

目前,由于不同思想文化的渗透与影响,当代大学生不同程度地存在理想信念模糊、政治信仰迷茫、价值取向功利化等问题。在这种情况下,中国

---

① 胡锦涛.坚定不移沿着中国特色社会主义道路前进 为全面建成小康社会而奋斗——在中国共产党第十八次全国代表大会上的报告[M].北京:人民出版社 2012 年版,第 18 页。

② 中共教育部党组关于在“五四”期间深入开展中国梦宣传教育活动的通知[EB/OL].[2013-04-10].http://www.moe.edu.cn/publicfiles/business/htmlfiles/moe/s4559/201304/150438.html.

梦的提出以及中国梦教育无疑是对大学生价值观教育的重要补充,能够帮助大学生树立正确的价值取向。实现民族复兴的中国梦需要数以千万计的专门人才,当代大学生是高素质人才的后备军和重要来源。高素质人才不仅要有深厚的理论知识、较强的专业技术和实践能力、适应社会经济发展需要的创新精神,更需要树立正确的价值观、世界观、人生观。应用型本科高校"应积极推进大学生核心价值观教育,用核心价值观把多种多样的思想文化和思想观念,规范、组织和统一起来,积极引导大学生处理好外来思想和本土思想的关系,认真看待传统观念和现代观念之间的冲突、碰撞和摩擦,引导大学生在学习和研究中积极促进各种思想文化的交流,使各种文化在交融和交锋中共同发展,共同为实现'中国梦'这一美好价值理想和目标奠定文化基础"①。

立德树人,即教育事业不仅要传授专业知识、培养能力,还要把社会主义核心价值体系教育融入教育之中,教育和引导大学生树立正确的世界观、人生观、价值观、荣辱观。以"三个倡导"为主要内容的社会主义核心价值观,既是中国梦所要追求的理想和目标,也是共建共享中国梦的精神保障,为中国梦的梦想成真提供了强大精神动力。从国家维度来讲,中国梦要实现的目标"国家富强",就是社会主义核心价值观倡导的"富强、民主、文明、和谐"。从社会层面来讲,作为共同生活的人们形成的关系联合体,社会不仅有共同的利益诉求,也会有共同的价值取向。中国梦社会层面的目标,就是社会主义核心价值观倡导的"自由、平等、公正、法治"。社会主义核心价值观的个人层面强调"爱国、敬业、诚信、友善",主要从政治道德、职业道德以及个人的德性品格等方面,强调了作为一个社会主义社会的公民,应当具有的核心道德价值,是公民必须恪守的基本道德准则,也是评价公民道德行为选择的基本价值标准,这是中国梦在个体层面的价值表达。党的十八大提出的"三个倡导",精辟概括了社会主义国家崇尚的一系列基本价值观,体现了国家、集体、个人在价值目标上的统一,体现了社会理想、社会导向、行为准则的统一,为大学生正确价值目标、价值取向、价值评价的确立提供了指导。

应用型本科高校要让社会主义核心价值观教育深入大学生心坎。列宁

① 邓福蓉."中国梦"视域下大学生核心价值观教育重点及方法创新[J].学校党建与思想教育,2013(2):84.

说:“没有人的‘情感’,就从来没有也不可能有人对于真理的追求。”①通过大学生积极情感的体验,社会主义核心价值体系的丰富内涵才能被带入生活情境,从而实现理论的魅力与现实需要的无缝对接,使社会主义核心价值观真正深入心灵,为他们所接纳和践行。高校对大学生进行社会主义核心价值观认同教育要将诠释理论精髓与鼓励亲身实践相结合,搭建社会实践的有效平台,发挥实践活动的独特功用,引导大学生在体验、验证、践行过程中接受和认同社会主义核心价值观。在实践活动中大学生不断体验、反省自己的价值观念是否符合时代发展的要求,是否具有合理性和可行性,并在实践过程中不断进行自我修正,促使其行为逐步趋向社会主义意识形态所认同和倡导的行为,引导其顺利成长为社会主义事业的合格建设者和可靠接班人。

(二)坚定大学生中国特色社会主义理想信念

中国梦的实质是理想信念问题。它的提出为大学生理想信念教育提供了重要的理论支撑和现实依据。大学阶段是一个人确立自我、实现人生目标的关键时期,大学生正处于理想信念形成阶段,他们思想活跃,成才愿望强烈。当代大学生理想信念状况的主流是健康向上的,当代大学生是有理想的一代,他们志存高远,不甘平庸。但是,伴随着经济全球化进程的迅猛发展,各种文化思潮和价值观念纷至沓来,冲击着大学生的思想。一方面,相当一部分大学生在确立奋斗目标的时候,更多地关心个人理想和个人幸福的实现,而忘却了自己还应对国家、集体、社会尽一份责任,部分大学生贪图享受、不思进取、崇尚金钱,淡化了对远大理想的追求,出现了信仰危机;另一方面,在经济全球化过程中,西方发达资本主义国家不断加强对社会主义国家的思想文化渗透,大量地灌输西方意识形态,在一定程度上导致大学生理想信念的迷失和扭曲。加强大学生理想信念教育,已经成为高校立德树人迫在眉睫的任务。帮助大学生明辨是非,引导大学生把个人理想同中国人民的共同理想——中国梦结合起来,是当前对大学生进行理想信念教育的核心内容。习近平总书记指出:“中国梦是全国各族人民的共同理想,也是青年一代应该牢固树立的远大理想。中国特色社会主义是我们党带领人民历经千辛万苦找到的实现中国梦的正确道路,也是广大青年应该牢固确立的人生信念。”②理想信念是一个人乃至一个国家、民族的精神支柱和

---

① 列宁.列宁全集:第25卷[M].北京:人民出版社,1988:117.

② 习近平.在同各界优秀青年代表座谈时的讲话[N].人民日报,2013-05-05(1).

动力源泉,理想信念发挥着凝聚人心、团结奋斗、克服一切艰难困苦、夺取革命胜利的强大作用。

中国梦的提出,为大学生设计自己的人生梦想提供了大好机遇,为大学生施展聪明才干、实现人生抱负提供了广阔舞台,"全民共享出彩机会"的宏观语境表明了国家日益重视个人价值的实现,这有利于增强青年大学生的主体意识,有利于实现个人的全面发展。习近平总书记在参观"复兴之路"展览时指出:"历史告诉我们,每个人的前途命运都与国家和民族的前途命运紧密相连。国家好,民族好,大家才会好。"大学生只有把个人理想融入国家和民族的事业中,把"个人梦"和"中国梦"相结合,才能真正实现个人价值,才能迸发青春活力。2013 年"五四"青年节,习近平在同各界优秀青年代表座谈时,勉励广大青年"要坚定理想信念,练就过硬本领,勇于创新创造,矢志艰苦奋斗,锤炼高尚品格,在实现中国梦的生动实践中放飞青春梦想,在为人民利益的不懈奋斗中书写人生华章"①。应用型本科高校加强中国梦教育,可以使大学生清楚地认识到个人需求和实现中国特色社会主义共同理想的辩证统一关系,使大学生认识到中国特色社会主义共同理想就是全国各族人民在中国共产党的领导下,坚持走中国特色的社会主义道路,不断解放、发展生产力,不断满足人们日益增长的物质文化需要,努力实现中华民族的伟大复兴,使大学生将实现自身全面发展和实现中国特色社会主义共同理想有效地结合起来。

中国梦的实质蕴含了中国特色社会主义的共同理想,它的具体实现形式就是建设有中国特色的社会主义事业,而构筑在这一理论体系基础之上并贯穿其中的政治信仰就是中国特色社会主义的政治信仰。党的十八大报告指出:"对马克思主义的信仰,对社会主义和共产主义的信念,是共产党人的政治灵魂,是共产党人经受住任何考验的精神支柱。"②将中国梦贯穿于大学生的理想信念教育,既是当前大学生理想信念教育的需要,也是夯实实现中国梦人才基础的需要。引导大学生树立崇高的理想信念,一方面要引导他们明辨是非,对未来自信乐观、充满希望;另一方面还要引导他们对未来可能面对的问题和困难有充分的估计,做好攻坚克难的心理准备。只有大学生具有了不畏艰难、坚忍不拔、临危不惧的意志品质,具有了越挫越勇、

① 习近平. 在同各界优秀青年代表座谈时的讲话[N]. 人民日报,2013-05-05(1).

② 胡锦涛. 坚定不移沿着中国特色社会主义道路前进 为全面建成小康社会而奋斗——在中国共产党第十八次全国代表大会上的报告[M]. 北京:人民出版社,2012:47.

乐观向上的意志精神，才会在实现中国梦的过程中，表现出面对任何困难险阻都会锲而不舍、勇往直前的品质。因此，在大学生中开展中国梦教育，有助于引导广大学子坚定理想信念、构筑精神支柱，为实现中国梦而发奋学习、不懈奋斗，在中国特色社会主义伟大实践中同心共筑中国梦。

（三）增强大学生社会责任感和历史使命感

大学生继承了中华民族的光荣与梦想，肩负着承前启后的历史责任。马克思曾经指出："作为确定的人、现实的人，你就有规定，就有使命，就有任务。至于你是否意识到这一点，那都是无所谓的。这个任务是由你的需要及其与现存世界的联系而产生的。"①当代大学生作为中国特色社会主义事业的未来建设者和实现中华民族伟大复兴的重要力量，是实现中国梦的生力军和中坚力量，关系着国家的发展和民族的未来。实现中华民族伟大复兴是大学生的历史使命。中国梦的提出，再度引起了广大青年大学生对于自身历史使命、社会责任的热切关注，极大地增强了大学生自身的"抗体"和"免疫力"，引领了当代青年大学生的政治信仰，激发了中华儿女实现祖国伟大复兴的新的自觉。《国家中长期教育改革和发展规划纲要（2010—2020年）》中提到："着力提高学生服务国家服务人民的社会责任感、勇于探索的创新精神和善于解决问题的实践能力。"在高校进行中国梦教育，能够在大学中形成一种强烈的责任感氛围，激发大学生刻苦学习的积极性和主动性，增强其自觉承担社会责任的历史使命感。

在对大学生进行社会责任感教育时，要把我国革命、建设和改革的历史沿革、伟大成就融入教学内容中。通过中国梦教育，当代大学生能够深刻理解近代中国落后挨打的主要原因、中国共产党领导中国革命胜利的重要归依、新民主主义革命道路选择的基本依据、社会主义建设初期曲折发展的主要教训、改革开放决策的关键依据、中国特色社会主义道路的历史必然等问题。一个时代有一个时代的智慧，一个时代有一个时代的历史使命和责任。历史也总是赋予不同时代的青年以不同的历史使命。大学生在弄清了上述重要问题之后，就能够站在历史的高度上充分认识中国特色社会主义道路，从而把实现中国梦与个人幸福紧密联系在一起，增强对社会主义的信念、对改革开放和现代化建设的信心、对中国共产党的信任。大学生能真正懂得中国特色社会主义道路是奠基于近代 170 多年来中华民族的顽强求索、建党 90 多年的实践探索、新中国成立 60 多年来的不断摸索、改革开放 30 多

① 马克思，恩格斯. 马克思恩格斯全集：第 3 卷[M]. 北京：人民出版社，2002：329.

年来的具体实践，也能切身感受中国特色社会主义道路所带来的综合国力增强、生产力发展、人民生活水平提高等显著成就，增强对中国特色社会主义的理论自信、道路自信、制度自信。

加强与中国梦相适应的大学生社会责任感教育迫在眉睫，培养更多具有社会责任感的大学生更是刻不容缓。事实上，要想顺利实现中国梦，还有很长的一段路要走，而且也要付出更多的艰苦奋斗。作为年轻一代的优秀代表群体，当代大学生有必要也有义务肩负起这个历史重任，要在中国梦指引之下，埋头苦干，努力奋斗，不要只喊口号不付诸实际行动。只有实干才能真正兴邦。当代大学生必须在享受到物质成果的同时，避免和防范各种不良思想的误导，要大力弘扬我们中华民族传统的精神道德，求真务实，脚踏实地地为实现中国梦而努力奋斗。① 个体对社会责任的认识如果仅仅停留在认知层面是远远不够的，因为它只是个人的内在动机而已，毫无现实意义。大学生的社会责任信念不仅是一个主观范畴，更是一个实践范畴。列宁曾经说过："训练、培养和教育要是只限于学校以内，而与沸腾的实际生活脱离，那我们是不会信赖的。"②当代大学生必须从校园里走出来，走向社会各个角落，要培养独立人格、高尚品位、创新意识，要留意生活、关心社会、关注时事，在社会实践中不断增强自身的社会责任感，不仅要学好各种科学文化知识，还要不断提高自己的道德修养，能够在必要时肩负起一定的责任。

三、中国梦融入应用型本科高校立德树人的基本要求

将中国梦融入应用型本科高校立德树人工作不仅是一个理论问题，更是一个重要的实践命题，需要坚持以人为本的基本原则、合力推进的基本思路、显性教育与隐性教育相结合的基本方法。

（一）坚持以人为本的基本原则

把中国梦融入应用型本科高校立德树人之中，就应当坚持以人为本的基本原则。坚持以人为本基本原则，从促进社会全面进步的要求出发，尊重大学生的主体地位，尊重学生的成长规律，尊重学生的个人梦想，关注大学生的精神诉求，激发大学生的创造潜能，引导学生将个人梦想同国家梦想、社会梦想紧密结合起来，实现个人成长与社会发展的良性互动。坚持以人为本，要走进学生的内心世界和生活世界。把中国梦的宏大叙事与学生的

---

① 颜晓峰. 中国精神：实现中国梦的动力之源[N]. 江西日报，2013－04－01(B03).

② 列宁. 列宁专题文集(论无产阶级政党)[M]. 北京：人民出版社，2009：289.

个体发展紧密结合。

坚持以人为本,要与解决学生的实际问题相结合。“一切空话都是无用的,必须给人民以看得见的物质福利”。① 随着社会主义市场经济和高等教育改革的推进,当代大学生面临着各种各样的实际问题。比如,应用型本科高校立德树人工作也需要投入更多的人文关怀,“做好资助家庭经济困难大学生、毕业生就业指导与服务等与大学生现实问题紧密相关的工作,通过解决实际问题从而带动思想问题的解决和强化行动意识。”②中国梦融入教育坚持以人为本原则,才是真正把学生的成长发展放在首位,全面服务于学生的小梦想,才能调动他们实现梦想的主动性、积极性和创造性,中国梦走进学生的心田就会水到渠成,促使他们在将中国梦内化于心的基础上,凝聚实现中国梦的强大力量。

(二)坚持合力推进的基本思路

中国梦的融入工作是一项系统工程,坚持合力推进是中国梦融入应用型本科高校立德树人的基本思路。合力是把时间的纵向推进和空间的横向要素联动统一起来,形成纵向贯通、横向联动、要素集成、优势互补的强大动力,增强高校中国梦教育整体效果。始终坚持“以生为本”的理念正是应对挑战的法宝,也是实现将中国梦融入立德树人全过程的关键。

首先,在纵向推进中,把中国梦与大学生的成长成才结合起来,将中国梦的主题教育活动贯穿始终。将中国梦最大限度地融入社会、融入大学生的生活实际,积极引导大学生将自己的梦想与中国梦自觉紧密地结合起来,从身边做起,从点滴做起,将梦想付诸实践,努力成为中国梦的传播者和践行者。因此,中国梦融入教育必须以生活世界的新变化为基点,将理想追求与现实关切统一起来。“改革开放以来,我国意识形态领域呈现出一种生活化的理论取向,它不仅强调对现实功利的关注,而且对社会主义意识形态理想目标的表述更加注重了对现实的兼容性。从根本上说,这种变化取决于社会生活领域发生的巨大变革。”③根据不同年级大学生的思想、心理、行为等特征进行有针对性的教育,设计不同形式的中国梦教育活动,体现阶段性、层级性和系统性,解决好学生的环境适应与行为养成、专业学习与思维

---

① 毛泽东. 毛泽东文集:第 2 卷[M]. 北京:人民出版社,1993:467.

② 杨业华. 大学生思想政治教育要坚持解决思想问题与解决实际问题相结合[J]. 思想理论教育导刊,2005(2):63.

③ 贾英健. 始终坚持社会主义意识形态的主导性[N]. 光明日报,2010-10-28(7).

发展、职业定位与发展方向、个人幸福与社会发展、社会责任与使命意识等问题。

其次,在横向要素集成中,中国梦的融入要注重抓住思想政治理论课的理论认知、校园文化的熏陶感染、社会实践活动的体验感悟和日常行为的自主内化等关键教育环节,营造良好的教书育人氛围,达到润物细无声的教育效果。

一是要以思想政治理论课为主渠道。这就要求必须把中国梦融入高校思想政治理论课教学中,在课堂上深入宣传中国梦的基本内涵、现实意义和本质要求,科学解读现阶段中国梦实现的具体路径,阐释实现中国梦与大学生成长成才之间的关系。高校要想把中国梦真正融入思想政治理论课教学全过程,首先必须找准中国梦与思想政治理论课程的契合点。在现有的思想政治理论课四门必修课中,每一门都与中国梦有契合点。

二是要以校园文化建设为依托。校园文化是学校所具有的特定的精神环境和文化气氛。思想教育与文化有着不可分割的联系,"教育过程实质上就是文化化人的过程"①。校园文化有着情感培养、价值导向、人格塑造、行为约束、激励引导等功能,对学生的思想、品格、情感、态度以及价值观等有着重要的影响。通过校园文化这一有效载体,在高校内大力开展中国梦主题宣传教育活动,可以加强大学生理想信念教育,促使其确立正确的人生航向,激励他们不断成长成才。

三是要以社会实践活动为载体。2013 年 2 月,教育部党组发出《关于在全国各级各类学校深入开展"我的中国梦"主题教育活动的通知》。高校积极主动地结合中国梦主题教育和大学生的特点,把企业、社区、基层、农村作为大学生的实践基地,深入农村、深入一线,开展参与式观察和服务式体验,使他们在实践中充分体会自己肩负的历史使命和责任,从而达到认识自己、锻炼自己、提高自己、完善自己的目的,形成健康的人格,树立正确的理想信念,实现个体人生价值,成为对社会、对国家有用的专门人才。

四是要以新媒体为手段。要借助互联网、手机等新媒体信息传递快捷、覆盖面广、交互性强的优势,努力实现网上与网下相结合、虚拟与现实相同步。高校应该充分发挥网络新阵地的优势,不断加强网络队伍建设,加强网络技术建设,积极开发建设思想政治教育专题网站,采用寓教于乐的宣传教育方式,合力推进,旨在营造时时有教育、处处有引导、事事有关怀的良好育人氛围,不断提高专题网站的影响力、吸引力和点击率,做好思想教育引导。

---

① 沈壮海.思想政治教育的文化视野[M].北京:人民出版社,2005:26.

（三）坚持显性教育与隐性教育相结合的基本方法

价值认同不是价值趋同，也不是一劳永逸的事情，它是一种关系，是一种不断进行的过程，具有不断生长和发展的品质。尽管中国梦承载着广大人民群众普遍利益的价值共识，但由于我国社会经济关系多元化，人们利益需求存在多样性，加上人们的选择受到多种主客观因素的限制，因而不同主体在接受中国梦的过程中，经常表现为一个逐步实现的不断磨合、不断转化的价值接受与认同的过程。中国梦融入教育必须坚持采用显性教育与隐性教育相结合的基本方法，主导性与渗透性相结合，引导大学生“在通晓古代辉煌与近代苦难中提升历史自觉、在通晓巨大成就与复杂困局中提升时代自觉、在通晓共同使命和个人前景中提升责任自觉”①，实现中国梦的价值认同、责任认同、道路认同，感召大学生自觉投身于中华民族伟大复兴的宏伟事业。

中国梦是中国特色社会主义重大思想理论成果。中国梦内涵极为丰富，不仅是对中华民族五千多年优秀文明的传承，对近现代中华民族发展历程的深刻总结，而且是对新中国成立以来，特别是对改革开放 30 多年来中国人民伟大实践的高度凝练。中国梦以一种社会理想、奋斗目标新的话语方式表达了当今中国的社会理想，中国梦对青年大学生群体具有显著的价值观引导和激励作用。正确的理想信念不是自发产生的，而是来源于科学理论的武装。中国梦的显性教育主要是通过高校思想政治理论课来实现的，教师要深入研究中国梦的重大意义，深刻领会中国梦提出的时代背景、深刻内涵及其深远意义，联系各门思想政治理论课的实际加强中国梦宣讲教育。同时，教师要采用多种教学方法与手段，采用专题讲授与交流互动相结合、课堂教学与网络教学相结合的教学模式，使得中国梦真正能入耳、入脑、入心。

除了充分利用思想政治理论课这个主渠道进行中国梦教育外，高校还应将中国梦教育融入通识教育和专业课程教学中去，在各门课程教学中潜移默化地渗透中国梦教育，真正实现各门课程的教书育人功能。高校还要将实践教育作为理论教育的延伸和巩固，可以由思想政治理论课教师或辅导员等带领学生参观考察，增强大学生爱国意识和社会责任感，培养大学生积极进取、团结奋斗的精神；通过组织学生进行社会调研和社会实践，增强

---

① 欧阳康. 以共同理想提升民族自觉——“中国梦”的价值意蕴[N]. 中国教育报，2013-04-18(8).

学生对国情社情的了解,使学生了解我国改革开放30多年来所发生的巨大变化,激发他们的爱国热情和民族自豪感。结合“立德树人”人才培养的根本任务,把中国梦教育融入大学校园文化建设中,用中国梦教育增强大学生对中国特色社会主义的理论自信、道路自信和制度自信,激励广大教师潜心育人,形成课堂、课外相互支撑的育人大格局,促进优良学风、教风、校风的形成,让大学生在“润物细无声”中实现人生梦想。

第二节　应用型本科高校中国梦的认同教育

认同是一个心理过程,也是一个实践过程。社会性是人的根本属性,人的发展寓于共同体之中。马克思认为,人的自由发展只能依靠共同体来实现。认同就是个体与他人、与共同体发生联系的原初形式,是共同体成员对一定信仰和情感的共有和分享,它是维系共同体存在与发展的内在凝聚力。中国梦是当代中国发展进步的精神旗帜。一个国家主流意识形态被认同的程度,直接影响着经济发展、社会稳定程度,乃至国家和民族的未来。中国梦的实现本质上是一个构建发展共同体的过程。中国梦是国家梦,是民族梦,更是青年梦。2013年年初,为深入学习宣传贯彻党的十八大精神,围绕立德树人根本任务,深入开展中国特色社会主义宣传教育,教育部要求在全国各级各类学校组织开展“我的中国梦”主题教育活动。高校中国梦教育实践活动本质上具有深刻的认同意蕴,旨在增强大学生的价值认同、道路认同、责任认同,引导广大青年学生自觉把个人理想融入国家和民族的共同理想,把个人奋斗融入党和人民的集体奋斗,逐步成长为社会主义事业的合格建设者和可靠接班人。因此,高校深入开展中国梦教育实践活动,对于坚持社会主义办学方向,提升教育和人才培养质量有着深远的意义。

一、应用型本科高校中国梦认同教育的现实意义

中国梦在大学生面前展示了中国特色社会主义的光明前景,中华民族的美好未来,以及大学生成长成才的现实可能性。对于大学生来说,中国梦就是“成才梦”“创业梦”“报国梦”和“世界梦”。应用型本科人才中国梦认同教育具有重要的现实意义。

(一)当代大学生在中国梦实现进程中的重要地位

中华民族伟大复兴这一梦想,凝聚了几代中国人的夙愿。近代以来,魏

源的“师夷长技以制夷”指导了“中学为体，西学为用”的洋务运动，孙中山喊出“振兴中华”而发起了伟大的资产阶级民主革命，李大钊呼吁中华少年要为“中华民族更生再造”而奋斗……民族复兴是几代人魂牵梦萦的伟大目标，是一代又一代的中国青年追逐着的中国梦。尤其是1919年的五四运动促进了中华民族新的觉醒，革命浪潮席卷全国，各界民众共同奏起一曲浩气长存的时代壮歌。当时，中国青年成为中国人民反帝反封建斗争的先锋队。如今，随着新时代步伐的迈进，历史将实现中国梦的重任赋予了新时代的有志青年。正如党的十八大报告所指出的，“广大青年要积极响应党的号召，树立正确的世界观、人生观、价值观，投身中国特色社会主义伟大事业中，让青春焕发出绚丽的光彩”①。作为当代中国青年优秀群体的大学生，更要自觉把个人的梦想融入国家、民族和人民的共同梦想之中，为国家富强、民族复兴和人民幸福奉献自己的青春才干。

青年兴则国家兴，青年强则国家强。中国共产党的历代领导人继承和发展了马克思主义的青年观，充分认识到了青年人对于中国乃至全人类的价值和意义。十八大报告用专门的段落来畅谈青年话题，集中表达了三层意思。首先，强调青年是党和国家事业的建设者与接班人，“中国特色社会主义事业是面向未来的事业，需要一代又一代有志青年接续奋斗”②，青年人富有朝气，有文化，有想法，敢想敢干。朝气蓬勃的青年是我们事业永续发展的活力和保障。其次，表达了党对青年成长成才的深切关怀，“全党都要关注青年、关心青年、关爱青年，倾听青年心声，鼓励青年成长，支持青年创业”③。事实上，无论在革命年代还是和平时代，我们的事业都需要青年的参与，也总是有一批批怀揣梦想的热血青年忘我地投身于其中。正如胡锦涛同志在建党90周年讲话中所指出的，我们党具有“青年特质”，青年作为社会的重要组成部分，代表着未来，是被党和人民寄予希望并且能够依靠的群体。再次，党始终为青年指引方向与鼓劲励志，期待广大青年要在实践中“让青春焕发出绚丽的光彩”。距离实现中华民族伟大复兴的目标越近，我们越不能懈怠，越要加倍努力，越要动员广大青年为之奋斗。可见，当代

---

① 胡锦涛. 坚定不移地沿着中国特色社会主义道路前进　为全面建设小康社会而奋斗——在中国共产党第十八次全国代表大会上的报告[M]. 北京：人民出版社，2012：57.

② 胡锦涛. 坚定不移地沿着中国特色社会主义道路前进　为全面建设小康社会而奋斗——在中国共产党第十八次全国代表大会上的报告[M]. 北京：人民出版社，2012：56.

③ 胡锦涛. 坚定不移地沿着中国特色社会主义道路前进　为全面建设小康社会而奋斗——在中国共产党第十八次全国代表大会上的报告[M]. 北京：人民出版社，2012：56－57.

大学生只有投身于中国特色社会主义事业中，才能真正实现人生价值。同时，中华民族伟大复兴的梦想也终将在当代大学生的接力奋战中走向现实。

（二）当代大学生是意识形态工作的重点群体

当代大学生青春年华、朝气蓬勃，正是积累知识、提升能力、实现社会化最重要的阶段。意识形态是大学生政治社会化的重要内容，对其人生观、价值观和世界观产生深远的影响。青年作为国家未来的主人和执政者，主流意识形态目标能否最终实现，关键取决于他们在青年时代的认同程度。青年大学生是意识形态工作的重心，是需要重点灌输和形成主流意识形态的重要群体。“马克思主义政党只有赢得青年，才能赢得未来。”①毫无疑问，青年是意识形态教育的最佳群体和有效载体。1978 年，邓小平指出：“革命的理想，共产主义的品德，要从小开始培养。”②新世纪新阶段，胡锦涛深刻指出：“一个有远见的民族，总是把关注的目光投向青年；一个有远见的政党，总是把青年看作是推动历史发展和社会前进的重要力量。”大学生作为青年中的优秀分子，是党和国家的未来，其意识形态状况对国家和民族未来的发展方向产生深远影响。高校不仅要注重提升青年学生的科学技术、文化知识的水平，更要在理想信念、政治信仰上给予他们更多的关注、培养和引导。

在全球化时代，中国以开放的姿态融入世界，在经济、生活方式日趋多样化的同时，西方国家的各种形形色色的社会思潮和价值观念也竞相而入。为了遏制中国的发展，西方敌对势力对我国实施“西化”“分化”的策略始终没有改变。当代大学生是政治参与的重要群体。高校历来是各种社会思潮的汇集地，也是各种政治势力争夺青年，争夺意识形态领导权、管理权的重要领域。西方各种社会思潮的泛滥、社会主义思想阵营内部的多元化纷争，使得当代青年大学生不免对什么是社会主义、如何看待现实社会主义国家发展等重大理论及实践问题产生一些困惑，甚至质疑。对于改革开放后西方意识形态的直接渗透，1992 年邓小平就深刻意识到“帝国主义搞和平演变，把希望寄托在我们以后的几代人身上”③。社会转型期的大学校园如同小社会，各种社会思想和价值观念交织并存，大学生相对于其他社会成员更

① 中共中央文献研究室. 十五大以来重要文献选编（下）[M]. 北京：中央文献出版社，2003：2389.

② 邓小平. 邓小平文选：第 2 卷[M]. 北京：人民出版社，1994：105.

③ 邓小平. 邓小平文选：第 3 卷[M]. 北京：人民出版社，1993：380.

容易受到外界各种不确定因素的影响。在2013年全国宣传思想工作会议上，习近平总书记强调，经济建设是党的中心工作，意识形态工作是党的一项极端重要的工作。要增强阵地意识，宣传思想阵地，我们不去占领，人家就去占领。大学生是党和国家的未来，是国际争夺的主要力量和重要群体，他们对主流意识形态认同的程度直接关系到民族、国家和政党的生死存亡。

（三）当代大学生对主流意识形态的认同面临挑战

主流意识形态的确立是对个人和社会发展趋向的价值判断和选择。当代大学生以“90后”为主，他们生长在改革开放的新时代，从小享受着丰裕的物质文明成果，同时也经受着多样化的意识形态的交流、交融、交锋。当代大学生主流是积极进取、健康向上的，广大青年大学生对坚持走中国特色社会主义道路和全面建成小康社会充满信心。但我们也应该清醒地看到，由于西方思想文化的渗透、各种社会思潮的冲击、转型期社会复杂的影响，新时期社会主义主流意识形态在高校面临着被淡化、被冲击的问题。近来，有人崇尚西方一些国家的民主、宪政观念，鼓吹所谓“普世价值”，甚至主张中国应把这些“普世价值”确立为指导思想，导致少数大学生对马克思主义指导地位的一元性产生了怀疑。当前，我国正处在社会转型期，发展不平衡、民主法制不健全、生态危机严重、就业形势严峻、贪污腐败频发等各种矛盾错综交织，一些青年大学生由于阅历较浅、涉世不深，又缺乏辩证思维，容易受支流支配、受阴暗面影响、被表面现象迷惑，从而产生对社会主义信念的困惑和危机。在社会生活中，少数大学生表现出政治功利和政治冷漠等问题，在一些重大原则问题上缺乏起码的政治敏锐性和政治鉴别力。在拜金主义、享乐主义、个人主义的作祟下，有的大学生盲目追捧与崇拜西方资本主义社会制度和生活方式，而对社会主义制度和国家发展前景反而缺乏应有的自豪感与自信心。

随着经济全球化、文化多元化和新媒体的迅猛发展，以及“大数据”时代庞杂的信息流的冲击，多种价值观念往往会冲击和影响当代大学生，影响了他们马克思主义政治素质的整体提高，干扰了他们形成正确的政治判断、政治认知、政治情感和政治态度。同时，在和平年代成长起来的当代大学生，没有经历过血雨腥风的考验，他们对主流意识形态的印象和理解多为抽象、枯燥的理论，对于理想、信念尤其是对政治信仰缺乏主动追求、主动选择，往往只是停留在被动应付的层面。可见，意识形态作为一种意识力量，并不是自发产生的，而是需要自觉与教育引导。主流意识形态的认同过程，其本质是一种实践，是社会成员获得主流政治信仰，认同主流价值观念，完成其个人政治社会化,形成成熟的政治人格的过程。认同,并不是一种简单的同意或接受,而是一种自觉自愿的认可、接受和赞同。可见,要发挥意识形态的作用,仅仅提倡对意识形态的认知是远远不够的,必须通过个体与社会的互动,将对意识形态的情感、态度、认识等不断内化,产生对意识形态的认同感,从而强化社会群体的归属感和凝聚力。在当代大学生意识形态教育中,要及时跟踪新情况,研究新问题,把握新特点,不断丰富内容和形式,不断提升大学生对主流意识形态的认同度。

二、应用型本科高校中国梦认同教育的基本内涵

应用型人才是实现中国梦的成千上万的高级专门人才,是中国特色社会主义事业的中坚力量,他们对中国梦的价值认同、道路认同、责任认同关系到中国特色社会主义实践的成就,关系到中华民族的伟大复兴。

(一) 增强大学生的价值认同

中华民族历来是一个有梦想、有追求并且善于实现梦想的民族。中国梦是中国特色社会主义共同理想。所谓共同理想,就是共同的价值取向、价值追求和价值目标。全面建成小康社会,实现中华民族伟大复兴,需要在全社会树立中国特色社会主义共同理想,以此凝聚全国人民的共同力量。中国梦就是实现中华民族的伟大复兴,建设一个富强、民主、文明、和谐的伟大国家。实现中华民族伟大复兴是中国梦的长远目标,这个目标具体到现阶段的实践中,就是“两个百年梦想”的实现:建党一百周年全面建成小康社会,建国一百周年实现社会主义现代化。可见,中国梦是我们党治国理政的目标,是凝聚全党全国各族人民团结奋斗的一面精神旗帜,富有推进中国特色社会主义事业发展、实现中华民族伟大复兴、为人类做出贡献的时代价值。中国梦的本质内涵是国家富强、民族复兴和人民幸福,是国家梦与个体梦的统一、民族梦与世界梦的统一。中国梦是一个关注人民福祉、注重社会平衡发展的梦。习近平说过,“生活在我们伟大祖国和伟大时代的中国人民,共同享有人生出彩的机会,共同享有梦想成真的机会,共同享有同祖国和时代一起成长与进步的机会”①。归根到底,中国梦就是要让人民过上一种更幸福、更有尊严的生活,让社会更公正、更和谐,实现共建共享、公平正义、和谐共生的发展共同体。

高校中国梦教育活动,使大学生认同中国梦的价值取向、价值追求和价

---

① 习近平. 在第十二届全国人民代表大会第一次会议上的讲话[M]. 北京:人民出版社,2013:5.

值目标，主动把个人目标融合于国家目标，实现自我价值与社会价值的统一，实现自身在社会生活中的价值定位和定向，并形成共同的价值观。社会主义核心价值观是社会主义核心价值体系的凝练体现，具有其他任何价值体系不可替代的高度的凝聚力和感召力。“三个倡导”构成了中国梦不可或缺的价值内核，具有实践性、包容性、认同性和发展性。中国梦是多层面的：在国家层面，“富强、民主、文明、和谐”反映了中国特色社会主义梦想的实现道路；在社会层面，“自由、平等、公正、法治”反映了中国梦社会主义性质的价值追求；在个人层面，“爱国、敬业、诚信、友善”反映了中国梦实践主体的德性和品质要求。社会主义核心价值观为中国梦的实现指明道路和引领方向。大学生作为一个特殊的社会群体，正处于价值观形成、整合和巩固时期，在价值多元化环境下，他们会面对更多的价值观念冲突或价值选择困惑。如果缺乏相应的理性约束和社会引导，他们就很有可能会在盲从中形成某种无序，造成一定程度的“价值失范”，也就容易陷入个体价值选择的困顿。高校中国梦教育必须以社会主义核心价值观为统领，引导大学生在实践中以中国梦作为追求目标，自觉地将其内化为自己的价值取向。

（二）增强大学生的道路认同

中国梦的基础是中国特色社会主义，其强大影响力和感染力源自中华民族不断发展壮大、走向伟大复兴的历史实践。五四运动以来，汇聚了中华民族先进分子的中国共产党，破译了中国梦的密码，找到了实现中国梦的道路。历史雄辩地证明，只有社会主义才能救中国，只有中国特色社会主义才能发展中国、富强中国。30 年前，在党的十二大开幕式上，邓小平同志响亮地提出了走自己的路、建设有中国特色的社会主义的伟大号召。从此，中国的发展道路有了一个响亮的名字——中国特色社会主义。30 多年来，我们党和人民同心同德、共同奋斗，从容应对各种重大风险和考验，走出了自己的道路，创造了令世界惊叹的“中国奇迹”。中国特色社会主义道路之所以正确、之所以能够引领中国发展进步，关键在于既坚持了科学社会主义基本原则，又根据我国实际和时代特征赋予了鲜明的中国特色。中国特色社会主义道路不同于其他国家的现代化道路，是人类文明进程中独具中国风格、中国气派的一条新路，是中华民族的“人间正道”。坚持走中国特色社会主义道路，就是我们的民族复兴之路、追梦之旅。

道路关乎党的命脉，关乎国家前途、民族命运、人民幸福。十八大报告强调:“我们既不走封闭僵化的老路,也不走改旗易帜的邪路。”[①]经过90多年的艰难探索,中国共产党和中国人民终于开辟了中国特色社会主义道路,形成了中国特色社会主义理论体系,建立了中国特色社会主义制度,为中国梦奠定了坚实的基础。习近平指出:“实现中国梦必须走中国道路。这就是中国特色社会主义道路。这条道路来之不易,它是在改革开放30多年的伟大实践中走出来的,是在中华人民共和国成立60多年的持续探索中走出来的,是在对近代以来170多年中华民族发展历程的深刻总结中走出来的,是在对中华民族5000多年悠久文明的传承中走出来的,具有深厚的历史渊源和广泛的现实基础。”[②]高校中国梦教育要让当代大学生真正懂得:独特的文化传统、独特的历史命运、独特的基本国情,注定了我们必然要走适合自己的发展道路。中国特色社会主义是历史的选择、人民的选择、时代的选择,是实现中国梦的必由之路,也是广大青年大学生应该牢固确立的人生信念。高校必须从不同的层面、运用不同的方式加强道路认同教育,使得青年学生认同“中国梦”的远大理想和伟大实践,由真学、真懂、真信,最终走向自觉实现“中国梦”的真行动。

(三)增强大学生的责任认同

大学生从入学到毕业是一个不断成长、不断变化的过程。在这个黄金时期,青年大学生的世界观、人生观和价值观逐步形成并不断成熟,逻辑思维能力和理论知识与应用能力不断增强,对社会、对人生的认知更加独立、日趋理性,而且所面对的社会形势和自己的实际情况也在不断变化,因此,对青年大学生进行富于时代性、针对性的思想政治教育显得尤为重要。毛泽东比喻青年人为早晨八九点钟的太阳,寓意青年为人生中充满朝气及活力的阶段。习近平强调,为实现中华民族伟大复兴的中国梦而奋斗,是中国青年运动的时代主题。高校要在广大青年学生中深入开展“我的中国梦”主题教育实践活动,用中国梦夯实广大青年学生的共同思想基础,用中国梦激发广大青年学生的历史责任感,让更多青年学生敢于有梦、勇于追梦、勤于圆梦,让每个青年学生都为实现中国梦增添强大的青春正能量。上海交通大学党委书记马德秀强调:“在中华民族伟大的复兴之路上,大学义不容辞地应成为实现‘中国梦’的参与者、书写者,汇聚起推动社会发展进步的强大

---

① 胡锦涛.坚定不移地沿着中国特色社会主义道路前进　为全面建设小康社会而奋斗——在中国共产党第十八次全国代表大会上的报告[M].北京:人民出版社,2012:12.

② 习近平.在第十二届全国人民代表大会第一次会议上的讲话[M].北京:人民出版社,2013:3.

正能量。在这一过程中，大学必定大有可为，大有作为。”①历史和现实都告诉我们，青年一代有理想、有担当，国家就有前途，民族就有希望，实现中国梦就有源源不断的中国力量。

我国仍处于并将长期处于社会主义初级阶段，实现中国梦，创造全体人民更加美好的生活，任重而道远，需要我们每一个人继续付出辛勤劳动和艰苦努力。从现在到21世纪中叶，是实现中国梦的关键时期，也是当代大学生从青年步入中年的黄金时期。这意味着，现在的大学生既是中国梦实现后四海同庆的共享者，更是中国梦奋斗过程中的共建者、实现者。青年最富有朝气、最富有梦想。广大青年要在实现中国梦的生动实践中放飞青春梦想，在为人民利益的不懈奋斗中书写人生华章。习近平总书记殷切期望：“一个国家的进步，刻印着青年的足迹；一个民族的未来，寄望于青春的力量。中国梦是我们的，更是你们青春一代的。中华民族伟大复兴终将在广大青年的接力奋斗中变为现实。”②由此可见，青年承担着作为中国特色社会主义事业建设者和接班人的重任，历届党和国家领导人都对他们寄予了很高的期望。青年学生是最富有创造性、最具有开拓精神的群体，是实现中国梦的中坚力量。中国梦赋予当代大学生神圣而光荣的历史使命。通过高校中国梦教育活动，使得广大学生深切地认识到：青年肩负着实现中国梦的光荣责任，每一位大学生都要把个人梦与国家梦紧密融合在一起，把个人命运与国家命运紧密联系在一起，做新时代的追梦人和圆梦人，为中华之崛起而奋斗。

三、应用型本科高校中国梦认同教育的实现途径

应用型本科人才中国梦认同教育坚持解决思想问题和解决实际问题相结合的原则，中国梦认同教育必须贯穿于大学生的学习与生活之中，深入到学生的心灵世界和生活世界，与他们的学习条件、成长成才、就业创业等实际问题相结合。

（一）举行“中国梦与中国发展”专题宣讲活动

高校中国梦教育关键是要使青年学生在对它理解和接受的基础上，做到认同、信仰和自觉贯彻。举行“中国梦与中国发展”专题宣讲活动，从学理层面进行宣传教育，讲清楚、讲透彻。首先，高校思想政治理论课是实现中

---

① 马德秀. 实现“中国梦”，高校大有可为[N]. 中国社会科学报，2013(428).

② 习近平. 在同各界优秀青年代表座谈时的讲话[N]. 人民日报，2013－05－05(1).

国梦教育的主渠道,将中国梦教育有机地融入课程教学,有效实现“进教材、进课堂、进头脑”,深入宣传中国梦的重大意义、精神实质和实践要求,深入宣传实现中国梦与大学生成才之间的密切联系。邓小平同志曾指出:“尤其是我们的青年,要有理想。为什么我们过去能在非常困难的情况下奋斗出来,战胜千难万险使革命胜利呢?就是我们有理想,有马克思主义信念,有共产主义信念。”[①]高校要以中国梦教育为契机,引导青年学生坚定马克思主义信仰和共产主义信念,牢固树立坚持中国特色社会主义的信心和决心。

其次,高校还要把校内外的马克思主义理论教育教学的优秀师资力量组成宣讲团,深入基层开展党的十八大精神和中国梦宣讲。高校要把爱国主义传统教育与当前的中国梦教育结合起来,把中国梦教育与定期举行的形势政策教育结合起来,让学生了解国情,了解国际形势,帮助大学生理性地对待民族利益和国家安全问题、正确认识中国梦与他国梦的区别、正确理解中国梦与世界梦的关系、正确处理个人理想与社会理想的关系,增强当代大学生的历史使命感和社会责任感。同时,高校要把橱窗、报纸、广播等传统媒体和基于互联网的博客、播客、微博、微信等新媒体相结合,进行全方位、立体化宣传和熏陶,唱响主旋律。

(二)开展“奋斗的青春最美丽”主题教育活动

当前,大学生的价值观不同程度地呈现出自我中心取向、价值取向多元、重感性、轻理性、政治观念淡化等倾向。中国梦是一幅多维度的蓝图,富有鲜明的时代特征和浓郁的生活气息,也与每个人息息相关。首先,要结合当代大学生成长需求,充分挖掘中国梦是青年之梦、学子之梦、成才之梦的科学内涵,高校可以组织开展“我的中国梦——奋斗的青春最美丽”系列主题活动。大力开展榜样激励群体建设,积极培育、选树学生先进典型,评选、表彰和宣传“尚德之星”“学习之星”“自强之星”“科技之星”等校园之星,宣传、表彰他们的先进事迹和优秀品格,激励广大青年学生见贤思齐、学习先进、崇尚先进、争当先进,形成为实现中国梦奋发有为的正能量。高校中国梦教育通过榜样分享会、先进事迹演讲会、座谈会、征文、摄影、随手拍DV比赛等系列主题活动,引导青年大学生“爱国、敬业、诚信、友善”,引导大学生自觉把个人梦想融入中国梦之中,自觉把个人前途与国家民族命运结合起来。

其次,重大纪念性节日也是开展中国梦教育的大好时机,尤其是“五四”

---

① 邓小平.邓小平文选:第3卷[M].北京:人民出版社1993:110.

青年节、“七一”党的生日、“十一”国庆节等。在今年的全国“五四”座谈会上，习近平总书记告诫广大青年：一定要坚定理想信念、一定要练就过硬本领、一定要勇于创新创造、一定要矢志艰苦奋斗、一定要锤炼高尚品格。在这个特殊的日子里，习近平总书记的五点希望让青年大学生备受鼓舞，同时感受到了沉甸甸的责任和使命。高校可以适时举办“中国梦与青年责任”“与信仰对话”等主题座谈会，追溯历史、共话未来，探讨当代青年在“两个一百年”奋斗目标和中华民族伟大复兴实现过程中的重大责任，引导学生认清所处的历史方位和肩负的时代使命，激发责任意识，“实现中国梦，青春勇担当”。

（三）组织“青春梦，中国行”社会实践活动

实现大学生对中国梦的认同，必须让主流意识形态融入青年学生的现实生活，让大学生在实践中感知、领悟、接受与内化。毛泽东曾经告诫青年：“社会主义制度的建立给我们开辟了一条到达理想境界的道路，而理想境界的实现还要靠我们的辛勤劳动。”①社会实践活动对树立目标、坚定梦想有极大的促进作用，能让梦想在理论和实践的互动中升华。围绕中国梦的实现，高校要组织各种社会实践活动，将学生感觉抽象的理想信念教育同火热的社会现实相结合，落地生根。比如，组织“青春梦，中国行”寒暑假社会实践，并及时举办社会实践表彰大会与总结报告会，扩大活动影响，巩固实践成果。加强社会实践基地建设，扩大学生参与实践的人数规模和分布区域。开展“身边榜样，前行力量”杰出校友寻访活动，走访在各行各业上为国家发展和经济社会建设做出贡献的“校友之星”。

高校中国梦教育必须注重发挥社会调查、生产实践、志愿服务、公益活动、科技发明和勤工助学等实践育人功能，帮助青年学生提升追梦、圆梦能力。在社会实践活动中，学生们切身感受到当代中国的巨大成就，大量鲜活的人与事对他们的教育和启迪是强烈而深刻的，有利于深化他们对当代中国马克思主义的理解与认同，增强中国特色社会主义的“三大自信”。当代大学生投身于生动的社会实践中放飞青春梦想，磨炼意志，培养吃苦耐劳的精神，提升能力，服务社会，正确认识个人与社会的关系，增强投身社会主义现代化建设的责任感和使命感，努力在推动实现中国梦中成就个人梦想，“让青春焕发出绚丽的光彩”②。

---

① 毛泽东. 毛泽东文集：第7卷[M]. 北京：人民出版社，1999：226.

② 胡锦涛. 坚定不移沿着中国特色社会主义道路前进　为全面建成小康社会而奋斗——在中国共产党第十八次全国代表大会上的报告[M]. 北京：人民出版社，2012：57.

第三节　将中国梦融入应用型本科人才的幸福观教育

追求幸福是人类的永恒主题和发展动力。先哲亚里士多德指出,“幸福是人类存在的唯一目的和目标”。时下响彻神州的中国梦不是抽象的政治号召,而是中国人美好梦想的汇集,表达了中国人对幸福的追求。习近平总书记强调:“中国梦归根到底是人民的梦,必须紧紧依靠人民来实现,必须不断为人民造福。”①也就是说,中国梦是每个中国人追求幸福人生、实现人生理想与价值的过程。一个有远见的民族,总是把关注的目光投向青年。中国梦是青年的成才梦,也是青年的幸福梦。中国梦的提出再次将国家前途、民族命运与当代大学生的历史使命、幸福人生紧密相连。中国梦的信仰追求赋予了当代大学生生命以终极意义,它将引导当代大学生走出人生焦虑困境而步入幸福人生新境界。因此,将中国梦融入应用型本科人才幸福观教育具有重要的现实意义。

一、当代大学生幸福观的几个误区

幸福观是人生观中人们关于幸福目标、动机、手段、标准、效果等问题所持态度的观念系统。在改革开放30多年后的今天,我国经济实力跻身世界前列,人们物质生活条件相当丰裕,有些当代大学生仅仅沉溺于物质享受的个人幸福,忽略更高层次的幸福追求与创造,由此造成了道德秩序紊乱、精神世界荒芜,这些大大降低了他们的幸福感。究其原因,主要是由于在各种因素的综合影响下,当代大学生幸福观步入了以下几个误区。

(一)重物质享受、轻精神追求的享乐主义幸福观

享乐主义幸福观主张把现时性的物质欲望的满足与享乐作为人生目的和幸福标准。当代大学生大多数是独生子女,生在改革开放的新时代,长在中国特色社会主义的旗帜下,躺在长辈的怀里,泡在生活的蜜里,真可谓“幸福”宠儿。但由此带来的负面影响是,物质生活的富足往往使得他们趋向安于现状,缺乏精神追求;在实用主义思潮和市场经济等多重影响下,部分大学生在思想上崇尚金钱至上,行为上首选物质享受,感官上过分强调快乐。突出表现在消费方面,攀比心理严重,挥霍父母的钱,甚至骗取助学金高消

① 习近平.在第十二届全国人民代表大会第一次会议上的讲话[M].北京:人民出版社,2013:5.

费，在消费上常常超出自己的承受能力，追逐高档电子产品和各种名牌生活用品，试图通过炫富与比酷来填补空虚。这种个人享乐主义以人的自然本性来诠释人的需要，认为物质享受与个人私欲的满足程度是衡量幸福快乐的尺度，重物质享受、轻精神追求。

不少大学生往往忽视了精神、理想对生命的意义与价值，将奢华的生活、物欲的满足当作人生的唯一目标，他们把大量的时间和精力花费在物质享受、网游网购、阅读玄幻小说和交男女朋友等方面，荒废学业、浪费青春，甚至误入歧途。长期处于这种“幸福”之中，对精神层面的追求往往并不关心，“无所谓”“差不多”“郁闷”“好烦”“好无聊”自然成了他们的口头禅。

（二）重个体感受、轻社会需求的个人主义幸福观

伴随着我国计划生育和优生优育政策的推行，当代大学生大多数从小到大沉浸于爱与关怀之中，内心具有强烈的优越感。他们认为幸福是个人私事，不少人崇尚“个人至上”的幸福观。个人主义幸福观是纯粹以个人发展和个体幸福为出发点和归宿的幸福观，认为人生的根本目的和最高价值仅仅在于个人本身，而社会和他人的存在只不过是实现个人目的的手段而已。它突出强调以个人幸福为中心，否认社会和他人的幸福和价值，甚至不惜采用损人利己的方式来追求自己的个人幸福，这是极端个人主义在幸福观上的体现。西方社会所倡导的以个人价值为核心的自由、民主、平等，正好符合当代大学生标新立异的逆反心理。他们认为幸福就是我行我素，自己快乐开心是关键，至于别人的幸福、社会的需求等，统统与己无关。这种狭隘的幸福观势必导致当代大学生倾向于以个体自我为中心，甚至可能为了实现和保障自我的幸福而去损害他人的利益与幸福。

因此，在激烈的社会竞争中，他们往往注重个体感受和自我利益的实现，在生活上贪图享受，与人交往“利”字当头，自私自利，计较个人得失，较少考虑他人和集体的利益。他们并不真正理解集体对个人的重要、个人幸福与集体幸福两者的辩证关系，丝毫不重视集体的利益，对他人较为冷漠，缺乏应有的公德心、同情心、感恩心和责任心。

（三）重眼前利益、轻长远发展的功利主义幸福观

功利主义幸福观“片面求利”，认为人性的本质特征是“趋乐避苦”，追求个人利益成了人类一切行为的目的和归宿。功利主义不考虑一个人行为的动机与手段，只是考虑一个行为的结果对其最大快乐值的影响，当进行各种活动的时候，只要是对自己的最大幸福能有最大限度的贡献，不管对涉及他人利益的全体幸福和未来发展会带来什么样的影响和结果，他们都会全

力以赴地追求。随着改革开放的深入和市场经济的发展，社会上流行“房子、车子、票子、位子、妻子”的幸福标准，高等教育走向市场化、产业化的趋向，都深深影响着当代大学生，他们对自身发展和现实利益越来越关注，他们的幸福观带有明显的功利主义色彩。少数大学生片面认为只有眼下的一切才是真实的幸福，当前的是他们最重要的，主张直接对自己有用的就是幸福。当代大学生不是选择和创造生活的主人，而是成为被物质利益驱使的劳动者，他们学习的目的仅仅是找份好工作，所以整天忙着考各种各样的证书，学习各级各类实用技能，忽视自身修养与内在素质的提高，极少考虑国家和民族大事。

在功利主义幸福观的影响下，他们把获利看作人生的目的，“前途前途有钱就图，理想理想有利就想”，把“利”当作目的，而不是以“人”为目的，事实上，他们算计实际利益的兴趣和专注大大超过对人本身的重视和尊重，因此，人本身就沦落为利益攫取的手段。

二、中国梦融入应用型本科人才幸福观教育的实践旨趣

尽管当代大学生处在和平繁荣的新时代，但幸福感缺失现象却有愈演愈烈之势。中国梦融入当代大学生幸福观教育，使得大学生真正理解物质幸福与精神幸福、个人幸福与社会幸福、创造幸福与享受幸福的辩证统一，有利于用马克思主义世界观、人生观和价值观来武装当代大学生，提升他们构建幸福人生、造福社会、实现中国梦的能力，对培养社会主义合格建设者和可靠接班人有着重要意义。

（一）有助于大学生懂得物质幸福与精神幸福的统一

马克思认为，幸福既具有主观性又具有客观性，幸福本质上是一种物质享受和精神的统一。人的存在是生物性存在、社会性存在和精神性存在的统一。马克思注重从人的本性出发，既反对片面崇尚精神至上的禁欲主义，也反对一味沉溺物质生活的享乐主义。随着社会的发展，在物质财富与日俱增的同时，当代大学生还不能准确定位物质幸福与精神幸福，甚至还会发生错位。物质享受是人获得幸福的基本条件，“忧心忡忡的、贫穷的人对最美丽的景色都没有什么感觉”[①]，但是，只是满足于物欲的幸福是片面的，并没有真正触及幸福的本质。“物质与精神二者互相促进：丰富的物质生活为人们追求高尚的精神生活奠定坚实基础、提供物质支持；丰富的精神生活为

---

① 马克思，恩格斯. 马克思恩格斯文集：第1卷[M]. 北京：人民出版社，2009：192.

进一步创造物质财富提供智力与精神支持。"[①]因此，幸福应该体现物质生活与精神生活的统一，单纯的物质享受或精神愉悦，都是对幸福内涵的片面理解，真正的幸福是物质幸福与精神幸福的有机结合。社会的发展与进步是物质文明和精神文明的共同发展与进步。

中国梦的价值旨归是实现人民幸福。人民幸福首先在于物质需要的满足，意味着人民能更多、更公平地共享发展成果，还意味着人民精神文化需求的极大满足。习近平主张："我们的人民热爱生活，期盼有更好的教育、更稳定的工作、更满意的收入、更可靠的社会保障、更高水平的医疗卫生服务、更舒适的居住条件、更优美的环境，期盼着孩子们能成长得更好、工作得更好、生活得更好。人民对美好生活的向往，就是我们的奋斗目标。"[②]人们追求幸福，不仅要享受物质幸福，更要追求精神幸福。也就是，让人民群众实现各方面的个人愿望与精神诉求，实现"学有所教、劳有所得、病有所医、老有所养、住有所居"的美好期盼；让所有中国人都共享改革发展成果，有尊严地幸福生活着。中国梦不仅仅局限于经济发展、物质生活的改善，更是实现中华民族伟大复兴的软实力的全面提升。科学幸福观承载着人们对真正幸福的向往与追求。因此，中国梦的融入，有助于大学生懂得：科学幸福观主张主体在一定的物质基础上注重精神追求、理想道德、文化修养等，不断提升精神境界。

（二）有助于大学生领会个人幸福与社会幸福的统一

中国梦融入当代大学生幸福观教育，进一步提高他们感知幸福、享受幸福、创造幸福的能力，不仅关系着大学生的健康成长，而且关系着中国梦的实现。中国梦的核心是实现具有整体性的集体价值，因为这个梦想凝聚和寄托了几代中国人的美好夙愿，体现了每一位华夏儿女的共同期盼，反映了中华民族和人民的整体利益。个人的梦想是共同理想和集体价值的具体表现和组成部分，是中国梦的基石和归宿。实现中国梦人人有责。在中国梦的指引下，大学生应该主动把个人前途与国家、民族命运联系起来，把个人梦想的实现与时代发展的需求结合起来。在马克思眼里，个人意图不是幸福的典型价值，而应该实现个体性与社会性的统一，幸福的核心是个人幸福与集体幸福的有机结合，个人幸福必须融于人类社会的集体幸福之中。马

---

① 张立民，周红英. 和谐社会视野下的幸福观定位[J]. 学术论坛，2007(9)：59.

② 习近平. 始终与人民心相印共甘苦——在十八届中央政治局常委与中外记者见面时的讲话[J]. 人民论坛，2012(33)：7.

克思指出:“人的本性是这样的:人只有为同时代人的完美、为他们的幸福而工作,自己才能达到完美。”①每个人的幸福依赖于自己所处社会的发展,如果损害了社会利益,每个人的幸福也就得不到保障。共产党人奋斗的终极目标是建立“每个人的自由发展是一切人的自由发展的条件”的“联合体”②。每个中国人自身的各种梦想,也只有在中国梦实现的前提下,才能具备充分的实现条件。

人们所追求的幸福既包括个人幸福,也包括社会幸福。个人幸福是个人的需要、目的、欲望、理想得以实现时而产生的个体满足。而社会幸福是集体幸福,指民族、阶级、国家等共同体成员共同的、普遍的幸福,是社会整体因理想和目标的实现而得到的集体满足。中国梦既是国家梦、民族梦,又是人民个体的幸福梦。中国梦,集中体现国家、社会、个人三个层面的价值目标,国家层面追求“富强、民主、文明、和谐”,社会层面追求“自由、平等、公正、法治”,个人层面追求“爱国、敬业、诚信、友善”。中国梦蕴含着凝聚共识和汇聚力量的价值诉求,推崇“国家好,民族好,大家才会好”,个人之梦与国家民族之梦是内在统一的。大学生应该把自己的幸福观置于整体性的宏观背景中去审视其合理性。“仅仅满足于自我的幸福是享受性的幸福,具有消费性、短暂性,是纯粹的个人幸福,而以德性和奉献他人和社会的方式获得的幸福是创造性的幸福,具有增殖性、持久性,是将个人幸福与社会幸福有机统一的幸福。”③个人幸福丰富和发展社会幸福,社会幸福是个人幸福的基础和前提。正如恩格斯所言,“每个人都追求幸福。个人的幸福和大家的幸福是不可分割的”④。当然,在强调社会幸福高于个人幸福的前提下,必须要关怀每个人的个人幸福。归根到底,社会要发展,不是为发展而发展,社会发展的根本目的还是为了人的幸福。

（三）有助于大学生领悟创造幸福与享受幸福的统一

幸福是指人们在社会生活实践过程中,由于感受到人生价值的实现而形成的一种精神上的满足。人的需要得到满足,人的理想和目标就会接近或实现,人的内心出现满足感,人就会感到幸福。幸福是自我实现与无私奉献的统一、享受和创造的统一。劳动是人最基本的存在方式,也是社会生活

---

① 马克思,恩格斯.马克思恩格斯全集:第1卷[M].北京:人民出版社,1995:459.

② 马克思,恩格斯.马克思恩格斯文集:第2卷[M].北京:人民出版社,2009:53.

③ 柴素芳.大学生幸福观教育之道德情感维度[J].河北大学学报(哲学社会科学版),2012(1):129.

④ 马克思,恩格斯.马克思恩格斯全集:第42卷[M].北京:人民出版社,1979:374.

中人们追求幸福最基本的方式。幸福源自于劳动和创造,离开了劳动和创造就不可能找到幸福。正如马克思指出的,“任何一个民族,如果停止劳动,不用说一年,就是几个星期,也要灭亡”①。习近平强调“用劳动筑梦,以实干圆梦”。中国梦的实现必须依靠各族人民的智慧和创造,必须以创造性的辛勤劳动为基础,依赖于每一位中华儿女的共同参与和积极奉献。习近平指出:“一个国家的进步,刻印着青年的足迹;一个民族的未来,寄望于青春的力量。中国梦是我们的,更是你们青春一代的。中华民族伟大复兴终将在广大青年的接力奋斗中变为现实。”当代大学生作为中国梦的承担者与实现者,更应挑起这份责任,为实现中华民族的伟大复兴贡献自己的力量。

只有在劳动创造中,人的生存需求、享受需求和发展需求才能得到满足,才能实现人的本质力量,才能给人以精神上的最高享受,收获真正的幸福。“享受幸福是指享受他人或自己创造的物质财富和精神财富,创造幸福是指通过自己的创造性劳动获得的幸福。享受幸福是对幸福的消费,创造幸福是对幸福的开拓,显然,两者在价值性上的层次是不同的,创造幸福的价值量要远远大于享受幸福的价值量。”②创造属于自我实现的范畴,是人的最高层次的需要,满足这种需要就会达到最高层次的幸福。“自我实现不仅是一种终极状态,而且是随时随地、点点滴滴地实现个人潜能的过程。”③创造者不仅体验到生命的充盈感,更能实现自我超越。最令人神往的幸福往往存在于满怀希望的期待中,蕴含于不懈奋斗的创造活动。“创造活动可以被看成具有双重的作用:它添加和开拓出新领域而使世界更广阔,同时又由于使人的内在心灵能体验到这种新领域而丰富发展了人本身。”④将中国梦的实现最终落实到“辛勤劳动、诚实劳动、创造性劳动”上。在劳动创造的各种实践中,实现人的自由全面发展,感受到个体的力量和存在,领悟到生命的真谛和人生的价值,从而收获更深刻、更高级的幸福。当代大学生在火热的中国特色社会主义事业实践中砥砺自己,以崇高的中国梦引导前行,用智慧之光照亮青春。

---

① 马克思,恩格斯.马克思恩格斯文集:第10卷[M].北京:人民出版社,2009:289.

② 彭永东,朱平.当代大学生幸福观教育略论[J].江淮论坛,2012(5):154.

③ [美]马斯洛.自我实现的人[M].许金声,等,译.北京:生活·读书·新知三联书店,1987:120.

④ [美]西尔瓦诺·阿瑞提.创造的秘密[M].钱南岗,译.沈阳:辽宁人民出版社,1987:5.

三、中国梦融入应用型本科人才幸福观教育的路径选择

幸福是指人的需要、目的以及理想得以实现的心理体验,包括幸福与否的客观标准和主观心理过程两大因素。用中国梦引领理想教育,夯实大学生科学幸福观的思想基石;将中国梦融入生活世界,锤炼大学生科学幸福观的意志品质;将中国梦渗透于社会实践中,强化大学生科学幸福观的实践体验。

(一)用中国梦引领理想教育,夯实大学生科学幸福观的思想基石

中国梦这一宏伟目标,是新中国几代中央领导集体智慧的结晶,是建设中国特色社会主义伟大事业的精神旗帜。从中国梦的基本含义与精神实质可以看到,中国梦既是中华民族的复兴梦与国家的自强梦,也是全国人民追求的幸福梦。幸福作为人生的目的和权利,从终极意义上讲,本身就是理想目标,对幸福的追求是激励人们不断进取的重要动力。获得幸福的重要前提是坚定理想信念。如果一个人的幸福观不科学、不正确,实际上,往往是其人生观、价值观出了问题。因此,当代大学生幸福感的缺失并不仅仅源于学习压力大、就业竞争激烈、人际交往困难以及环境不良等,更深层原因还在于他们的人生观、价值观发生了偏差。中国梦凝聚了中华民族对世界和生命的历史认知和现实感受,沉淀了中华民族最深层次的精神追求。中国梦的实质,是理想信念问题,蕴含了中国特色社会主义的共同理想。习近平强调:“历史告诉我们,每个人的前途命运都与国家和民族的前途命运紧密相连。国家好,民族好,大家才会好。”①可见,中国梦始终坚持马克思主义价值原则,有利于促进人民群众个体的发展与福祉的增加。“‘中国梦’的价值维度就是要实现人的自由全面发展,这也在价值层面上极大提升了‘中国梦’的吸引力、凝聚力和感召力。”②

用中国梦引领理想信念教育,夯实大学生科学幸福观的思想基石。中国梦,意在强调个体在报效国家、造福社会的同时,追求个人梦想、取得成就,实现个人理想与共同理想的统一。各种社会思潮和价值观念对大学生思想的冲击,形成了信仰迷失、信念淡化、责任淡薄等问题。中国梦的融入,将着力于克服这些问题,同时丰富和发展大学生内在精神世界,将大学生追

---

① 习近平.中华民族伟大复兴的梦想一定能实现[J].党建,2013(1):1.

② 赵周贤,刘光明.沿着中国特色社会主义道路奋力实现“中国梦”[N].经济日报,2013-01-04(1).

寻中国梦的远大理想转化为具体实践选择，引导大学生正确认识和把握社会发展规律，增强其历史使命感和社会责任感，主动把个人与集体的利益有机结合起来，积极投身改革开放事业，增强实现中国梦的主动性和创造性。只要有了坚定的理想信念，幸福观就有了灵魂。高校要尊重大学生的个人梦想，引导他们将个人梦想同国家梦想、民族梦想紧密结合起来，将个人理想上升为社会理想，将社会理想内化为个人理想，实现个人成长与社会发展、个人幸福与社会幸福的良性互动。用中国梦引领理想教育，是大学生成长成才、实现幸福人生的内在需要和实现途径。

（二）将中国梦融入生活世界，锤炼大学生科学幸福观的意志品质

生活世界是人们生存生活其中、可以体验和经历的客观世界，同时又充满着各种价值和意义，能够左右社会整体品格和个体的精神世界。生活世界既是一个实体的世界，也是一个关系的世界。中国梦不能脱离生活世界，要关注大学生的态度、情感、意志、需要，关怀他们的现实与理想。大学阶段是个体成长发展的特殊时期，由于人生经验、社会阅历等方面的局限性以及青春期的萌动，大学生的自我评估往往不切实际，容易倾向于夸大或者低估个体自身的能力，从而给个体理想的实现带来意想不到的阻碍和影响。当代大学生大多为“90后”青年，基本都是独生子女，从小到大一直被幸福宠爱包围。每当遇到困难和问题时，父母等长辈都会为他们冲锋陷阵。因此，当代大学生的心理承受能力和抵抗挫折能力自然就比较弱。然而，人生之路不可能是坦途一条，幸福之路也不是畅通无阻。追求幸福，往往就是个人不断克服困难并实现目标的过程，个体需要以坚强的意志品质为支撑，积极乐观地迎接生活中的困难与挑战。融入生活世界，将宏大的中国梦细化为贴切个体实际的梦想，与大学生的生活经验和体验联系起来，使生活世界中的经验、体验、意志品质等成为他们实现梦想的财富，激发他们敢于担当、勇于创新，为造福人民和国家富强而奋斗。

生活世界不仅是个体的，而且是集体的。目前，我国正处于经济转型和社会转型的时期，社会结构转换、经济体制转轨导致了深层次的利益调整和诸多变化，彻底改变了人们传统的价值取向、社会心理及行为选择。每个人都有自己的梦想，每个阶层、群体也都有自己的梦想，这些梦想各有千差万别的诉求，它们统一于宏大的中国梦。中国梦始终是中华民族自强不息的原动力，牵引着中国砥砺前行的坚定步伐。当然，中国梦的实现不会一蹴而就，也不可能一帆风顺。“中国特色社会主义事业是面向未来的事业，需要

一代又一代有志青年接续奋斗。”①实现中国梦是一项长期而艰巨的任务，必须坚持中国道路、弘扬中国精神、凝聚中国力量。当代大学生中的每一个人都要始终保持清醒的头脑，胸怀理想、脚踏实地、奋发进取，用勤劳双手创造未来，共享梦想成真的机会。大学生正处于人生发展的黄金时期，面对个体与社会诸多发展性难题时，更加需要主动吃苦，积极进取。“人们最出色的工作往往是在处于逆境情况下做出来的。思想上的压力，甚至肉体上痛苦都可能成为精神上的兴奋剂。”②中国梦融入生活世界，锤炼大学生科学幸福观的意志品质。

3. 将中国梦渗透于社会实践中，提升大学生科学幸福观的实践能力

当代大学生亲身经历了中国特色社会主义改革发展变化的历程，享受着改革开放带来的幸福生活。实践是人类能动地改造世界的客观物质性活动，“全部社会生活在本质上是实践的”③。幸福不只是最终实现了或拥有了什么，而更多的是在追求过程中的感受。人们正是通过对外在生活世界的认识、把握和改造，来为自己赢得自由和幸福。社会实践是知识创新的源泉，是检验真理的试金石，也是青年大学生经受锻炼、获得成长、感知幸福的有效途径。当今中国最重要的社会实践，就是全面建成小康社会、实现社会主义现代化、实现中华民族伟大复兴的中国梦实践。邓小平曾经说过，“世界上的事情都是干出来的，不干，半点马克思主义也没有”④。因此，高校必须将中国梦渗透到大学生“梦想中国”志愿行动、“奋斗的青春最美丽”主题活动、社会调研、参观考察、专业实习等社会实践活动当中。在社会实践中，他们身临其境地体验到中国共产党带领全国人民所取得的伟大成就和生动社会现实的强烈感召力，深化对中国特色社会主义伟大事业的感知和理解，增强对中华民族伟大复兴的信心。同时，在举世瞩目的辉煌成绩背后，还存在诸如经济发展不平衡、生态破坏严重、收入差距过大等诸多问题，亟须我们的青年去面对和解决，增强了当代大学生实现中国梦的责任感和使命感。

幸福不是某种既定的观念存在，而是现实的创造活动。中国梦渗透到社会实践中，用生动真实的实践活动培养当代大学生改造生活、创造生活的

① 胡锦涛. 坚定不移沿着中国特色社会主义道路前进　为全面建成小康社会而奋斗——中国共产党第十八次全国代表大会上的报告[M]. 北京：人民出版社，2012：56.

② [英]贝弗里奇. 科学研究的艺术[M]. 陈捷，译. 北京：科学出版社，1979：41.

③ 马克思，恩格斯. 马克思恩格斯文集：第1卷[M]. 北京：人民出版社，2009：501.

④ 中共中央文献研究室. 十六大以来重要文献选编（下）[M]. 北京：中央文献出版社，2008：874.

意识，使大学生感受到学有所用，并能产生很好的效益。“幸福的一个关键点就在于幸福不能仅仅通过好的结果来定义，而还必须由美好的行动过程来定义，否则不可能有幸福。”①作为中国梦的实现者，当代大学生正值人生精力最旺盛的阶段，他们的创造思维非常活跃，创造能力也处于蓬勃发展的高峰期，他们更加有信心、有能力创造幸福，实现美好未来。通过社会实践，广大学生亲身经历和体验了创造幸福的具体过程，增强了对幸福的科学感知，并且在实践中更好地把幸福体验逐渐内化，形成对幸福体验的肯定性、确定性价值认识，有利于个体准确地把握科学的幸福体系，实践成才，奋力拼搏，将中国梦最大限度地融入社会实践。大学生幸福观教育以大学生的自由全面发展为出发点和落脚点，培养他们感知幸福、创造幸福的能力，引导大学生自觉将个人梦想与中国梦紧密结合，努力成为中国梦的传播者和践行者。

---

① 赵汀阳. 论可能的生活：一种关于幸福和公正的理论［M］. 北京：中国人民大学出版社，2004：154.

第三章

导师育人:应用型本科高校立德树人的有效模式

当前,我国经济发展正在从对资源与劳动力的依赖向对创新与人才的依赖转型,经济社会发展迫切需要大量高素质的应用型人才,对于应用型本科高校而言,培养高素质应用型人才已经成为迫在眉睫的问题。党的十八大报告强调,全面推动教育事业科学发展,使教育更加符合国家经济社会发展对人才培养的需要,更加符合广大人民群众对优质教育的期盼,更加符合促进人的全面发展的目标是符合时代、顺应民意、遵循教育规律的应时之举、战略之策。① 提高质量是应用型本科高校内涵发展的核心,而其突破口就在于创新人才培养模式。因此,探索应用型本科高校立德树人的有效模式,有着极为重要的现实意义。针对新时期应用型本科高校学生工作面临的问题、挑战及任务,"辅导员 + 班导师"的导师育人机制是应用型本科高校立德树人的有效模式。

第一节　新时期应用型本科高校学生工作面临的问题、挑战及任务

应用型本科教育的理论研究与实践,在我国高等教育领域中方兴未艾。学生工作是高校人才培养工作的重要组成部分,在立德树人中扮演着重要角色。高校学生工作要体现大学精神,就要在制定的相应规章制度中体现,要在工作人员的日常行为中体现,还要通过大学生素质的提升反映出来。

---

① 《十八大报告辅导读本》编写组. 十八大报告辅导读本[M]. 北京:人民出版社,2012:283－284.

如何准确把握当代大学生思想特点和成长规律,充分尊重大学生的个性差异,不断创新学生工作的内容形式和方法手段,保证育人目标的顺利实现,是需要我们认真研究的深层次问题。

一、新时期应用型本科高校学生工作存在的主要问题

应用型本科高校加强学生工作具有非同寻常的特殊意义。应用型本科高校因历史和现实的多方面原因,学生工作实践中存在着工作理念相对滞后、工作定位不够准确、工作内容相对单调、工作队伍不够专业等诸多问题。

(一)工作理念相对滞后,缺失主体性与人文性

当前,应用型本科高校学生工作不同程度地存在"忽视学生主体地位,视学生为管理的客体,问题式管理多于发展式管理,事后处理代替预警干预,强调整齐划一而忽视学生个性等现象"①,仍然停留在"我说你听,我命令、你服从"的传统模式上,师生之间不平等现象时有发生。工作理念相对滞后,主要表现在以下几个方面。一是重管理,轻服务。高校很多部门或领导,认为学生工作的主要任务是规范人、管理人,并没有真正认识到学生工作是服务人,是为学生的成长成才保驾护航。这种错误的理念导致高校学生工作成了把人塑造成工具或者温顺动物的活动,偏离了"以生为本"的理念。二是重灌输,轻引导。在日常管理与教育中,习惯于运用一些灌输的方式方法,并没有认识到学生工作是辅导、指导、引导和开导,对学生进行全方位、多角度的理解、关爱做得很不够,缺少应有的人文关怀。三是重强制,轻说服。在对待学生的基本态度方面,通常自觉或不自觉地把学生设定为教育和管理的对象,仍然坚持刚性管理理念,过度强调统一行动和标准化,大大挫伤了学生的积极性和创造性,压抑了学生的个性和创新意识,严重偏离了教育的本性。当前应用型本科高校学生工作表面奉行"以生为本"理念,而实际工作却与之脱节或相去甚远。

随着我国改革开放的推进,高等教育对外开放逐步深化,与世界的融合度逐渐提高,中西文化碰撞、意识形态交锋更加激烈,大学生的自主意识、开放意识、需求意识不断增强。传统学生工作以教育者为主导,以管带教、以训代育的思想倾向严重,对学生的"管束"管理依然是主要手段,这样的工作方式已不符合当今时代特征和学生发展需要。产生这些问题的关键在于教

---

① 教育部思想政治工作司.走进美国高校学生事务管理("立德树人"系列·第五辑)[M].北京:中国人民大学出版社,2011:218-219.

育者只是从自己的立场出发,单方面认为学生必须接受教育和管理,过分强调教育者的主导作用,过分强调学生的义务和服从,忽视了学生内心的需要和感受,漠视学生的受教育权、人身权、财产权、发展权、民主权等权益,过分强调教育的社会价值,忽视教育的个体价值。目前高校学生工作在尊重学生的主体性,尊重他们的自我意识、创造意识,启发他们能动地进行自主教育、自我管理、自我服务等方面存在诸多欠缺之处。

(二) 工作定位不够准确,缺乏针对性与科学性

当前,应用型本科高校学生工作定位不够准确,直接影响着工作成效。正如有学者所言,“一个有着哲学智慧的人在面对世界时,首先考虑的并不是世界本身是什么样的,而是我用什么样的眼光来看世界”①。因此,什么样的思维方式,直接决定了高校学生工作的地位和作用。当前高校的学生工作主要由负责和分管学生工作的党政干部、共青团干部、辅导员和班主任承担,习惯上他们被称为“学生工作者”。这种狭义的概念区分与责任界定,使其他部门和人员俨然与此无关,使得狭小的学生工作队伍与庞大的教育责任严重不对等、不匹配。当前高校普遍存在这样的想法:教学工作是学校的中心工作,其他工作,包括学生工作,要服从并服务于教学工作,这是天经地义的。教学工作历来被认为是专业教育,承担者必须具有相当的学历、职称以及教育教学水平,不是什么人都能承担,所以专业教师备受重视。学生工作被理解为纯粹的事务性工作,似乎无专业性可言,随便什么人都能够担任,以至于不能胜任其他岗位的人一般都被安排到了学生工作队伍中。所以,学生工作者与专业教师、学生工作与教学工作孰重孰轻、孰主孰从,其实,在高校领导和师生员工心中一直是一个带有一定偏见的问题。

应用型本科高校学生工作定位上的偏差对高等教育的健康发展和人才培养,无疑是有百害而无一益的。首先,学生工作定位的不确定性直接导致学生工作部门和相关部门职责不明晰,难以形成目标明确、体系完整的工作体系。长期以来,学生工作相对独立于学校中心工作,与教学工作呈“两张皮”状态:辅导员陷于事务性工作,缺乏独立思考与学习研究的时间和空间;专业教师专注于教学和科研工作,无暇顾及关注学生。这样的分工定位成了他们推卸责任和“靠边站”的响亮理由,他们对学生工作袖手旁观,教书育人的功能没有得到充分发挥。其次,学生工作在人才培养工作中的基础性地位没有确保,学生工作队伍被边缘化,人心不稳,难以留住高素质人才,难

① 赵林.西方哲学史讲演录[M].北京:高等教育出版社,2009:185.

以形成职业化、专家型的学生工作者。再次,学生工作队伍的整体联系度不高、协作性不强,容易形成一个自我封闭的系统,难以真正形成全员育人、全过程育人、全方位育人的良好局面。

(三) 工作内容相对单调,缺乏丰富性与开放性

长期以来,应用型本科高校学生工作的服务功能一直被忽略,过多地强调管理,过分地强调稳定,过重地强调灌输,使学生工作的走向趋向单一化、简单化。学生工作者服务意识淡薄,觉得学生工作内容就是管理和约束,不是服务,更远离人的发展。这种管理,在内容上重外在行为规范,手段上仍停留在"制度""处罚"等层面;对于工作繁忙的高校学生工作者而言,"管得住""不出事"与"安全第一"是主要目标。这种以灌输为方式,以处罚为手段,以管住为目标的管理模式,缺乏爱与关怀、信任与激励的伦理道德精神,缺乏让教师和学生感到自然、和谐的教育氛围,学生被动地接受管理,心底经常会产生压抑和抵触情绪。学生工作负责人常常为了避免出问题或尽量少出问题,为了不被领导批评,为了工作上的便利和见效快,在不知不觉中把学生工作队伍建成了消防队、灭火队、突击队,主要工作精力放到了"围追堵截、消防灭火"上。学生工作步入了防御型、被动式的误区,工作内容呆板单调、僵化、形式主义。

著名教育家叶圣陶说过:"教育是农业,不是工业。"农业产品是有生命力的,有它自身的特点和生活习性,因地制宜地满足它的需要才能让其茁壮成长。长期以来,应用型本科高校学生工作内容相对单调,缺乏实效性和开放性,原因集中在以下几个方面。首先,大多数情况下学生工作未能着眼于培养人格健全、知识能力结构合理、富于创新精神的人,未能切实着眼于开发学生潜能和学生个人成长,未能着眼于培养学生学会认知、学会做事、学会做人、学会感恩、学会发展的综合素质的人才。其次,忽视了学生的个性化发展,未能充分注意学生的个体差别,漠视学生在智力、社会背景、情感和生理等方面存在的差异性,未能深入到学生中去,细致了解他们的兴趣、爱好和特长,追求事先设计好的精细管理方案以及量化最优的原则。再次,他们经常扮演"教育警察""高级保姆"等角色,控制学生言行、避免学生"出格",没有为学生提供更自由的活动与发展空间,没有多给学生表达自己想法、观点的途径与机会,未能通过开展经常性的丰富多彩的活动去施展他们的才华,让他们的思维能力和创新能力得到充分的发展。

(四) 工作队伍不够专业,缺乏专业性与开拓性

随着高校的改革和发展,行政压编,岗位职数减少,领导岗位竞争日益

激烈,在学生工作干部职业化、职级化制度尚未建立的情况下,学生工作队伍的发展受到了很大的限制,大部分学生工作者或是迫于就业的压力,或是生计需要,多半没有长远发展计划,只能凭工作热情和良知投入工作,一旦有合适的机会就会流失,因此学生工作的长期稳定发展存在着较大隐患。① 因此,这支队伍就出现了人员选拔不严格,使用多、培训少,重经验积累、轻理论提高,缺乏相应的考核与激励机制等问题。同时,队伍人员总数偏少,与学生比例失调,使他们时常深陷烦琐的事务,在工作中无法找到成就感。而涉及这些人员的自身发展(如职称、待遇、学历等)的提升问题,却难以得到很好的解决。一些应用型本科高校的学生工作队伍问题更大,专业性不强、数量不足、结构不合理、职业化不明、学历职称低、专业能力不强、职业认同度不高,整个队伍流动性大、素质高低不齐,而且提高空间有限、大多数人对工作未来预期不高,存在不同程度的职业倦怠。

我们应该看到,应用型高校学生工作队伍力量非常薄弱,缺乏专业性与开拓性。学生工作既是一项事业、一门科学,也是一门艺术。随着社会的不断发展,高校学生工作所面临的问题也日益复杂化、多样化。在日常工作中,高校学生工作者会不断遇到各种新情况、新问题,因此,学生工作者在完成各项烦琐事务的同时,要不断进行总结、思考、学习、研究,以探索解决问题的新思路和新方法。但是,有学者研究发现,学生工作者所必须承担的各种繁杂工作太多。本研究调查了 70 多所高校学生工作组所要应付的工作,合计为 26 项之多。“从发表文章的情况看,数据触目惊心,作为高校学生工作中层领导,工作也应该有一些年头,未发表文章的人数竟达 14.6%,发表 3 篇以下的人数占 59.7%,证明了学生工作人员的科研能力较差。同时也反映出专业水平较低。”② 由于钻研学生工作的人不多,多数人工作凭的是“经验”,工作水平层次较低,缺乏全面性与发展性,这也是导致我国高校思想政治教育存在诸多问题的一个重要原因。

二、新时期应用型本科高校学生工作面临的新挑战

当前国际国内形势的深刻变化,以及知识经济时代科学技术的迅猛发展,科教兴国和人才强国战略的全面实施,高等教育大众化、高校后勤社会

---

① 李振跃. 新时期高校学生工作队伍建设刍议[J]. 内蒙古师范大学学报(教育科学版),2007(9):148.

② 陈信存,钟金萍. 高校学生工作专业发展刍议[J]. 社会科学家,2012(6):10.

化，招生就业制度的改革等一系发展状况，使得地方高校面临的教育环境发生了深刻变化，应用型本科高校学生工作势必面临着难度更大、要求更高、责任更重的挑战。

（一）大众化与就业难的政策背景

1999 年以前，我国高等教育实行的是精英教育模式，高考录取率只有不到 10%，只有少数的优秀学生才能通过高考进入高校深造。根据教育部发布的信息，2014 年我国高校计划招生 698 万人，其中本科 363 万人，高职 335 万人。2014 年高校招生录取率将达到 74%，本科的录取率为 38.6%。高校扩招促进了地方高校快速发展，但是地方高校软、硬件配套设施严重落后，学生管理队伍配备不足，高校学生工作面临着巨大的压力。应用型本科高校大多数还沿袭着传统高校学生工作的“保姆式”方式，事无巨细，任务相当繁重。这种模式注定已经适应当前庞大的学生队伍和学生的未来发展。应用型本科高校的师生比例与教育部规定的 1∶200 相去甚远，“这使得学生工作管理有相当大的难度，专职辅导员更多的精力投入在学生入学及毕业、奖助学金评定甚至催缴学费等日常性工作上，对学生的管理形式更多是依靠学生自主自觉的学习和生活，基本上都是‘放养式’管理，等到真正出现问题后辅导员才介入，往往处于被动状态”[①]。

2002 年教育部等四部委发布了《关于进一步深化普通高等学校毕业生就业制度改革有关问题的意见》，同年 10 月，经国务院同意，教育部等四部委联合发布了《关于切实做好普通高等学校毕业生就业工作的通知》。这两个重要文件，明确了高校毕业生就业制度应以市场为导向，实行政府调控就业，学校促进就业，毕业生和用人单位进行双向选择的就业方针。2013 年，大学毕业生人数达到 699 万，是高校毕业生人数最多的一年，被称“史上最难就业年”。2014 年有毕业生 727 万人，加上 2013 年尚未就业的大学生，2014 年大学生就业形势仍未好转。面对国家就业分配体制的市场化改革，应用型本科高校大学生就业工作面临着极大的竞争和挑战。应用型本科高校介于研究型、教学研究型与职业技能型之间，既要提高科研水平、提高教学质量，又要提高职业技能水平，很难在这几个方面平衡好关系，所以培养的学生可能是研究水平不高、知识掌握不牢靠、职业技能不足的情况同时出现，在就业市场上处于“高不成、低不就”的窘境。

---

① 杜振财. 快速大众化教育下的高校学生工作探析[J]. 中国青年政治学院学报，2012(6)：123.

(二) 网络化与功利化的社会环境

随着科技的发展,科技成果日新月异,互联网逐渐普及,产生了短信、微博、飞信、校内 BBS 论坛等新媒体,彻底改变了大学生的生活方式、学习方式、交往方式乃至思维方式。大学生在网上公开或不公开地发表意见观点,要求平等对话,对高校学生工作者的权威性提出挑战,使思想政治教育的效果往往不能达到预期。美国未来学家托夫勒曾说过:"谁掌握了信息,控制了网络,谁就拥有整个世界。"互联网上各种信息鱼龙混杂,正面和负面的新闻充斥着网络,外来文化和传统文化激烈碰撞,大学生的人生观、价值观、道德观经受着新的冲击,部分学生从而容易滋生全盘西化、享乐主义、拜金主义、崇洋媚外等不良思想。一些国内外反动势力为了达到不可告人的目的,大肆利用网络进行反动宣传和思想文化渗透,误导一些缺乏辨别力的大学生起来闹事,严重影响了对他们的是非判断和行为选择能力的培养。这种信息垃圾将弱化大学生思想道德意识,污染大学生心灵,误导大学生行为。

同时,在社会主义市场经济长期发展的条件下,我国呈现出经济成分和经济利益多样化、收入分配形式多样化、社会生活方式多样化等特征,导致目前社会生活中的价值观念呈现多元化态势。大学生作为思维活跃、行动灵捷、受传统观念影响不深的知识阶层群体,自然对市场经济的发展有着极敏锐的感受力和较高的接纳度。不可否认,社会主义市场经济的发展,解放了思想,有助于大学生形成效益观念、竞争观念、创新观念、务实观念和正当利益观念等,为大学生成才发展提供了良好的思想观念基础和物质条件。同时,由于整个社会的开放性和互动性在增强,当前社会生活中急功近利的风气和现象,也不断地影响着象牙塔内的大学生。正如马克思在《哲学的贫困》中所批判的那样,在这一时期,"人们一向认为不能出让的东西这时都成了交换和买卖的对象,都能出让了。这个时期,甚至像德行、爱情、信仰、知识和良心等最后也成了买卖的对象,而在以前,这些东西只传授不交换,只赠送不出卖,只取得不收买的……是一切精神的或物质的东西都变成交换价值并到市场上去寻找最符合它的真正价值的评价的时期"①。部分大学生在学习选择、政治追求、就业期望等方面都表现出物化、功利化倾向。当然,大学生产生功利化倾向的原因是多方面的,如市场经济对大学校园的辐射、社会不良风气对大学校园的浸染、西方价值观念对大学校园的渗透、个别大学生自我意识的过度膨胀等。

---

① 马克思,恩格斯.马克思恩格斯全集:第4卷[M].北京:人民出版社,1973.

（三）学业水平偏低的学生生源

我国高等教育在快速发展的同时，学生数量的迅猛增长使得大学在教育教学质量方面所面临的问题日益突出。当前，地方高校在扩招背景下，学生数量突飞猛进，应用型本科高校生源质量在不断下滑，学生的学习态度、学习习惯、学习能力都比较差，总体上，学业水平偏低。这首先给学风建设带来了极大的挑战。同时，他们往往政治信仰迷茫、理想信念模糊、纪律诚信观念淡漠、急功近利、价值观念扭曲、社会责任感缺失、艰苦奋斗精神缺乏、团结协作观念较差、心理素质欠佳等，这些先天存在的诸多问题，困扰着应用型本科高校德育工作者。

目前大学生都是“90 后”，他们非常幸运，一出生就开始享受改革开放的成果，他们大多数个性张扬，很乐于在众人面前展现自我，追求标新立异、与众不同，除了正能量的影响外，社会上一些不良的风气也会影响着他们。他们表现出鲜明的时代特征：自我意识增强，个性鲜明；思想更加开放，价值取向多元化；生活条件优越，生活自理能力较差；就业压力变大，心理承受力较差。因此，他们中的大多数往往注重以自我为中心，非常重视自身发展，个人主义倾向比较明显，尤其在巨大的就业压力面前，大学生更倾向于在有限的时间内通过考级、考证等不断充实自己。有的学生只顾自己学习，从不关注集体，常常游离在集体之外，一味追求个人发展。有些学生干部也只关心自己的发展，对于院系布置的学生活动和任务敷衍了事；甚至还有一些学生非常世故，他们竞选学生干部只是为了能够拥有一定的权力和积累相应的资历。当然，还有一些大学生，平时醉生梦死地玩耍，不认真学习，考试前临时抱佛脚，以各种手段求老师画重点，跟老师要分数，只求考试通过，不求真才实学。

三、新时期应用型本科高校学生工作面临的新任务

应用型本科高校学生工作要以科学发展观为指导，认真落实国家和省中长期教育改革和发展规划纲要，立德树人，以全面提高人才培养质量为目标，面向学校实际，把握规律，更新工作观念，创新工作方法，提升队伍素质，优化育人环境，立德树人，开拓创新，积极构建科学有效的学生工作机制，增强学生工作的前瞻性、时代感和感召力，进一步提升学生工作的科学化水平。

（一）坚持以人为本，创新工作理念

理念是行动的先导。党的十八大报告指出：“把立德树人作为教育的根

本任务,培养德智体美全面发展的社会主义建设者和接班人。”“以人为本”具体运用到高校学生管理工作中就是要坚持“以学生为本”,就是坚持“一切为了学生,为了一切学生,为了学生的一切”,明确学生在高校发展中的主体地位,切实保障广大学生的利益,高度重视学生综合素质的提高,高校要把促进学生学业进步和全面成长成才作为所有工作的出发点、落脚点和着力点。时代和社会正在呼唤新型、民主、平等、和谐的师生关系,学生工作者必须抛弃原来说一不二、绝对权威的角色形象,实现向“服务者”“对话者”“引导者”角色的转变,要充分正视学生的主体地位,提高他们在学习过程中的自主性与参与性。高校要充分认识到学生工作的创造性与复杂性,把工作重心放在了解、研究学生上,了解学生的真实思想和诉求,做好同学生切身利益相关的各项工作。学生最关心的、涉及其切身利益的问题主要集中在学业提高、就业、评优评奖、资助、心理健康教育、校园文化、社会实践等方面。要做好家庭经济困难学生的帮扶和资助工作,及时了解、掌握具有心理障碍、情感挫折、家庭变故等问题和面临学业困难、就业困难、家庭经济困难的学生的心理状态,有针对性地给予指导、支持与资助。

推动学生工作创新发展,牢固树立“以生为本”理念,实现四个转变。一是从管理向服务转变。传统教育的主要特征是以教师为中心,学生工作者(即教育、管理者)拥有绝对权威,学生必须绝对服从。但是,这种传统的教育者与被教育者、管理者与被管理者的关系,如今已经被打破。高校学生工作者既是教育者又是管理者,同时更是服务者,必须实现从管理学生到服务学生的转变,学会在服务中施加影响,指导学生成长成才。二是从教导向引导转变。高校学生工作者要避免和减少简单的重复劳动,少“管”多“导”,晓之以理,动之以情,消除学生逆反心理,在服务学生的成才成长中,对学生的思想状况认真把脉,科学诊断,对学生的认知和行为,给予尽可能准确的引导。要根据学生成长的需要,引导学生树立明确的目标并为此不懈努力。引导工作要深入细致、因人施教、注重情感沟通。三是从关心向关爱转变。关爱学生是做好学生工作的基础,是沟通师生情感的纽带,学生的健康成长和老师的爱有密切关系。亲其师,信其道。关爱学生是教师教好学生的前提,从事学生工作必须以极大的真诚和热情,全心投入,倾情投入,不断增强学生工作的感召力和实效性。四是从统一向多样转变。从人才成长规律看,杰出人才往往都具有鲜明个性,鼓励学生个性发展是培养创新型人才的必然选择。现代教育意义上的学生工作不能只满足于经常用规章制度去规范学生、限制学生,而是要着眼于挖掘学生的潜能,发挥学生的个性特点,对学生不能简单地说教、训斥与限制，而是要重视学生的尊严，重视学生的权利，鼓励其发展和创造，使每个学生的禀性天赋得到充分的张扬。

（二）注重全面发展，丰富工作内容

高等教育大众化的今天，高校学生工作的任务也由“教育”“管理”两项进一步拓展为“教育”“管理”以及“服务”三项，并且每一项任务内容在新时期又被赋予了新的时代内涵。具体来说，学生工作的教育任务包括思想政治教育、心理健康教育、素质教育、创新教育；管理任务主要有学习管理、生活管理、行为管理、活动管理、安全管理等几个方面；服务任务是新时期学生工作的新任务，主要有帮困扶贫、学业指导、就业指导、心理咨询等方面。这些内容都是建立在学生的成长需要基础上而设置的。学生工作必须坚持“教育、管理、服务”三结合的原则，在管理的过程中渗透服务理念，从不同角度营造和创设能够促进学生成才发展的环境和条件，为学生的学习生活和成长成才提供服务。当代大学生具有较强的民主意识，崇尚平等交流，厌恶说教式的教育方式；拼搏意识较强，但需要增强耐挫能力；容易接受新鲜事物，但需要提高辨别能力。近代教育家陶行知先生曾提出“六个解放”：解放眼睛、解放双手、解放头脑、解放嘴巴、解放空间、解放时间。陶行知先生这一思想，主要是提倡尊重学生主体性，鼓励学生自主学习，充分发展个性，成长为全面发展的人。当然，对大学生的个性发展既不能硬管和管死，也不能不管和放任自流。既要给学生更多自由的空间，又要严格要求、坚持原则。尊重学生主体性发展，尊重学生权利，科学管理，以情感人，以理服人。

高校要重视学生的全面发展，丰富学生工作内容。首先，切实加强思想政治教育。要将社会主义核心价值体系教育融入学生成长的全过程，充分发挥思想政治理论课在大学生思想政治教育中的主渠道和主阵地作用。努力建设以社会主义核心价值体系为导向，体现社会主义特点、时代特征和学校特色的校园文化，继续培育和打造具有学校特色的主题教育活动，利用节庆、典礼等多种形式和载体加强“中国梦”教育、爱国主义教育、校史校情教育、就业创业教育，使学生在良好的校园人文环境中陶冶情操、提升素质。其次，全面开展实践育人工作。要把通过实践来加强育人工作作为提升学生工作质量的切入点和突破口，加强组织领导，落实相关政策，组织学生广泛开展实验实习、社会调查、志愿服务、公益活动、国防教育、军民共建、科技发明、勤工助学和顶岗实习等社会实践活动，建设一批校内外实践基地，建立健全体现学校特色的实践育人工作体系，全面推进实践育人工作。再次，积极推进人才培养工作创新。逐步组织实施高校学生创新创业教育和学生学业、实践指导中心建设,推进应用型本科人才培养模式改革,推进人才培养工作创新,提升应用型人才培养质量。

(三)重视全面协调,完善工作体系

高等教育大众化,要求高校的学生工作不能只单纯地依靠学生工作队伍来完成,思想政治教育渗透到教学、科研和公共服务各个方面。因此,必须转变思想理念和教育形式,走全方位、全过程、全员工的育人之路,努力形成齐抓共管的新格局,高校重视专职学工队伍、专业课教师、思政课教师、学生干部四支队伍作用的发挥,开展形式多样的学生工作,建立联动机制,在辅导员、班导师和思想政治理论课教师之间搭建有效沟通桥梁,从而形成整体大于部分之和的最优效应。辅导员具体负责所在专业学生工作,同时参与人才培养的中心工作;教师在专业系主任的带动下,通过担任专业班主任、班级导师等,参与学生思想、就业、学习等教育工作,从单纯地完成教学工作转型为教学科研与学生工作并重,充分发挥专业教师的教书育人功能;思想政治理论课教师关注学生的生活世界,注重教学方法与手段改革,让学生"坐得住、听得进、记得牢",充分发挥思想政治教育的主渠道作用;学生干部的参与主要是依靠学生党员积极分子、学生会干部、班级学生干部三支队伍,通过学生会、学生自律委员会两个学生组织和班导师助理制度、学长导师制度等,锻炼学生自我管理、自我教育、自我服务能力。

高校要重视全面协调,着力完善高校学生工作新体系,形成学生工作合力。第一,以"思想政治教育创新工程"为引领,着力构建思想政治教育工作新体系。积极探索新形势下大学生思想政治教育工作的新途径、新办法,开展二级学院学生思想政治教育创新项目申报和评选、表彰工作,积极探索和建立体现时代要求、具有学校特色、适应学生成长需要的新体系。第二,以"优良学风创建工程"为重点,完善和推进学风建设长效机制。要建立健全学生工作制度,在学生德育、智育、体育、党建、团建、奖惩、资助、就业等方面建立一套科学规范的制度,大力表彰优良学风创建先进集体和个人。第三,以"就业创业服务质量工程"为目标,全力打造就业创业服务新体系。健全就业服务体系,拓宽毕业生基层就业渠道,扎实做好毕业生入伍征兵工作,重点帮扶特殊困难群体毕业生就业,加强高校创业教育,积极扶持毕业生自主创业。第四,以"心理健康教育关爱工程"为导向,不断完善心理健康教育新体系。第五,以"学生教育管理规范工程"为保障,逐步健全学生工作制度新体系。要针对当前学生工作面临的新形势和学校教学管理改革的新举措,修订和完善学生管理制度,积极研究和探索更切合实际、操作性强的管理措施，充分尊重大学生的权利，突出制度对大学生评价、指引、保护、奖励合法行为及思想教育的功能。

（四）打造职业团队，提升工作水平

高校学生工作者是高等学校教师队伍和管理队伍的重要组织部分，是开展大学生思想政治教育的骨干力量，是大学生健康成长的指导者和引路人，因此，加强学生工作队伍建设，是全面推动高等院校改革、提高学生工作水平、提高高等院校育人质量的需要，必须建设一支“政治强、业务精、纪律严、作风正”的高水平学生工作队伍。高校要大力实施学工队伍素养提升工程，打造专职化、专业化的学生工作队伍。首先，要严把学生工作人员的任用关。严格掌握任用标准和条件，把政治思想素质作为首要准入标准，把政治坚定、事业心强、具有奉献精神作为必备条件。其次，注重学工队伍的结构合理。注意性别、年龄、职称、知识结构等方面的搭配，完善学生工作队伍的专业职务系列。再次，完善学工队伍的竞争机制、激励机制和保障机制，建立科学的考核体制。根据教师的多元需求，采取不同的激励方式，可以是物质的，可以是精神的，也可以是个人发展的，通过完善激励机制，最大限度地激发个人的主观能动性和创造性。最后，解决学生工作者的后顾之忧，给予必要的政策倾斜，解决好他们的职称评聘、职务晋升、生活待遇等实际问题，鼓励支持他们安心本职工作，保证学工队伍的稳定。

在美国，许多学校开设了高等教育行政专业，高等教育行政专业已经成为一门理论性、实践性很强的学科，获得该专业文凭的硕士、博士以学生工作为职业，成为从事高校学生工作的专门人才。美国高校学生工作的实效显著与其学生工作的专业化程度较高较有着密不可分的关系。所以，应用型本科高校要加强人员的培养培训，进一步提升学工队伍的专业化水平。在学生工作专业化发展过程中，一方面需要教育主管部门、专业组织的双重推动，另一方面也需要学生工作队伍的自身努力。首先，重视思想建设。切实加强政治理论学习，提高队伍的整体政治理论水平，树立开拓创新、与时俱进、求真务实的思想观念，始终保持奋发有为、昂扬向上的精神状态。其次，加强作风建设。学生工作者自身要率先垂范、品行端正、作风优良，成为具有优良品德的楷模。在学生工作中做到办事公正、坚持原则、乐于奉献，认真服务学生、关爱学生。再次，开展经常性的学习、交流和定期培训，认真钻研学生工作业务，提高自身素质，不断使学生工作队伍成为学习研究型的团队，向专职化、专业化、专家化方向发展。积极鼓励和引导广大学工干部参与科学研究，申报省市和校级各类课题，加强现代教育学、心理学、管理学等学科研究，用成熟丰富的理论成果指导新实践，提升学生工作专业化水平。

第二节　应用型本科高校师生关系嬗变与班导师制

应用型本科高校是高等教育由精英教育向大众化教育转变进程中形成的一种新的院校类型，它是相对于研究型本科院校和实用技术型高职院校而言的。我国高校思想政治教育一直没有停顿，但在日益开放的教育环境下，在精英教育向大众化教育的转变过程中，面对综合素质越来越低、越来越需要接受思想政治教育的大学生群体，应用型本科高校教育队伍承载着巨大的工作和心理压力，在维持稳定、保证常规化工作持续进行等方面发挥了很大的作用。本科生导师制是我国高等院校应用型本科人才培养模式的一种新趋势、新模式，它不但进一步深化了学分制，缓解了高等教育人才培养的普适性与应用型高校重学生兴趣、个性多样化的矛盾，而且，在一定程度上克服了高校学生工作与教学工作两个系统的分离与学生和谐发展的矛盾，也弥补了现行本科教育管理模式的缺陷，是对以人为本教育理念的有效实践。

一、平等交往中应用型本科高校班导师制概述

一些应用型本科院校的教育更多的是在扮演着“知识工厂”的角色，师生关系平庸化，过分注重技术的传授，而忽视了受教育者的人格培养，在培养学生如何做人、如何做事、如何生存等方面还存在着许多不足。因此，通过班导师制这一人才培养模式，能够切实加强应用型本科教育的“育人”功能，让每个学生都有机会得到学问精深、人格模范的导师的培养，在师生交往中平等对话，以实现“品德与学问俱进”的目标，让大学停止追求“失去灵魂的卓越”，真正达到“止于至善”的境界。

（一）本科生导师制的起源与沿革

导师制在英国牛津大学起源并发展。牛津大学的本科生导师制（tutorial system）又称为个别辅导制，源于15世纪初的“新学院”，由温切斯特主教威廉·威克姆所首创。真正具有现代意义的牛津大学导师制是在19世纪初牛津大学考试制度改革之后建立起来的。它作为牛津大学各学院教学的基础，是一种以学院为依托，以本科生教学为主旨，以导师个别教学为主要

特征的教学制度。该制度是由导师对研究生的学习、科研、品德及生活等各方面进行个别指导并全面负责的教学管理制度。导师制不但有效地保证了大学本科生教育质量的卓越，还充分体现了英国以绅士文化为基础的人文主义教学传统。当时，牛津大学、剑桥大学实施导师制，它们的学生入学后，凡是课程选择和考试准备等问题都可以请求导师指导。导师还兼顾对学生的一般福利、生活、行为等方面的指导。牛津大学导师制的精髓在于它注重培养学生独立思考的能力，在教学方式上重视个别指导，教学内容上强调德智兼备，在教学环境上追求宽松和谐与自由的空间，它给予学生们思想上的自由空间。现在，众多国际知名高校都在普遍施行本科生导师制。各国高校在导师制的具体实施上会存在一些差异，但其核心目的都是相同的，都是培养学生探究知识、独立思考的能力。

中国的本科生导师制是舶来品。20 世纪 30 年代曾在牛津大学留学的学者费巩，深刻感受到牛津大学本科生导师制的优点，因此他在浙江大学任教授期间，主张效仿牛津和剑桥大学的导师制精神。当时的浙江大学校长竺可桢认为，当时的教育存在着“教而不育，即专重知识的传授而缺乏道德的修养”的弊端，为了培养“公忠坚毅，能担当大任，主持风气，转移国运的领导人才”，他也鼓励大学实行导师制，并任命费巩为训导长，主持实施本科生导师制工作。① 至此，浙江大学在全国率先实行了本科生导师制度，并取得不错的成效。在我国，民国时期一些大学都实施了本科生导师制，人才培养效果也很好。新中国成立后，高等教育“全盘苏化”，导师制只用于研究生教育。20 世纪 90 年代初期，我国高等教育开始由计划经济向市场经济转变，部分高校对教学管理进行了改革，对本科生开始实行学分制与选课制。近年来，高等教育教学改革开始探索本科生导师制这种人才培养模式，一些高校已在本科生教育中实行导师制。国内北京大学、清华大学、浙江大学、南京大学、复旦大学、厦门大学等高校，均已将本科生导师制作为本科生教育的基本制度进行改革。目前全国已有几十所高校在进行这方面的探索与实践。

（二）应用型本科高校班导师制的概念界定

在《教育大辞典（增订合编本）》中，将导师制界定为“高等学校实行的一种由教师对学生的学习、品德和生活等进行个别指导的教学制度”②。

① 郭欣欣．本科生导师制研究［D］．暨南大学硕士学位论文，2007：8．

② 顾明远．教育大辞典（增订合编本）（上）［M］．上海：上海教育出版社，1998：233．

《学位与研究生教育大辞典》指出:“导师制是由导师对学生的学习、科研、品德及生活等各方面进行个别指导并全面负责的教学管理制度。”①从事牛津大学学院制研究的学者特德·塔帕和戴维·帕弗雷曼在1998年发表的论文《学院制沿革》中指出:“导师制不仅培养学生形成一种独特的思维能力,同时对于学生而言,也是一种强有力的社会化力量。”②两年之后,他们在《牛津大学和学院制传统的衰落》一书中更加明确地指出:“学院导师制是本科生获得高等教育的最好方式!”③以上几种观点的分歧主要在于,前者将导师制视为一种教学方法,而后者将其视为一种教学制度。

导师制的精髓在于导师的引导能力,导师不仅要激起学生的求知欲,更要训练学生的思考能力,提高其未来发展力。例如牛津大学教授David Pal-frey-man编写的《牛津导师制》一书的副标题即为“谢谢,你教会了我如何思考”。德国教育家第斯多惠在其代表作《德国教师教育指南》中写道:“如果使学生习惯于简单地接受或被动地工作,任何方法都是坏的;如果能激发学生的主动性,任何方法都是好的。”在他看来,评判教学方法好坏的标准就是能不能激发学生的主动性,这也是教师在组织教学时的基本思想。教学的艺术不在于传授本领,而在于激励、唤醒和鼓舞“自动性”。

应用型本科高校班导师制,即在应用型本科高校教育中,以班级为单位,聘任学问精深、人格模范的专业教师担任本科学生的指导教师,对学生在思想引导、专业辅导、生活指导及心理疏导等方面实施个别指导的人才培养制度。班级导师制是专业系向班级派出专业教师,负责对学生的学习、思想和生活进行引导和指导,使学生在德、智、体、美、劳等方面全面发展的人才培养的制度,是应用型本科人才培养体系中的重要环节,也是培养教师新型能力的重要方面。班级导师必须具有较高的思想道德素质,坚持正确的政治方向,忠诚教育事业,师德高尚,具有为人师表、诲人不倦的敬业精神;具有较高水平的相关专业知识及合理的知识结构,熟悉教育规律;具备讲师及以上任职资格;具有硕士及以上的学历,须有一年以上的教学经历,或助教且有三年以上的高校教学经历;须经学校班导师培训且成绩合格。

本科生班导师制的主要特点是以“引导”代替“灌输”,以“良师益友”代

① 秦惠民.学位与研究生教育大辞典[M].北京:北京理工大学出版社,1994:241.

② Ted Tapper, David Palfreyman. Continuity and Change in the Collegiate Tradition. Higher Edueation Quarterly,1998(52):146.

③ Ted Tapper, David Palfreyman. Oxford and the Decline of the Collegiate Tradition. London: Woburn Press,2000:100.

替“权威专家”,结合社会经济发展需求和学生自身发展实际,确立教育教学和实践活动相辅相成的人才培养模式,其主要表现是师生之间确立了一种“导学”关系。实行班导师制可以充分地将思想教育与专业教育结合起来。专业性教育是高校教育的一大特点,学生的思想状况,职业规划以及个性培养都与专业教育有很大的关系。班导师在充分了解学生的思想状况后,可以将专业学习与学生的未来就业、职业生涯规划联系起来,将专业的发展与社会发展联系起来,引导学生树立正确的人生观、世界观和价值观,帮助学生确立正确的人生目标,从而有利于促进学生学习的积极性,使思想教育的内容和形式更加丰富,并易于学生接受。班导师作为专业教师,不仅承担“教书”的任务,更承担了“育人”的责任;不仅自己要成才和发展,提高学历和学术科研能力水平,同时还要指导学生的学业、生涯设计和就业创业等。在平等民主的师生交往中,班导师尊重学生的自主意识,发挥学生的主观能动性,针对学生的个性差异因材施教,培养学生的自主学习能力,激发学生的创新思维,满足学生个性发展和创新人才培养的需要。

（三）交往视野中应用型本科高校班导师的职责

马克思主义的交往实践观认为,交往指的是人与人之间的物质的和精神的变换过程,是诸主体间凭借一定的中介客体而结成的社会关系活动,是人作为社会性存在的产物。德国哲学家雅斯贝尔斯在《大学之理念》一书中说:大学是一个由学者与学生组成的、致力于寻求真理之事业的共同体。交往既是一种能动的对象性的认知活动,也是人的主体间的实践活动。作为以塑造人格、促进人的全面发展为根本目的的特殊社会实践活动的精神生产与精神交往,高等教育具有与之相吻合的意蕴和品格。以“交往理论”作为高等教育研究的一个理论支撑点和方法论,就要求对传统的教育理论做出富于创新性的“解构”和建设性的“建构”。交往视野中应用型本科高校班导师制,在传统的师生“授—受”关系上强调师生平等对话、交流合作,体现了一种新型师生关系,顺应了教育发展的趋势,是对传统高等教育的扬弃与超越。

班导师作为学生成才的向导,要使学生学有所获、学有所成,学会做事的同时,学会做人。卢梭曾说:教育是培养“既能行动又有思想的人”。班导师制突出对学生学业成功、就业成功、创业成功和成就事业意识的培养,大大增强了学生的学习动力,提高了学习积极性。班导师制把自我管理纳为学生成才和非专业素质提高的重要内容,引导学生确立“在自我管理中,提高管理能力”的理念,学生的“理时”“理事”和“理财”意识普遍增强,并在学生自我管理中发挥了积极作用。由此可见,应用型本科高校班导师制着眼于满足学生在不同方面、不同层次的教育需求,体现了以人为本的教育理念,充分做到全员育人,将育人的要求具体化、人性化、立体化。可见,本科生班导师制,这种人才培养模式能满足学生成长成才的多元化需求,注重知识传授与职业生涯规划相结合、专业设计与全面发展相结合,较好地实现了创新型、应用型人才的培养。

二、平等交往中应用型本科高校班导师制师生关系的嬗变

教育不是冰冷的机器灌输,鲁迅说"教育是要立人"。斯普朗格曾指出:"教育也是一种文化活动,这种文化活动指向不断发展着的主体的个性生命生成,它的最终目的,是把既有的客观精神(文化)的真正富有价值的内涵分娩于主体之中。"①良好的师生关系是大学教育的基石,是使大学成为精神圣殿的根本。班导师制的实行将为师生的平等交往提供条件,将代替教师的单向传授与灌输,交往视野中的班导师制是借助交流与沟通,在导师与学生的共同理解下实现知识传递的,教育意义在学生的理解中逐步生成。导师与学生在实现主体间交流与理解的同时,实现成长与沟通的统一,使彼此关系走向平衡化。学生置身于这样的师生交往情景之中,不再是被动地接受知识信息,而是积极地参与整个交互的过程。在基于班导师制的学习中,教师和学生是平等的对话主体,每个人的人格和尊严都可以得到尊重,每个人的个性都可以得到张扬。师生关系成为一种开放性的、公平性的、合作性的对话关系。主体间性、社会交往性、双向建构性成为交往视野中导师制新型师生关系的特质。②

(一)应用型本科高校班导师制中师生关系的特质

1. 主体间性

主体间性思想是当代中西哲学视阈的亮点。主体间性强调平等的主体与主体在理解基础上的交往、对话与和谐共处,它更新了传统的教育观念,满足了大学生强烈的成人意识的需求,加速大学生社会化进程。现代教育是主体间性教育,主体间性(即师生间的交往关系)是现代教育的本质所在;现代教育过程是一种主体间性活动过程,师生间的双向或多向交互活动是

---

① 转引自石中英.教育哲学导论[M].北京:北京师范大学出版社,2004:110.

② 王萍霞,汤正华,肖华.平等交往中师生关系的嬗变——试论应用型本科高校班导师制[J].教育与现代化,2008(3):64.

现代教育过程的关键所在。布贝尔曾强调,教育即对话。交往视野中的班级导师制观照的是教师与学生主体间的依存关系,它强调师生主体间的平等对话、精神沟通和相互参与。教师和学生不是把对方看作可占有、改变的对象,而是与"我"讨论共同"话题"的对话中的"你"、沟通交流中的"你",师生之间是一种平等的"参与—合作"关系,并通过合作达成思想上的共识。

师生主体间互动不仅是一种教育关系,更是一种社会关系和心理关系,互动的前提是民主与平等,条件是倾听与理解,过程是对话与交往,结果是共识与共享。因此,教育过程是一种共享,共享精神、知识、智慧、意义,师生在共享中相互促进发展。因此,交往视野中的班导师制破除了唯教师为中心的思想,更加关注学生的独立人格,而生成了师生的主体间性。这就启示我们,要改变传统的灌输式教学方式,把学生看成"现实的、活生生的人",尊重学生的价值和尊严,最大限度地挖掘学生的潜能,发挥学生的主动性和创造性,消除物化或异化现象,将学生作为有情感、有个性的"人"来看待。这样,教育就不再是单纯地以传授知识为目的的"授—受"的过程,而是变成了师生之间的一种相互理解的过程,变成了一种获得生命的体验、智慧的增长、人格的完善的交流过程。正如雅斯贝尔斯所说的,"是人与人精神的契合","是人对人主体间的灵肉交流活动"。教育更好地接近了"人对人的教育"的本质,实际上也就更好地促进了学生主体性的发展。

2. 社会交往性

在传统教育中,教育者把受教育者看作是要认识和改造的对象。作为社会代言人的教育者,把各种社会规范灌输给受教育者并使之接受。教育者的任务就是根据社会的要求把受教育者的各种不符合社会的个性抹掉而打造成整齐划一的社会人。于是教育双方之间本应充满温情的关系被枯燥、乏味的说教所代替。教育者与受教育者原本应是人格上的平等关系,却变成了控制与被控制、权威与服从的关系。马克思指出:"人的本质不是单个人所固有的抽象物,在其现实性上,它是一切社会关系的总和。"①马克思认为,人与人之间的关系是主体性的(即能动的)现实的交往关系,而不同于物之间的关系及人与物的关系;他主张去关注现实的人、当下的人的实际生活、生存条件及其所面临的现实问题,反对抽象地去研究人的本质。交往是一种相互对话、相互沟通和相互理解的过程,它不仅意味着交往双方的互相承认,而且意味着双方在权利和道德上的平等及交往机会上的均等。教师

① 马克思,恩格斯.马克思恩格斯文集:第1卷[M].北京:人民出版社,2009:505.

和学生虽然在知识、能力上是不平等的,但在人格尊严上应是平等的。只有在师生人格尊严平等和相互尊重、理解基础上体现的教师在知识、能力和德性形成上的主体地位、首席作用甚至权威性才是民主的,否则就是强制的,而非自觉自愿、自由自主和民主的。①

交往视野中的班级导师制倡导要用交往活动取代这种对象化活动。交往是人的基本存在方式,人只有在交往中才能学习和生活。任何人的发展都是在与其他人的交往中实现的。诚如马克思所说,"一个人的发展取决于和他直接或间接进行交往的其他一切人的发展"。处理人与人之间的关系只能用交往去把握。交往视野中的班级导师制就是要使教育重新回归到人与人的关系中,教育双方都作为主体,谁也不把对方看作是认识的对象,而是看作与自己一样有着完整人格的生命。在平等交往的过程中,师生双方都需要超越狭隘的自我中心倾向,要学会过问和关心对方,要坚守基本的道德底线和伦理规范,要实现从冷漠的旁观者向积极的行动者的转变。因为大学培养的是活生生的人,而不是冷冰冰的器物。在交往中,教育者和受教育者才能都成为主体,彼此相互承认、相互理解和接纳,才能从分离的状态中走向统一,走进对方的世界,彼此都获得发展,教育才能真正实现其促使学生成人成才的目的。

3. 双向建构性

从封闭的单子式主体走向开放的共生主体,从孤立的个人走向合作的社会人,已成为现代社会对人性的呼唤。交往视野中的班级导师制强调教育双方都是主体,主张充分发挥教育者的主体性,强调其价值引导作用,充分尊重受教育者的主体地位,注重他们的自主建构。另一方面,还强调培养受教育者的主体性人格向主体间性人格的提升。开放性与共生性是主体间性的基本特点。具有主体间性人格的人把他人看作是与自己一样的需要尊重的生命主体,与他人友好相处、真诚合作。在交往视野中班导师制的学习中,师生关系是平等的理解性的关系,学生有更多的机会与导师和同学进行交流,学生的主体地位得到尊重,学生不再被动地接受知识,而是积极地参与教学、参与科研,这为学生自主学习和学会合作提供了契机。正如巴西教育家保罗·弗洛姆所言,"通过对话,教师的学生(students-of-teachers)及学生的教师(teacher-of-students)等字眼不复存在,新的术语随之出现:教师学生(teacher-students)和学生教师(student-teachers)。教师不再仅是授业者,

① 郝文武.教育民主的主体间性本质和方式[J].教育理论与实践,2009(2):6.

在与学生的对话中，教师本身也得到教益，学生在被教的同时反过来也在教育教师，他们合作起来共同成长”①。

当然，师生主体在主体性的丰富程度上不是对等的。平等只是在人格和层次上，在学养上不平等是客观存在。在师生交互过程中，教师主体应该居于强势地位，学生主体处于弱势地位。在一般情况下，学生的主体性是沉睡着的，需要教师的强势主体去唤醒，需要推动学生内在认识进行调整和重构，建构超越以往的新的内容。教师的主体性功能是解放学生的主体性，在开放、深化学生主体性的过程中，深化自身的主体性。一方面，导师自身的职业修养、道德品质和学识都会对学生产生积极的潜移默化的影响；另一方面，导师作为学习者还要具备不断反省的思维品质，在探究中逐步提高自身素质与工作水平。

（二）应用型本科高校班导师制中师生角色的重新定位

师生角色的传统定位是教育者与被教育者、管理者与被管理者。教师是主体，具有绝对的权威，辅导员、班主任在实际工作中往往“以管为主”。在这种定位下，学生没有与教师平等沟通的权利，没有独立发挥自己想象力、创造力的自由，没有轻松、愉快的学习环境，学生的权利被忽视了。作为被动的一方——学生是客体，他们对教师已经习惯于仰视和效法。这种师生关系缺乏平等、民主，在教育过程中就难以做到互相沟通、互相交流，导致学生变成“单向度的人”，这种已丧失了合理批判社会现实的能力的人与现代社会对创新型人才的期待背道而驰。

基于交往视野中的班导师制要求把导师从“管琐事”中解放出来，变“管”为“导”，致力于对学生“导思想、导学业、导行为、导心理、导方法”，做一名真正的“导师”。因此，建立平等、民主、和谐的师生关系就更显得十分迫切。苏霍姆林斯基曾指出：“我坚信，常常以教育上的巨大不幸和失败而告终的学校内许许多多的冲突，其根源在于教师不善于与学生交往。”②平等、民主、和谐的师生关系应该是平等相处、对话交流的关系。而不是谁主谁从的关系，这种关系的建立有赖于师生角色的重新定位。教师应放下权威，做学生的同伴和朋友。平等、民主的作风，不仅不会降低教师的威信，反而会使学生感到教师更亲切、可爱和可敬，从而使师生关系更加融洽，使学生“亲其师，信其道”。教师和学生之间的关系应当是一种“亦师亦友”的关

---

① [美]保罗·弗洛姆. 弗洛姆文集[M]. 冯川，译. 北京：改革出版社，1991：137.

② [苏]彼得罗夫斯基. 集体的社会心理学[M]. 卢盛忠，等，译. 北京：人民教育出版社，1984.

系,“作为教师,应当履行教师职责,完成教学任务,启人心智……作为朋友,要把自己放到与学生同等的位置,把学生作为活生生的人来对待,作为一个朋友来尊重”①。

师生关系的建立与发展从表面的知识沟通开始,并在教学过程中受到师生间社会角色、情绪、态度、价值观、自我观念等多种因素的影响而不断推进和深化。② 交往视野中的班导师制要求教师和学生的角色都要发生相应的变化。在交往关系中教师与学生都是主体,都是彼此间相互关系的创造者,并且都应把与自己有关的其他交往者的主动性、自主性作为对话、理解和沟通的前提条件。正如雅斯贝尔斯所言,“通向认知具有生机灵性的人的路只有一条:经由和谐相融而非理智所能提供的任何知识,我捧出自身,我融入他人,由此我找到自己,发现自己”③。教师是学生学习的指导者,是学生发展的促进者,也是一个学习者;学生成为自主学习者、合作者、研究者。学生要具备主体性道德人格,要主动彰显师生关系的伦理性,从内心深处尊敬教师,尊重教师的劳动、人格和成长历史。

应用型本科高校的培养目标决定了导师不光只是上课、教书,学生也绝不只是接受技能训练。实质上,只有从事创造性科学和技术探索工作的教师,才能培育出具有创新意识和能力的学生,导师的指导是学生发展的外在支持,学生要以此作为自身发展的跳板。但这并不意味着要唯导师是从。在学习过程中,学生要始终坚持“以我为主”,班导师也要贯彻“以生为本”的原则,通过学生自我激励、自觉设置学习目标、独立进行研究、进行自我引导,使学生成为一名真正独立自主的思考者和学习者。而学生思想开放、行为活跃,在知识探求上很可能想导师之“不敢想”,为导师之“不曾为”,教师的科学研究也将从年轻学生无拘无束的畅想中得到启示。因此,交往视野中的班导师制也有利于导师自身的学习和发展。导师在理论知识和相关科研实践中处于优势,拥有学术话语权。但是,他们与学生一样,在自身现状与可能达到的教学水平和学术水平之间存在一个“最近可发展区”,而这段区域的超越主要是在师生交往互动中完成的。交往视野中的班导师制使师生之间的气氛和谐融洽,极容易在师生之间、学生之间形成一个交流沟通、资源信息共享、优势互补的良好环境,这能极大地促进学生自主性和创造性

---

① 王文革.对高校师生关系的思考[N].光明日报,2009-01-07(11).

② 赵波.高校师生相互关系中的冲突及其沟通管理[J].江苏社会科学,2010(4):246.

③ [德]雅斯贝尔斯.什么是教育[M]邹进,译.北京:生活·读书·新知三联书店,1991:149.

的发挥，更加有利于学生的学习和成长。

三、平等交往中应用型本科高校班导师制的价值旨归

交往视野中应用型本科高校班导师制是新时期立德树人的有效模式，化解了课堂教学的单一性与学生个性化发展的多元性之间的矛盾，化解了教师在教学中的主导作用和学生学习的主体地位之间的矛盾，有利于教书与育人的有机结合，有利于因材施教，顺应了应用型本科高校的个性化教育，有助于应用型本科人才核心能力的提升。①

（一）有利于应用型本科高校教书与育人的有机结合

近年来，随着高等教育的迅速发展，办学规模不断扩大，学生人数随之成倍地增长，师生比增大，教学质量呈下降趋势。另外，教师除了完成教学工作外，还有繁重的科研任务等，因而忽视对本科学生的全面教育。学校也缺乏对教师有力的约束机制，教师“育人”付出的精力不足。本科生导师制中班导师的职责主要是实现思想教育和专业教育相结合，课堂教育和课外教育相结合，共性教育和个性教育相结合，真正尽到言传身教、教书育人的职责。作为班导师，我们不应该片面地强调“做学问”而忽视对本科生的“做人”教育。对于一个大学生来说，进入校园首先要学会的是怎么做人，也只有会做人才能真正地做好学问，而我们传统的教育模式往往忽视了这一点，培养出来的学生也就适应不了社会对知识经济时代人才的需求。

因此，导师有责任和义务引导学生学会做人，做人是根本，做学问是做人在学习、学术研究等实践环节中的体现和升华。踏踏实实的做人之道，体现在学习、学术研究中就是严谨的作风、实事求是的科学态度。导师要把握学生在学校受教育过程中的每一个重要环节，充分利用各种教学场所与教育机会，从学生全面发展的角度对学生施行全过程的教育与指导。教师对学生的影响，主要是通过两条途径实现的，一条是有声的言教，另一条是无声的身教。哈贝马斯阐述道：“交往行为者总是在他们的生活世界的视域内运动；他们不能脱离这种视域。作为解释者，他们本身与他们的语言行动同属于生活世界。”②在交往视野中的班导师制中，师生之间有大量的、频繁的日常交往，除言教外，身教的作用大大发挥。身教包括优雅的仪表，严谨的

---

① 王萍霞，汤正华，肖华. 平等交往中师生关系的嬗变——试论应用型本科高校班导师制[J]. 教育与现代化，2008(3)：66.

② [德]哈贝马斯. 交往行动理论：第2卷[M]. 洪佩郁，蔺青，译. 重庆：重庆出版社，1994：174.

作风,良好的行为习惯、兴趣爱好,为人处事的方式,等等。如果导师仪表端庄、自然朴实、整洁大方、作风正派、生活习惯良好,在真善美方面身体力行,做出表率,会给学生以充实稳重、积极向上的感觉,学生就会佩服,就愿意亲近,就会去效法。导师对学生的这种身教影响在某种意义上可能超越了专业教育活动本身。

（二）有益于满足应用型本科高校个性化教育的需求

人才的个性化发展,是当代高校和社会对人才培养的共同愿望。应用型本科人才培养目标,就是培养侧重实践应用能力、具有创新能力、有特色的高级应用型人才。普通本科院校培养应用型人才,是时代赋予的任务,从目前高等教育培养方式的总体情况来看,迫切需要不同层次的高等学校结合自身的特点和优势,实施个性化教育,真正做到因材施教和鼓励学生个性发展,实现培养规格与培养方式的多样化。应用型本科高校的个性化教育既强调了教育对象的“独特性”,又强调了对之采取教育手段的“独特性”,使每一个受教育者的个性得到充分发展。从个性化教育对受教育者的作用来看,活跃、独立、自由的个性是创造力萌发、生长的土壤,是创新人才成长的条件。应该说,个性化教育更深入人的本性,更切入教育的内核。学分制给了学生自主学习更多的空间,有利于学生根据个人的兴趣、爱好以及将来的发展方向来选择课程学习,设计合适个人成长的知识结构,有利于个性化的培养。但对于学生本人来讲,首先对于未来社会的发展以及个人的具体条件认识并不一定清楚,因而结合自身制订科学的长期学习计划,做好职业生涯设计,对学生的能力提出了更高的要求。学分制的这些特点为学生管理提出了新课题,如学生的生活空间明显增大、学习自由度更大以及学生群体组成更加复杂等。这就要求对学生的管理要充分体现“导学”的特点,这些需要有充分了解他们情况的导师给予指导。

本科生班导师制可以在应用型本科人才培养过程中,切实贯彻“因材施教”的教育观念,导师可以根据学生的不同特点有针对性地在科研、课程设置等方面给以具体的建议和引导,帮助学生确立发展目标和方向。师生交往的过程应该是诉诸对话,通过理解而实现精神世界共享的过程,即实现“视界的融通”的过程。在教学交往中,导师制为师生提供了多种交流互动的方式,如个别谈心、小组讨论等方式,增进导师与学生相互了解,对学生来说,可以获得有针对性的指导和帮助。胡塞尔曾指出:“知识的基础并不是客观,而是交互主体性,是主体间的关系。我是通过与客观世界以及他人之间的互惠式关系而获得人性的。”[①]也就是说，教学过程应当是师生双方的交往过程，在师生的合作互动中共生出新的知识价值，使师生都得到发展与自身的提升。

（三）有助于应用型本科人才核心竞争力的提升

社会经济生活中，需要大批的高素质劳动者和高级应用型人才。在培养应用型本科人才过程中，要特别注重对学生的实践应用能力的培养，也要尽可能地提倡面向应用的关于开发、研究、科学咨询和技术转换的能力的训练，但人才培养目标并不能局限于狭窄的专业范围内，毕业生要能够适应就业市场的变化并能够承担新的职责。这些专门人才，不是掌握“一技之长”的匠人，而是要具备满足产品生产、管理及推广应用等要求所具备的“核心能力”。如何培养具有较高核心能力的大学生，正是我们应用型本科院校教育的关键所在。英国产业联合会曾提出了核心能力概念，认为核心能力应具有价值和整体性、对职业和社会的了解、有效交际、计算能力、处理人际关系的能力、问题解决及对改革的积极态度等。因此，应用型本科学生的核心能力可以概括为：一个人在该专业长期的学习和实践过程中所形成的独特能力，这种能力是他在执行岗位任务时所发挥出的别人无法模仿的具有持续优势和较强知识特征的能力。毫无疑问，核心能力强，就会使学生在未来的竞争和个人价值实现方面具有较大的优势。

交往视野中的班级导师制，把重点放在对学生学习方法的指导上、学习能力的培养上、知识转化能力的引导上，避免“重专业、轻素养”的弊端，避免过分重视应用型人才的技术价值、工具价值，忽视人的自我发展的价值、人之所以为人的价值，使教育过程真正做到以学生为中心，以能力培养为中心，以素质提高为中心，形成能够在实践中有效发挥的应用型本科的核心能力。实际上，应用型创新人才在进行技术开发、生产管理的过程中，专业知识的运用、技能的发挥往往与个人的责任心、道德感、心理素质等非专业方面的素养关系密切，这些非专业素养直接影响着专业工作完成的效果和质量，其中核心的是主体性道德人格。教育过程中师生交往有助于塑造大学生的主体性道德人格。雅斯贝尔斯说过：“教育是人的灵魂的教育，而非理智知识和认识的堆集。通过教育使具有天资的人，自己选择决定成为什么

① [加]大卫·杰弗里·史密斯. 全球化与后现代教育学[M]. 郭洋生，译. 北京：教育科学出版社，2000.

样的人以及自己把握安身立命之根。”①主体性道德人格的价值在于提升人生境界,追求超功利的生活意义,抗拒物化现象,在物质生活、知识、道德、审美等方面得到全面和谐的发展。这直接关系到师生关系是否和谐,关系到教育目标能否落实,还对学生走向社会的人际交往与事业成败有重要影响。这一模式有利于对学生进行专业技能和综合素质的培养,不断提高他们的责任心、判断力、洞察力和自觉性,很好地将每个人自身的知识融合成各自不同的核心能力,形成各自不同的在解决实际问题时所体现出来的高超的核心竞争力。

目前,发展应用型本科教育既是我国经济发展和社会进步的要求,也是我们参与国际竞争的一种需要。进行应用型本科人才培养策略的研究对促进我国应用型本科教育的发展、树立高等教育创新教育理念、构建创新教育模式、培养高级应用型创新人才、探索新的高等教育模式具有重要意义。交往理论对人生存方式的关注是通过对人的重新理解体现出来的,它强调交往就是人的生存方式,注重主体之间的沟通与理解,这不仅凝聚着个体完整性的探求,也蕴含着对整个人类的深切关怀与呵护。交往视野中的班级导师制是一项开拓性和探索性工作,体现了“育人为本,德育为先”,是对创新应用型本科人才培养机制的有益尝试。

第三节　应用型本科高校“辅导员 + 班导师”制

在我国高等教育粗放型发展的大环境下,应用型本科高校学生工作难以回避地存在着表面化、粗放化、行政化,学生管理和教育效果差等问题:在教育内容上,不均衡、不全面,专业思想教育、就业考研指导欠缺;在教育方法上,灌输教育多,“举例”教育多,实践教育少,回归真实生活少;在学生管理中,多为共性管理,偶尔的个性管理也基本集中在有问题的学生身上。为了摆脱这样的困境,必须努力探索新的教育机制。应用型本科高校专业教师从数量上能满足教育教学的基本需要,在每个班级配备一名专业教师担任班级导师基本能够实现,而且这些在专科学校担任过班主任的教师责任心和使命感都比较强。以“辅导员 + 班导师”为有效载体,创建全员育人、全过程育人、全方位育人的新理念、新机制,有利于营造教书育人、管理育人、

① [德]雅斯贝尔斯.什么是教育[M].邹进,译.北京:生活·读书·新知三联书店,1991:4.

服务育人的良好氛围。

一、“辅导员+班导师”育人机制的现实价值

（一）有利于学生的成才与成人

当代大学生是一个正在成长、不断发展、思维活跃的青年群体。同时，这一群体中的每一个人不但有鲜明的个性，而且打上了时代的烙印，其本身就是一个在激荡的矛盾中求发展、求认同的矛盾集合体。应用型本科高校学生的发展压力、就业压力、生活压力大，非常渴望有人给他们以方向性、发展性、前瞻性、科学性强的指导，希望将自身发展和社会需要有机结合起来。但是，他们对自我和社会不太了解，未来的不确定性使他们对前途感到迷茫和恐惧。辅导员是学生日常思想政治教育和管理工作的组织者、实施者和指导者，是学生的人生导师和健康成长的知心朋友。班导师一般具有扎实的专业知识、较强的科研能力、较丰富的人生阅历、较成熟的理性判断能力，能够从专业教育入手，将对学生的思想教育与专业教育结合起来，将个性化的成才目标与社会对人才的需求结合起来。班导师不仅能为学生选课、专业学习和科学研究等提供具体指导，有效地提高学生的综合素质和创新能力，而且有利于在教育大众化、国际化的背景下实施因材施教，培养学生的个性以及自主学习、研究性学习的习惯和能力。① 辅导员和班导师都是学生人生的导师，共同成为学校学生思想政治教育的主力军，在不同的岗位上发挥着不同的作用。他们相互配合，共同分析、研究班情和学情，提出建议和策略，使学生学有所获、学有所成，学会做事、学会做人。

2. 有利于教师的成长与发展

辅导员+班导师的学生管理模式大大地激发了教师的责任感和自豪感，调动了教师参与学校人才培养的主动性、积极性和创造性，最大化实现人才资源的利用。班导师作为专业教师，不仅承担“教书”的任务，更承担了“育人”的责任。班导师发挥专业优势，针对学生学习层面、努力目标、心理困惑等方面的问题给予疏导与引导，真正实现教书育人的功能。班导师在指导学生成才的同时，因材施教的意识日益增强，能更加自觉地参与教学改革，不断提高自身教学水平。辅导员关心学生的学习、生活和工作，并为改善学生的学习、生活和教育条件向学校提出积极的意见和建议，同时做好国家资助贫困生的各项政策落实、学生成长成才指导、就业指导等工作。因

① 靖国安．本科生导师制：高校教书育人的制度创新[J]．高等教育研究，2005(5)：83.

此,辅导员与班导师不仅指导学生的学业、生涯设计和就业创业等,同时自身也在成长与发展,学术科研能力水平不断提高。

(三)有利于学校的建设与发展

应用型本科高校大多是由专科学校独立或合并升格而成,以培养应用型本科人才为主。“辅导员+班导师”育人机制在师资队伍建设以及教学、科研和优良学风建设中发挥着不可替代的作用。首先,把学生教育管理这一系统纳入学校人才培养的整个系统。其次,改变了对学生培养以管为主的做法,注重引导和启发,以榜样和权威的力量去带动和激励学生。再次,以专业教育与学生生涯设计为载体,改变过去专业教师不关心学生全面成长的做法。“辅导员+班导师”制充分调动了师生的积极性,形成了以教师和学生为本的灵活有效的教学管理机制,大大推进了应用型本科院校的建设和发展。应用型本科院校在人才培养上比老本科院校和研究型大学少框框、少制约,可以走出一条具有自身特色的人才培养之路。辅导员与班导师工作在大学生思想政治教育的第一线,他们最能及时掌握第一手信息,最能把握学生的情绪,最能了解学生的要求,最能贴近学生的情感,从而能够更好地引导青年大学生正确对待学习、生活、情感和就业方面的问题,及时化解各种矛盾,维护校园和谐、安定与稳定,促进学校事业持续健康发展。

二、“辅导员+班导师”育人机制的特点

辅导员、班级导师是高等学校教师队伍的重要组成部分,是高等学校从事德育工作,开展大学生思想政治教育的骨干力量,是大学生健康成长的指导者和引路人。辅导员与班导师是学校人才培养体系中最为基层、最为直接、最为活跃的力量,他们与学生接触最多,对学生影响最大。

(一)应用型本科高校辅导员和班导师职责的分野与差异

《教育部关于加强高等学校辅导员班主任队伍建设的意见》(教社政〔2005〕2号)指出:“辅导员是高等学校教师队伍的重要组成部分,是高等学校从事教育工作、开展大学生思想政治教育的骨干力量,是大学生健康成长的指导者和引路人!”[①]可见,高校辅导员对大学生的成长起着非常重要的作用。辅导员的工作以思想政治教育为主线,寓教育于学生党建和团建、日常教育管理与服务以及指导课外活动中。这些职责主要体现在思想政治教

---

① 教育部关于加强高等学校辅导员班主任队伍建设的意见. 教社政〔2005〕2号[EB/OL]. http://www.moe.edu.cn/edoas/website18/90/info14090.htm.

育的工作性质上，是学校教育活动的重要组成部分。辅导员的教育、管理和服务职责日趋重要，在高校人才培养系统工程中，辅导员承担着重要的任务。年轻的辅导员思维活跃、精力充沛、富有创造性，与大学生没有代沟、工作充满生机与活力。然而，现实中的辅导员由于陷于事务性工作中，很难抽身研究和把握学生成长中的规律性问题，满足学生深层次的需要；同时，由于辅导员大部分与学生所学专业不一，又受到教育学、心理学知识的局限，很难满足学生的心理需要，影响学生对党和国家政策以及学校规章制度的理解和接受，从而影响学生的健康成长和应用型人才培养目标的实现。

为了加强高等学校的思想政治工作，实现应用型人才培养目标，在学生管理和育人机制上实行"辅导员＋班导师"制在教育理论上具有创新性。班导师一般不像辅导员那样直接面向学生组织经常性的政治理论学习、时事政策教育和学生党建活动等，他们对学生的思想教育，是从专业教育入手，以专业教育为依托。班导师的工作重点是指导学生的专业学习，特别是在学习方法、研究方法上的指导。班导师学历层次较高，教学科研经验丰富，学生能够得到班导师最直接的专业指导，班导师可依据学生的学习需求和个性特征为其提供具体的指导，有针对性地进行职业能力和素质的培养。班导师能弥补专职思想政治教育工作者特别是辅导员难以指导学生学业的不足，适应了新形势下大学生思想状况多样化和日益注重个人成才发展的需求，增加了育人工作的针对性、实效性。班导师制是以建构主义和哈贝马斯的交往行为理论为其理论支撑的。学生的经验世界的建构过程（即观念的形成）不只是学习主体与认识客体的双向建构过程，更是在双向建构的基础上进行社会交往，实现经验重新建构的过程，班导师正是在通过与学生的平等交往中，帮助学生实现各种新观念的形成，同时实现交往双主体的共生共存。

（二）应用型本科高校辅导员和班导师职责的交叉与契合

应用型本科高校辅导员和班导师都对学生的思想政治教育及其全面发展负有不可推卸的责任。要加强学生思想政治工作，促进学生全面成长，就需要学校各个方面的共同努力，形成全员育人的工作局面。在大学学生直接接触最多的是辅导员，他们对辅导员的需求最多、期望最高，这相应地增加了辅导员角色内涵的复杂性以及实际工作的难度。鉴于辅导员个人时间、精力、学识、经验的局限性，就必须发挥集体的力量。① 采取辅导员与班

---

① 张瑜，彭庆红. 高校辅导员角色定位及其扮演[J]. 学校党建与思想教育，2004(10)：62.

导师分工协作的方式能够应对大学生多元化、个性化的需求,与学生沟通更为便利,顺利排解学生的思想和成长困惑。

应用型本科高校辅导员和班导师的职责、任务本质上是一致的,目标是共同的,但是,他们的具体职责和任务分工又是有很大区别的。应用型本科高校在管理体制上各校各有特点,因此,要制定符合人才培养规律和各校人才培养目标的辅导员、班导师的职责和任务,建立新的管理体制显得尤为重要,否则,这一新育人机制就可能落空。辅导员和班导师的职责、任务应有分有合,以分为主,班导师应以指导学生学业为主,引导学生生涯设计和成长成才,以班级管理的块为主;辅导员以引导学生的思想和服务学生的生活为主,规范和教育学生的行为规范养成,以条线管理的线为主。辅导员和班导师在分和合中密切配合,同求发展,共担人才培养的重担。在应用型本科高校,辅导员和班导师始终是学生的良师益友,始终陪伴学生的学习和生活,关注学生成长成才。辅导员和班导师育人工作的交叉与契合将育人工作的全局性、整体性、系统性融为一体。新的育人机制的实践,强化了教师集体整合协调的意识,促使教师既看到教师自身劳动的价值,更看到合作协调整合一致的良好效果。

三、“辅导员+班导师”育人机制的实现路径

(一)建立健全辅导员与班导师选拔和聘用制度

目前,许多应用型本科高校都建立起了由骨干教师担任本科生班级班导师的制度,并不断规范并完善班导师选拔与聘用制度,使骨干教师发挥专业教师自身优势,逐渐从原来只注重教学工作而轻视学生思想政治教育工作转为把教书与育人结合起来,营造了良好的教书育人氛围。应用型本科高校要建有一支具备相当数量的专职学生工作队伍,队伍建设真正做到“专职为主、专兼结合、相对稳定”,实现合理流动。高校要严格按照师生比不低于1∶200的比例设置本科生专职辅导员岗位,保证每个年级都有一定数量的专职辅导员。同时要保证辅导员与班导师分工合理,配合得当。

班导师从专业教师中选拔与聘用,明确班导师的主要职责是依托专业优势,结合学分制改革实践,对学生进行专业指导、科研引导、职业生涯规划,引导学生科学地构建知识结构,确立发展方向,培养专业技能,拓展自我优势。班级导师必须具有较高的思想道德素质,坚持正确的政治方向,忠诚教育事业,师德高尚,具有为人师表、诲人不倦的敬业精神;具有较高水平的相关专业知识及合理的知识结构,熟悉教育规律。同时,严格选聘程序,规

范准入机制，高标准、高起点配备辅导员。高等学校要高度重视辅导员、班导师的选聘工作，必须坚持政治强、业务精、纪律严、作风正的标准，把德才兼备、乐于奉献、潜心教书育人、热爱大学生思想政治教育事业的人员选聘到辅导员队伍中来，从源头上保证队伍质量。专职辅导员原则上要从党员教师和党政干部中选聘。

（二）建立健全辅导员与班导师捆绑式考核评价制度

高校各有关部门、各级党政领导要切实把辅导员与班导师的工作、学习和生活情况放在心上，在制定各种政策时要统筹考虑，适当倾斜。根据实际，将辅导员与班导师的岗位津贴等纳入学校内部分配体系统筹考虑，保证其收入合理。班级导师由专业系负责管理和考核，聘期为两年，每年考核一次。健全激励机制，实行“学生评师”制度，按学年组织学生对导师进行问卷评价，对工作成绩突出的导师，给予表彰和奖励。对不负责任的，取消导师资格，视不同情况给予相应处理，并记入教师年度考核档案。根据规定，班导师的工作经历和业绩情况作为年终考核的一项重要内容，作为考核教师、提职晋级、评优奖励、进修学习的重要依据。① 高校应尽快建立相应的激励机制、监督与评价机制，确定评价指标，构建评价体系，以保证“辅导员 + 班导师”制的顺利实施。高校可以按照教师系列相应的配套评价考核和晋升体系，使辅导员与班导师同样享受到相应的物质待遇和社会待遇，满足他们在职称评定、待遇享受等多方面的需要和长远发展。

对辅导员与班导师工作的评价采取捆绑式考核评价，结合平时的工作，分项对各自分管的班级的各项工作进行考核，将考核成绩记入个人年末考核成绩；采用综合评价方式进行全面考核，调动了教师工作的积极性。教师间能互帮互助，在合作交流中协调发展。大家能够做到心往一处想，劲往一处使，使两股绳拧成一股劲，进而形成合力。学校建立“优秀辅导员”“优秀班导师”称号评选制度，每年对工作表现突出的辅导员与班导师给予精神表彰与物质奖励。高校要将“优秀辅导员”“优秀班导师”表彰奖励纳入各级教师、教育工作者表彰奖励体系中，按一定比例评选，统一表彰，以充分肯定他们在大学生成长中所做的贡献。这些制度和机制的建设，极大地调动了广大教师教书育人的积极性，做辅导员与班导师不仅成为教师的一种责任和荣誉，也成了教书育人中体现师德师风的主要载体。

---

① 赵铸. 发挥本科生班导师的立德树人功用[J]. 中国高等教育，2008(17)：39.

(三) 建立健全辅导员与班导师的学习培训制度

按照新时期高等教育事业发展对学生工作者职业化、专业化、专家化的要求,高校要建立健全辅导员与班导师的学习培训制度。辅导员与班导师学习培训主要采取政治理论学习和业务学习相结合的方式进行。政治学习内容为党的路线方针政策、领导讲话、上级文件以及学生教育管理方面的政策、法规、规章制度、高等教育理论等。政治理论学习由学校统一集中组织,以理论学习为主,重点做好理论武装工作。业务学习按相对集中的原则分组,以学习业务知识和教育管理理论为主,重点放在充实、借鉴和拓展工作经验,提高业务能力上。高校要坚持先培训再上岗,常规培训与专门培训相结合,不断加大培训学习的投入力度,使其享有相应的国内外培训、进修、交流、考察和社会实践的机会,以便学习先进的管理理念、经验和技术手段。

高校不仅要制订培训计划,聘请专业教师和思想政治教育专家对辅导员进行专业培训,还要聘请有丰富学生工作经验的党政领导干部担任新聘辅导员的导师,指导帮助辅导员提高工作能力和业务水平,每年选送一批辅导员参加校外相关业务学习培训,鼓励辅导员考取相应的职业资格证书。专职学生工作者在职攻读学位、参加国内外业务进修,纳入学校教师培训计划,享受学校有关鼓励政策。学校每年对辅导员与班导师进行业务培训并定期召开理论学习会和经验交流会。学校组织辅导员与班导师参加社会实践和学习考察,使他们开阔视野,拓展思路,提高解决实际问题的能力,增长做好思想政治教育工作的才干。

总之,教育不是一人或一个部门的独角戏,而是整体性合力与集体智慧的体现。辅导员和班导师是学生工作的骨干力量。应用型本科高校“辅导员 + 班导师”育人机制顺应了高等教育改革和发展的实际需要,坚持以人为本,提升学生工作的整体功能,加强个性化教育和主体性教育,有利于实现全方位、多层次、全过程的合作育人,有利于提高应用型本科人才培养质量。

第四章

文化育人:应用型本科高校立德树人的引导机制

1999年,我国高等教育开始大规模扩张,2002年已实现了高等教育大众化目标。2009年,全国教育事业发展统计表明,我国部分省市已进入高等教育普及化阶段,高等教育处于一个新的发展机遇期。从根本上看,高等教育具有文化的内涵以及特质,与文化同质相生,具有文化意义的自觉。大学作为一个具有相对独立性的学术组织,其本身就是一个文化组织。而如今,许多地方本科院校在忙于应接不暇地扩张规模时,忽略了大学文化建设。甚至有些应用型本科院校已经沦为文化沙漠,导致大学人面临人文精神失落、大学文化的衰落,缺乏对人类自身的关切,直接影响到大学教育的成败。“人的全面发展是人的需要、人的活动及其能力、人的社会关系、人的自由个性等方面由片面到全面、由畸形到完整、由贫乏到丰富、从潜在到现实的发展。”[①]因此,高校需要运用引导机制帮助学生更科学地规划人生。美国哈佛大学教授亨廷顿在《文明的冲突》中指出:“新世纪的教育,文化才是培育人才的主要手段。”应用型本科高校既要传授学生专业知识和技能,更要重视立德树人,加强大学生道德品质与人文精神的培育,使其具有高尚的品德与情怀,培养德智体美全面发展的人。文化育人是应用型本科高校立德树人的引导机制,高校通过学习文化建设、榜样激励教育、综合素质评价等实现文化育人。

① 牟文谦.人的全面发展的逻辑内涵[J].重庆社会科学,2010(4):41.

第一节　应用型本科高校立德树人的学习文化建设

应用型本科教育是随着科学和技术知识在社会发展中的作用而不断演化的产物。应用型本科高校是指相对于研究型高校而言,从专业设置到人才培养都更加主动适应区域经济建设和社会发展的需要,更加注重学生实践运用能力的提升,着力培养基础扎实、理论坚实、动手能力强、适应面宽的通用人才的高校。应用型本科高校不仅应关注学生在大学期间能够学到哪些知识和技能,而且更要能够适应社会和行业发展的需求,能够为学生进入职业领域发挥作用。学习文化建设是应用型本科高校立德树人的重要任务。

一、应用型本科高校大学生学习概述

学习是人类生存和发展的基本条件和基本活动,贯穿于人生过程的始终。随着知识经济和学习型社会的来临,大学生只有掌握科学的学习方法,自觉培养优良的学风,增强创新意识和创新能力,全面提高自身素质,才能为实现自己的人生价值和理想奠定坚实的基础,为促进社会发展和人类进步创造条件。

(一) 学会学习是一种新的生存发展方式

21 世纪是学习型的社会。世界各国各民族都对自己提出了学习的要求,将学习的素质纳入人才的素质结构中。在我国,由于中华民族历史上就有重视学习的优良传统,再加上当今社会对人才渴求的呼声越来越高,社会各界、各个领域、各个层次的人员都处在不断"充电"、不断进步的学习氛围之中。"才须学也,非学无以广才。"学习已真正成为人生存的根本手段,较强的学习能力和优秀的学习素质成为人才必不可少的条件。有人曾经说"活到老,学到老",从人类的成长历程来看,学习确实是伴随着每个人的每时每刻的。人的整个成长过程其实就是终身学习的过程。通过学习与思考,我们获得知识;通过学习与交往,我们赢得朋友;通过学习与模仿,我们掌握技能;也只有通过学习,我们才能完善自己,让自己成为社会中有用的一员。

学会学习,已成为 21 世纪世界各国最响亮的口号之一;学会学习,也是 21 世纪各国教育改革围绕的中心目标之一。大学生作为高层次的专门人才，作为未来社会主义建设的栋梁，就必须适应这样的形势和要求，强化学习素质的培养锻炼。要具备会学习的品质，需要更加健全自己的学习心理素质，因为学习是一种需要心理活动参与其中并发挥作用的特殊的认识活动。大学生不仅要学会学习，更应该学会创造，用创造学习的成果来证明自己的价值所在；用创新学习的过程来为国家的科技创新体系的建立添砖加瓦。

学习能力是衡量大学生是否已经学会学习的重要标杆，大学生是否具备相应的学习能力，直接影响到他们当前和今后的学习与发展。据学者研究，若小学低年级阶段依靠教师讲授的知识所占比例为 100% 的话，到了高年级，学生自学的时间就占到30%，教师教的比重就开始下降；到了中学，教师教和学生自学各占一半；而到了大学，双方的活动差不多为 3∶7；临近大学毕业，学生的自学便要达到 100%。我国教育家叶圣陶有一句名言："教是为了不需要教。"他还说："不教是为了养成学生有一辈子自学的能力。"在大学里单纯为求得某一方面知识而学习，只能满足暂时的需要，而学会了学习，具备了相应的学习能力，就好比掌握了打开知识宝库的钥匙，未来可以取之不尽，用之不竭。

（二）应用型本科人才面向未来的学习观

1. 终生学习观

终生学习主张个人终其一生都需要学习，终生学习是一种持续发展知识、技能和态度的过程。知识发展趋势客观上已形成人的接受知识的能力与蓬勃增长的浩瀚的知识量之间的矛盾、人受教育的年限与知识迅速老化之间的矛盾，也意味着在青年时期受教育，然后可以用上一辈子的时代已经结束，必须代之以终身教育，以适应知识更新的需要。学校教育的目的已不能仅限定在使教育者获得一定数量的知识上，而应当将重点放在培养和开发他们的智能，教会学生怎样学习上。《学会生存》一书中曾指出："我们再也不能刻苦地一劳永逸地获取知识了，而需要终生学习如何去建立一个不断演进的知识体系——学会生存。""教育应该较少地致力于传递和储存知识……而应该更努力寻求获得知识的方法（学会如何学习）。"总之，"学会学习"是当今时代对人们提出的客观要求。大学生必须充分认识时代发展的这一新特征，树立起新的学习观念，把"学会学习"作为大学阶段的重要学习任务去完成，为终生学习奠定坚实的基础。

自 1970 年以后，终生学习、终身教育、迈向学习社会成为世界主导性的教育思潮，各国相继展开对终生学习、终身教育与学习社会的理论研究和实践探索。我国著名的科学家、教育家钱伟长先生对于教育面向新世纪的重大发展趋势,自20世纪80年代就给予了足够的重视,并结合我国高等教育的改革发展实践,提出了一系列富有创见性的思考。钱伟长先生说:"现在有一种说法,叫终身教育,我不大赞成这个口号,我主张终生学习。终生学习,就是终生实践、终生思考。"终生学习者应成为学习的主动构造者、参与者,成为成功的、愉快的合作学习者,他强调任何东西都能学会。终生学习观要求人们把学习从单纯接受学校教育的学习中扩展开来,并从少数人的学习扩展到所有的人;从阶段性的学习扩展到人的终生;从被动的学习发展到主动的学习,从而使学习真正成为所有人终生的行为习惯和自觉行动。终生学习是知识经济时代和人的全面发展的要求。

2. 全面学习观

所谓全面学习观,就是既要学习知识,提高能力,又要培养良好的道德品质,树立正确的人生观和价值观;既要博,又要专;既要全面发展,又要突出个性等。树立全面学习观要正确处理好德与才的关系、精与博的关系及学与创的关系。

第一,正确处理德与才的关系。学习知识与学会做人同样重要,从某种意义上讲,学习的最终目的仍然是成为一个先进的现代人。在经济和科技高速发展的同时,道德沦丧、高科技犯罪等现象日益严重的惨痛教训提醒我们,大学最大的成就莫过于使大学生能够在人格上、道德上得以完善。求知与修养相结合,是中华民族的一个优秀文化传统。没有好的思想品德,就不可能把学到的知识真正奉献给祖国和人民,也就难以大有作为。青年时期注重思想修养,陶冶情操,努力树立正确的世界观、人生观、价值观,对自己一生的奋斗和成就将会产生长远而巨大的作用。

第二,正确处理精与博的关系。大学生应在初步掌握本专业基础知识的基础上学习更为精深的专业知识。长期以来,我国的高等教育采用的是苏联模式,即高等教育要培养专业人才,较为忽视大学生基础知识的积累和社会适应品质的锻炼。因此,大学生走出校门后只能够在自己所学专业领域内做事,一旦离开了本专业就无所适从。随着社会的进步和科学技术的发展,一个人一生中可能会不断地转换工作岗位,需要不断地进修和学习。现在,我国高等教育界比较赞同的是精与博的有机统一。一方面,各个专业的界限逐渐模糊,产生了许多交叉和边缘学科;另外一方面,随着社会竞争的不断加剧,知识更新的速度也逐渐加快,所以,大学生应当加强各方面素质的培养,使自己能够适应不断变化的社会环境。

第三,正确处理学习与创造的关系。俄罗斯著名作家列夫·托尔斯泰曾经一针见血地指出:“如果学生在学校里学习的结果,是使自己什么也不会创造,那么他的一生将永远是模仿和抄袭。”学生学习真正需要的是一种融会贯通的学习方法。大学生要从未来发展的角度认识学习与创造的关系,绝对不要死读书。长期以来,中国教育受到批评和责难最多的,就是我们的学生缺乏创造性。中小学生死读书,大学生仍然是死读书,甚至研究生也很少有创造性的成果。这种现象已经引起有识之士的普遍关注。因此,大学生要在学习过程中、在掌握基本知识的基础上提升学习方法和思维方法,不仅要学会记忆,更要学会思考。

3. 自主创新性学习观

自主创新性学习,是指通过学习提高一个人发现和吸收新知识、新信息以及提出新问题的能力,以迎接和处理未来社会发生的各种变化的学习。自主学习观是在教师的指导下,学生成为学习的主人,这是发展个性和提高自我的必然选择。这种学习观重在创设一定的教育情境,激发学生主动学习的内驱力,指导学生学会学习,是对教师和学生在教学中主导与主体地位的分别承认,也是对当前学校教学不足之处的有益补充。

自主创新性学习的特征:学习的主动性、学习的选择性、学习的自我调控、学习的独创性。自主学习是一种主动学习。主动性是自主学习的基本品质,它对应于他主学习的被动性,两者在学生学习活动中表现为“我要学和要我学”,“我要学”是基于学生对学习的一种内在需要,要我学则是基于外在的诱因和强制。学生学习的内在需要表现为学习兴趣,学生有了学习兴趣,学习活动对他来说就不是一种负担,而是一种享受、一种愉快的体验,学生会越学越想学、越学越爱学,有兴趣的学习事半功倍。只有当学习的责任真正地从教师身上转移到学生身上,学生自觉地担负起学习的责任时,学生的学习才是一种真正的自主学习。

(三) 应用型本科高校大学生学习的特点

大学学习阶段,是人才成长过程中的关键时期,大学生的主要任务是学好知识,掌握本领,使自己成为社会主义现代化建设事业需要的专门人才。大学与中学分别是学校教育的两个不同阶段,大学的学习生活与中学相比,具有独特的规律,认识和把握这些规律,对于尽快适应大学学习生活,掌握学习主动权,具有十分重要的意义。相对于研究型高校而言,应用型本科高校大学生在学习上既有相同的方面,也有自身的特点。

1. 大学教学的特点

大学的教学目标是培养适应社会主义现代化建设需要的各类高级专门人才。因此,其教学一般总是要考虑社会职业分工的特殊要求。但随着时代的发展,知识更新周期的日益缩短,科学技术的突飞猛进,新理论、新技术、新信息层出不穷,当今社会的人才必须要善于吸收新理论,掌握新信息,迎接新技术革命的挑战。应用型本科高校教学就是要努力培养学生具有雄厚扎实的基础理论知识、较强的动手能力、合理的智能结构和开拓进取的创新意识,以更好地适应社会发展的需要。

第一,专业性。大学教学内容是一种定向的专业教学,教学活动是围绕着专业展开的。从教学内容的深度要求来看,大学生既要学习基础理论,也要接触现代最新的科技成果,并还要对尚在探索和发展中的问题与趋向有所了解;从广度上看,尽管大学里所学的知识更为专门化,但每门课的教学都体现对多学科知识的综合运用。大学里所开设的课程分公共课、基础课、专业基础课、专业课四个层次,每一个层次又由许多门课程综合而成。一般说来,大学四年需要学习的课程在 40 门以上,每一个学期学习的课程都不相同,容量大,因而学习任务远比中学重。大学的课程有必修课、选修课之分。必修课是指学生完成本专业学习任务、取得本专业学位证、毕业证书所必须学习的课程。选修课包括专业选修课、公共选修课,前者是针对本专业学生,而后者则是面向全校学生。

第二,学术性。学术是大学的生命。从教学模式上来说,在大学教学中,教师虽然仍然是教学中的主导力量,但学生的参与程度、自主程度则大大提高了;大学教学的主要形式虽然仍然是课堂教学,但比起中学来,大学课堂教学往往具有自身的特点。一是介绍思路多,详细讲解少。主要讲授重点、难点内容,而且许多教师都使用投影仪、多媒体授课,实现了授课手段多样化,授课进度比较快,一节课可能要讲授一章或几章的内容。二是抽象理论多,直观内容少。三是课堂讨论多,课外答疑少。四是参考书目多,课外习题少。教师一般只重点讲授概念、基本原理或主要难点,而将许多内容留给学生自学;大学教学还十分注重学科研究方法的培养,在注重教授基础知识和基本技能的同时,注重实践环节,注重培养学生分析问题和解决问题的能力。

第三,创造性。大学教学的创造性特点,是由大学的教育目标决定的,知识经济时代,要求大学培养创新人才。创新人才是掌握现代最先进的文化科学技术,能够创造性地运用所学知识和技能,为发展社会生产力,做出创造性贡献的专门人才。大学教学必须把培养学生的创造能力放在重要地位，要求大学生不仅要继承前人的科学知识，还要发扬、创造和发展文化科学知识。因此，大学教学强调教学与科研相结合。在传授知识的同时，注重对学生能力的培养。教育学生树立创新意识，培养学生的创造能力，大学教学的创造性特点也是适应大学生身心发展的必然要求。学习分为模仿性学习、接收性学习和创造性学习三个层次。一方面，大学生心理、生理的发展日趋成熟，正处于旺盛期，为由模仿性学习、接收性学习过渡到创造性学习奠定了基础；另一方面，在大学所学的专业性知识和综合性知识又为大学生过渡到创造性学习提供了必要条件。

第四，开放性。所谓开放性就是不拘于传统的、固定的或单一封闭的模式。首先教学应面向经济建设，面向社会实际，实行产、学、研三结合培养人才。其次，应用型本科高校教学冲破了学科、专业、课堂和书本的局限，呈现出高度的灵活性、多样性。如教学管理制度实行学分制和弹性学制。除了教师传授外，大量的内容要靠学生自学，学生还要参加科研和社会实践活动，在生产、科研、社会实践中学。此外，学校、各系、部还组织各种专题报告和讲座。

2. 大学生学习的特点

与大学教学上的特点相对应，大学生的学习也具有自身的特点。

第一，自主性。自觉主动地学习是大学学习活动的核心。大学的学习与中学的学习相比，很大的不同就在于整个学习过程中，大学生必须充分发挥主观能动性，体现自主性的特点，变被动学习为主动学习。这种自主性的特点，体现在整个大学学习过程的始终，并且反映在学习活动的各个方面。大学的学习不能像中学那样完全依赖教师的计划和安排，学生不能只单纯地接受课堂上的教学内容，必须充分发挥主观能动性，发挥自己在学习中的潜力。独立性是自主学习的核心品质。如果说主动性表现为我要学，那么独立性则表现为我能学。除有特殊原因外，每个学生都有相当强的潜在的和显在的独立学习能力，不仅如此，每个学生同时都有一种独立的要求，都有一种表现自己独立学习能力的欲望，他们在学校的整个学习过程也就是一个争取独立和日益独立的过程。

第二，专业性和综合性相结合。大学里的学习内容基本上是围绕专业的方向和需要来展开的，随着专业在社会中的变化和社会需求的变化而调整更新。但是，大学学习期间通常只是确定一个大致的专业方向，对具体学习内容，大学生具有一定程度的选择权。为适应当代科技发展的既高度分化,又高度综合的特点,这种专业性通常只能是一个大致的方向,而更具体、更细致的专业目标是在大学四年的学习过程中或是在将来走向社会后,才能最终确定下来的。因此,大学在进行专业教育的同时,还要兼顾到适应科技发展的特点和社会对人才综合性知识要求的特点,尽可能扩大综合性,以增强毕业后对社会工作的适应性。一般来讲,专业对口是相对的,不可能达到专业完全对口,这样,在大学期间除了要学好专业知识外,还应根据自己的能力、兴趣和爱好,选修或自学其他课程,扩大自己的知识面,为毕业后更好地适应工作打下良好的基础。

第三,探索性。探索性是表现在学习活动中的创新意识和初步的创造性活动。怀海特说:“在中学阶段,学生伏案学习;在大学里,他们应该站起来,四面瞭望。”大学生的学习不仅要求理解、巩固知识,更重要的是在学习中要培养独立思考、探索创新的精神,学会能重组已有知识或从崭新角度分析和解决问题的能力,学会一种以自己的思路、自己的语言表达对事物的理解并敢于对未知领域进行尝试性的探索。大学阶段是“求学期”向“工作期”“创造期”转变的过渡阶段,随着大学教学任务、教学内容、教学方式的变化,大学生的学习方法和思维方式也逐渐从记忆现成结论向确立独立见解转变,带有研究和探索的性质。

第四,广泛性。大学学习途径具有广泛性和多样性。课堂教学是大学生获取知识的主要途径,但已不是唯一途径。上课时间之外,大学生有较多的自由支配时间,可以在学校提供的条件下广泛地吸收知识,如听取各种学术报告、知识讲座,参加专题讨论会、实验实习、社会调查,在图书馆或借助网络查阅各种文献资料,等等。这些都是获取知识、发展能力的重要途径。

二、构建应用型本科高校学习文化体系

大学文化以育人为己任,育人功能是大学文化的本体功能。大学文化的核心是学习文化。学习是在一个交互作用中进行的,由公共知识转化为个体知识,个体知识通过结构的有效转换成为公共知识,回过来又贡献给整个社会。学习文化是积淀了文化精神的各种学习活动及其结果的总和。学习文化是一个作用于实践的精神系统,是人生存与发展的“软环境”。努力构建学习文化体系,是应用型本科高校立德树人的重要途径。应用型本科高校要充分发挥学习文化的价值导向、情操陶冶、行为规范等功能,实现人文精神与科学精神的统一,促进大学生职业技能技术与文化素养的双提高,进一步增强应用型本科人才的核心竞争力。

（一）大学生学习文化的内涵及特点

人“必须决定自己要成为某种特定的东西，必须力求解决他要靠自己的努力对自己解决的问题。他不仅可能，而且必须是创造性的”①。这个自我发展的任务必须通过人与文化的整合来实现。人与文化的整合不可能凭空完成，而是必须依靠学习来实现。学习文化作为人类文化的一个重要组成部分，是人们在学习活动中产生与凝结成的、相对稳定的特殊生存与发展方式。大学生学习文化相对于教学文化而存在。大学生学习文化是指在高等教育过程中，基于教育教学系统，大学生与教师发生师生互动、生生互动，形成大学生群体关于学习目标、学习理念、学习礼仪、学习道德、学习精神、学习习惯、学习制度、学习能力等方面普遍自觉的价值、规范、态度和行为选择的总体。大学生学习文化是大学文化的重要组成部分，居于核心地位。

基于人才培养目标，应用型本科高校学习文化具有主体自觉性、现实开放性、未来发展性和实践应用性等特质。

第一，主体自觉性。长期以来，高校强调社会的需求就是教育的目的，反映在学生管理中就是以“社会需要”这把“尺子”作为管理学生的价值取向，强制学生按照某种规定好的统一的目标行动。学习文化的主体自觉性是指在学习文化的引领下，大学生能够按照自身所固有的内在本性的要求去实现自身的发展，能够自主地选择和实现自己的重要的生活目标，努力实现自我价值，而不是被动地从属于某种外在的强制，使自身的发展偏离和压抑自己的内在本性。

人不是已经预设的存在，而是持续生成的存在。“大学学习是大学生生命历程中的一段重要经历，也是迈向未知世界的旅程。在这个旅途中，大学生与新世界、新他人、新自我相遇，并与世界、他人、自我发生思与思的碰撞、心与心的接纳、情与情的交融。在碰撞、交融的过程中，大学生建立了自己的精神家园，感受到自我的尊严、心灵成长的愉悦，感悟到生命的意义。”②应用型本科高校必须树立以学生为本、服务学生的理念，倾听学生的诉求，尊重学生的意愿、要求和生命的呼唤，尊重他们的权益，满足他们身心自主、充分发展的需要。

第二，现实开放性。当今社会是一个开放性的社会。通信技术的飞速发展，使“世界正成为一个巨大的信息交流场”，世界经济逐步趋向一体化，

---

① ［德］兰德曼．哲学人类学．2 版［M］．阎嘉，译．贵阳：贵州人民出版社，2006：192．

② 万荣根．大学学习：生命意义的追寻［J］．社会科学战线，2008（8）：227．

全球化活动日益增多,大多数人将不可能终生在一个岗位从事一种职业,需要不断更新知识储备和工作方式。我们今天掌握的东西,也许到明天就会过时,学习并不会随着最后一张文凭的获得而终止,“学习即生活”。

随着21世纪科技的迅猛发展,大学服务社会和促进社会发展的职能也越来越被重视,其功能不断增强的一个表现就是大学对社会的开放,学校进一步向社会开放,学历教育、非学历教育、继续教育、职业技术教育同时并存,而大学对社会开放本身也是大学服务社会、促进社会发展功能发挥的前提。学习文化由此也具有鲜明的现实开放性。现实开放性所呼唤的是尊重学生差异性,满足学生多样化需求的新型学生管理模式。高校学生管理要顺应学习文化的现实开放性的这种内在特点,努力满足应用型本科人才培养多样化和个性化发展需要,积极适应千变万化的社会发展需要。

第三,未来发展性。在人类进化过程中,如果没有教育,人就要退化。所以为了发展,才需要教育。对每个大学生来说,及早规划自己的职业生涯,确定奋斗目标,才能在竞争激烈的就业环境中处于不败之地。未来学家尼葛洛庞蒂说:“预测未来的最好办法就是把它创造出来。”①应用型本科高校办学定位是培养“应用型人才”而非“学术型人才”,其学习文化应结合实际着眼于学生的未来,注重“专业与产业企业岗位,专业课程内容与职业技能标准,教学过程与生产过程的紧密对接”②,具有未来发展性。

美国哈佛大学一位校长曾经说过的一段话能给我们带来启迪。他说:最值得哈佛骄傲的不是培养了6位美国总统,不是造就了36位诺贝尔奖获得者,更不是美国500多家特大型企业一半以上的经理是哈佛大学的学子,最值得骄傲的是哈佛的教育,它让每一块金子都闪闪发光,让每一位从哈佛走出来的人都创造奇迹。雅斯贝斯也说:“人的未来只能是一种开放的可能性。如果我力图预见未来,这恰是为了改变事件的进程。”③因此,应用型本科高校学习文化应注重引导大学生除了要努力增加自身专业知识储备、培养职业技能以外,还应该对自己的内在品性有深刻的认识,要使学生具有高尚的道德情操和高度的社会责任感,不断提升社会竞争力和未来发展力。

第四,实践应用性。掌握知识的最终目的在于运用,接受知识是为了认

---

① [美]尼古拉斯·尼葛洛庞蒂.数字化生存[M].胡泳,范海燕,译.海口:海南出版社,1997:9.

② 鲁昕.建设现代职业教育体系:解决就业结构性矛盾的重要举措[EB/OL].[2014-03-22].http://news.xinhuanet.com/2014-03/22/c_119896137.htm.

③ [德]雅斯贝斯.时代的精神状况[M].王德峰,译.上海:上海译文出版社,1997:193.

识世界，而认识世界最终是为了改造世界。“理论型人才注重基础理论性知识，注重研究能力，强调原创性的创新思维培养；而应用型人才更强调综合应用性知识，更强调复合能力(包括应用技能、实践能力、应用领域的革新能力等)，更强调自信心及开拓创业精神的训练。”①应用型本科人才的这个复合能力其实就是实践参与能力，大学学习文化具有实践参与性才能有助于人才培养。

实践活动锻炼与提高人们的思维能力，任何人的思维能力主要是随着实践活动的深入而发展的。正如恩格斯所说的，“人在怎样的程度上学会改变自然界，人的智力就在怎样的程度上发展起来”②。相比学术型本科学生而言，应用型本科高校学习文化必须与企业文化相融合，其实践参与性“表现为学生不仅要联系自己的经历或环境的变化对所学知识动脑筋思考思考，动口讲一讲，动笔写一写，还要突出动手做一做，将理论运用于实际生活，运用于实际的工作场景”③。大量研究表明，学习效率如何不仅取决于学校和教师的投入，更取决于学生对学习的参与程度和学习的主动性。应用型本科高校学习文化以人的发展为核心，促进大学生的自由全面发展，提升大学生的实践意识和实践能力。

(二) 应用型本科高校学习文化建设的现实价值

“文化”本身就意味着要去追寻和追问物质、制度、行为背后价值层面的意义，挖掘深层的精神价值。学习文化作为一种特定群体认同的价值理念与行为规范，其根本功能是育人。应用型本科高校要立足现实需要，探析大学生学习文化的内涵、尝试构建应用型本科高校学习文化建设体系、探索学习文化建设的有效途径，促进应用型本科人才人文精神和科学精神的统一，提升其学习道德、学习精神和学习能力等，进一步增强应用型本科人才的核心竞争力。

1. 发挥学习文化强大的价值导向功能

从文化学的视角看，大学文化育人的实现主要通过以下两种途径：有意识的大学文化教育与无意识的大学文化熏陶。大学学习的目的在于人的全面发展，人的潜能的充分发挥和人的自我实现，提高人的素质和生活质量，推进社会发展和文明社会的建设。应用型本科高校学习文化应当关注人的

---

① 蔡敬民，魏朱宝. 应用型本科人才培养的战略思考[J]. 中国高等教育，2008(12)：58.

② 马克思，恩格斯. 马克思恩格斯文集：第9卷[M]. 北京：人民出版社，2009：482.

③ 潘懋元. 应用型人才培养的理论与实践[M]. 厦门：厦门大学出版社，2011：113.

生命,成为培养人的主体性和解放人的重要途径,对大学生的成长和发展具有教育的内驱力。个体能够对知识建构过程做出贡献,而不是被动地、消耗性地接受预先封装好的知识和信息。

在学习文化引导下,高校不仅要求学生了解和掌握关于学习的知识、方法及技术,更注重大学生学习心态的调整,将课内外的学习生活融为一体,引导学生总结和反思自己从小学到大学的学习经验与习惯,了解自己的学习类型、特点与个性,发挥自身的学习优势,克服学习障碍,激发学习的兴趣和动力,并注重在学习化团队建设中培养协作学习精神。学习文化引导学生养成注重未来发展的实践思维方式,培养学生严谨的专业精神和技术素养,培养科技理性精神所蕴含的主体意识、自我意识和创造性。

2. 增强学习文化积极的情操陶冶功能

学习文化对大学生品德的形成和综合素养的提高具有引导、激励和凝聚作用。人是环境的产物,而文化则是人类的生存环境和生活方式的凝结的体现。当代德国著名哲学人类学家米切尔·兰德曼曾指出:“尽管文化只是源于人类,但文化并非只是附属于人。”大学学习文化,诸如审美水平高的环境创设和各种主题鲜明、指向集中的有意义活动,都能使身在其中的学生受到熏陶和感染,从而不断提升学习精神和学习能力。大学学习文化决定着大学生未来的发展方向,支配着他们的思维方式、价值取向和行为准则,是蕴含在每一个大学人心中深层次的精神追求与行为规范,对大学生产生全面而深远的影响。

“如果人把学习与素质发展作为主要价值追求,那么他就会更加倾向于追求内在的满足感,追求自我实现,发展和发挥自己的才能,成为自己期望成为的人,而不会过多地去追求外在的占有和利益夺取,减少对他人的控制和侵犯,而这是有利于社会和谐和人生美好的。”①构建大学学习文化可以陶冶情操,激发大学生学习力,激发学习力就会增强文化力,增强文化力就会推动教育力,进而激活各类教育实践活动,促进高校师生的成长。

3. 增强学习文化严格的行为规范功能

德国法学家普芬道夫认为,文化世界实际就是一个道德实体的世界,在文化世界中,最重要的文化范畴就是规范化了的秩序、道德和审美以及人的生命存在的尊严性。所谓道德实体即人在符合其本性的群体中而生活的形

---

① 丁念金.学习文化的人性优化功能与学习型城市建设[J].开放教育研究,2013(4):42.

式。德国哲学家卡西尔认为“人就是一个文化存在”①。大学学习文化为大学生的学习行为赋予根据和意义，使学习由工具存在转向文化存在，以内在的方式制约和规范着学习行为，这得益于学习文化建设能够构筑大学生群体内在共享的心理图式，善于将文化认同和价值判断转化为大学生一致性行动的功能。

提升大学生学习道德、学习能力、学习效率和学习精神，必须强化学习文化的行为规范功能。加强学习制度建设，应当更多地立足于鼓励怎么做，而不仅仅是惩戒不能怎样做。比如，多元化评价的奖学金评定制度，鼓励学生个性化发展和全面发展相结合。要突出学生个性和特长发展，努力增加学生自主选择的机会，使其得到自由充分的发展，促使其全面发展与个性发展有机结合，以满足社会多层次、多规格的多样化人才需求。

（三）构建应用型本科高校学习文化体系

大学文化是一个由精神文化、制度文化、物质文化和行为文化等综合而成的复杂系统。大学精神文化是大学在长期发展过程中形成的独特气质和价值规范体系；大学制度文化是大学存在与发展的规范和规则，同时也表现为大学在长期发展和实践中形成的观念与习惯等；大学物质文化包括学科专业、师资队伍、校园环境以及教学设施与手段等；大学行为文化是大学师生员工在教育教学、科学研究、学习工作以及文化活动中所表现出的精神状态和行为操守。因此，我们应该从精神、行为、制度和物质四个层面构建应用型本科高校学习文化建设体系。

1. 构筑精神层面的学习文化

大学文化实际上是一种非实体性的文化氛围，是在长期的办学实践中逐渐积淀下来、被全体大学人所认同的一种群体意识和学校气氛。苏霍姆林斯基认为：“学校必须是一个精神王国，而只有当学校出现了一个‘精神王国’的时候，学校才能称其为学校。”一所真正意义上的大学，必须有其独特的、以师生的价值取向为核心的大学文化作为引领和支撑，学习文化是其核心。学习文化首先是一种理念、一种精神，更是一种境界，可以说，每所学校都有自己独特的学习文化，它是一种无形而强大的教育力量。高校通过打造有序而高效的大学学习秩序，对学生的学习态度和学习目标进行指导，帮助学生树立正确的学习观，使先进的学习理念深入人心，潜移默化地影响着学生的自主学习和未来学习。构筑精神层面的学习文化，应用型本科高校

---

① 张澍军. 德育文化论[M]. 北京：中国社会科学出版社，2008：73.

要促使学生树立学习目标与学习理念、完善学习道德与学习礼仪,养成良好的学习习惯,提升学习精神与学习效率。

2. 发展行为层面的学习文化

学生在学习过程中,不但要学会知识,更要学会学习,养成良好的学习习惯,确立正确的人生观,学会做事、学会做人。学习文化是一种氛围、一种互动。《国家中长期教育改革和发展规划纲要(2010—2020年)》中明确指出:“高校应着力培养信念执著、品德优良、知识丰富、本领过硬的高素质专门人才和拔尖创新人才。”第二课堂是应用型本科高校深化教学改革、实施人才培养的一块文化领地,也是提高学生综合能力素质,培养学生的思想品德、创新精神和实践应用能力的重要阵地。第二课堂是一个平台,它为学生提供了一种思维和体验的空间,通过活动的认知和对话互动,创设良好的合作环境和学习氛围。应用型本科高校要立足于多元化、综合性的第二课堂,结合学校特色和学生兴趣爱好,尊重学生个性,“课程活动化,活动课程化”,开展丰富多彩的主题教育活动、组织形式多样的社会实践活动、鼓励学生大胆参与自主开发创新创业项目,举行文化艺术、体育活动、科技创新和实用技能等各类社团活动,建设好校内外实习实训基地等,积极构建符合应用型本科人才培养目标的学习文化。

3. 完善制度层面的学习文化

应用型本科高校制度文化对于大学文化建设乃至学校长远发展都有着不可替代的作用。高校立德树人是一个长期的教育过程,因此,需要有一种机制能够保证大学生养成教育持久而有效地进行。学校制度提供了有序、合理的学校环境(即学校生活的具体准则与规范),以保证维护学生健康成长的正当权益。制度文化在本质上是一种他律性的存在,具有强制性、规范性、约束性、教育性,有助于学生形成符合社会要求的行为规范。完善制度层面的学习文化,重点要加强和完善学风建设实施意见、奖学金激励制度、贫困生帮扶制度等。高校制度文化建设要坚持“以人为本”,始终以人为出发点和归宿点。学生管理制度不应当是束缚、制约学生思想、行动和个性全面发展的冰冷的条文,而应引导学生养成良好行为习惯,注重“刚性”与“柔性”结合,使大学生自觉地规划、发展和约束自己,使其形成健康、饱满的人格。高校要建设富有时代特征,具有激励性、开放性、多样性,与时俱进的制度文化,使得大学生对其产生高度认同,这样,他们才会主动参与到制度文化的实践中去,才能形成良好的主人翁意识、社会责任感和遵纪守法的精神。

4. 改善物质层面的学习文化

华中科技大学涂又光先生提出著名的“泡菜理论”,该理论告诉我们:泡菜是在长期的泡浸中形成的,泡菜的味道往往取决于泡菜水的味道,泡菜的质量关键在于泡菜水的质量。育人是一个系统工程,除了教书育人、管理育人、服务育人之外,还需要环境育人,它影响和决定了浸润其中的学生的精神风貌和行为风格。因此,在物质层面上,高校要营造一种积极向上的学习氛围,使育人环境不断最优化,形成环境文化育人的渗透性、潜在性,形成一种强力的育人磁场效应,增强学生的学习意识,使身处在其中的师生都不知不觉地被浸润,发展他们的学习能力和学习精神。应用型本科高校要根据人才培养目标,建设教室、图书馆、体育场馆、实验室、科技活动室、多媒体教室、社团活动等学习场所,配备相应的设备,着力打造学习型校园。高校要通过社区文化建设、示范寝室创建、校园橱窗、校报、校园网,展示出积极进取的学习风貌;把文化建设融入环境,使教室、宿舍、走廊、过道、校园雕塑等都起到激励学习的作用,使校园里的一草一木、一楼一亭、一字一画都充满学习氛围,陶冶师生的情操,从而让师生在潜移默化中走向成才成功。同时,要高度重视和利用网络传媒,在网络中创造个性化、多元化、人性化的学习氛围和充满吸引力、感染力的虚拟网络环境。

三、探索应用型本科高校学习文化建设的有效途径

目前,一些应用型本科高校加强学习文化建设、促进科学教育与人文教育相融合,营造良好的育人环境,构筑文化素质类课程平台,开展丰富多彩的教育活动,在学习文化建设方面进行积极探索,积累了一些有益的经验,有力推进教育改革深化,促进人才培养质量的提高。

(一)应用型本科高校学习文化建设的研究价值

如今,大学被激烈的社会竞争和急功近利的价值导向包围、吞噬。正如复旦大学校长杨玉良教授所说的,“现在大学精神有点迷失,出现了一种相对来说比较广泛的精神虚脱。作为全社会来讲,包括大学,功利主义盛行”①。目前,应用型本科高校学习文化现状令人担忧,功利主义的学习文化盛行,严重影响了学生对学习内在价值的认可;被动接受型学习文化对主体生成的束缚,制约着学生主动对学习的规划和良好学习品质的形成。应用型本科高校学习文化建设研究具有重要的现实意义和实践价值。

---

① 高闰青.教育需要人文精神滋养[N].光明日报,2010-10-28(11).

1. 在实践层面，有助于解决应用型本科高校学习场域中的各种问题

众所周知，应用型本科高校的生源质量相对差一些，这种先天不足不仅仅表现在表面上入学成绩的分数偏低，而更深层次在于，这些学生长期以来形成的学习习惯、学习态度、学习精神乃至学习目标等方面的欠缺，对大学学习乃至未来发展带来的巨大障碍。目前，校园里存在着学生旷课、迟到、玩游戏、自由散漫等厌学现象，学习就是为了应付考试、拿文凭、赚大钱等学习态度不端正现象，学习缺乏创造性、抄袭严重、写作与动手能力低下等学习创新能力严重不足等现象，我国大多数应用型本科高校仍然仅仅停留在“头痛医头，脚痛医脚”上，教育管理的效果往往是事倍功半，有时甚至是收效甚微。目前，很少有高校明确提出系统地建设学习文化，努力从根本上解决这些问题。

学习文化建设，一方面，为学生提供诸如学习价值观、学习目标、学习理念等文化要素，形成内在导向的学习价值系统；另一方面，为学习主体提供学习行为导向。我国的现代高等教育虽然已有上百年的历史，但是由于社会发展经历了许多反复和曲折，如今的大学文化水平整体不高，大学文化理论还很不成熟。高校学习文化建设是大学文化的重要组成部分，理论研究与实践探索都还处于起步阶段，还没有形成太多可以学习与借鉴的经验和成果。

2. 在理论层面，拓展了应用型本科高校学习研究的视野及研究范式

应用型本科人才具有鲜明的专业针对性和较强的实践应用能力。因此，在人才培养过程中，容易出现忽视学生内在成长的功利主义倾向。学习文化研究作为学习研究与文化研究的整合，有助于拓展和丰富学习研究领域，在理论层面上，为学习研究提供一个新的学科视角的支持和论证，即学习不只是传承人类文化的生命机制，它本身就是一种文化，具有文化性。美国心理学家赫伯特·格乔伊提出：“未来的文盲将不是不能阅读的人，而是没有学会学习的人。”

学习中的一切现象、一切问题、一切生存状态和行为方式都可以运用文化学的理论加以诠释和审视。文化学的方法开辟了学习研究中微观叙事、回归生活世界的新研究方法领域，致力于哲学范式、定性研究和定量研究三大范式的有机整合。文化学的视野实现了一个方法论的飞跃，使我们可以从人的实存状态来理解学习，透视学习与人类的联系，把握学习在人类生存中的意义，并超越表象文化深及学习的观念文化，进而更深刻地认识学习的本质，同时在实践上真正确立学习的文化性格。因此，这就在理论层面上拓

展了应用型本科高校学习文化研究的视野和研究范式。

（二）应用型本科高校学习文化建设的重要原则

围绕人才培养目标和此类高校学生的特点，应用型本科高校学习文化建设必须坚持“实践导向、自主发展、育人为本”原则。

1. 重在“实践导向”

应用型本科高校学习文化建设重在“实践导向”。学习中的一切现象、一切问题、一切生存状态和行为方式都可以运用文化学理论加以诠释和审视。学习文化建设，一方面，为学生提供诸如学习价值观、学习目标、学习理念等文化要素，形成内在导向的学习价值系统；另一方面，通过各种学习活动载体形式为学习主体提供学习行为导向。应用型本科教育是为“人类未来职业生涯做准备”的教育，既关注大学生现在的发展，又关注大学生的未来发展。它所关注的焦点在于尽可能地提高受大学生适应当前与未来产业发展、技术变革的创新性实践能力。应用型本科人才对未来社会发展承担着不可推卸的责任，不仅要努力学习，而且更要掌握有关技能、培养各种能力；不只是要获取“黄金”，更重要的是要学会“点金术”；不只是要获取“鱼”，更重要的是要学习捕鱼的“渔术”。应用型本科人才培养要科学设置并统筹安排校内外实习环节，加强学校与企业的合作，建立与相关企业的稳定关系，建立校内实训中心和校外实训基地，保证学生在校学习期间能直接深入企业进行工程技术实践。

2. 贵在“自主发展”

应用型本科高校学习文化建设贵在“自主发展”。学生在学校学习知识的时间毕竟是有限的，所学到的知识在社会实践中能发挥的作用也是有限的，只有着力培养学生提高获取知识的素质和能力，才能使学生胜任未来的工作。应用型本科人才应具备可持续发展的潜力，能够学会学习，自我更新知识体系，以适应社会发展的需要。列夫·托尔斯泰曾经说过：“如果学生在学校里学习的结果，是使自己什么也不会创造，那么他的一生将永远是模仿和抄袭。”高校既要注意到大学生需求的多层次性，又要发掘大学生自我实现、自我发展的潜能。正如丹尼尔·贝尔所说：“现代人最深刻的本质，它那为现代思辨所揭示的灵魂深处的奥秘，是那种超越自身，无限发展的精神。”①在学习文化建设中，让学生实现自主发展、自由发展、自然发展、自觉

① ［美］丹尼尔·贝尔. 资本主义文化矛盾［M］. 赵一凡，等，译. 北京：生活·读书·新知三联书店，1992：96.

发展，给学生以自由，有自由才有选择；给学生以主动，有主动才有进步；给学生以兴趣，有兴趣才有进步，让大学生在学习实践中充满着快乐、幸福与成就感。

3. 根在“育人为本”

应用型本科高校要以社会需求为依据，使学生所学专业知识和能力具有系统性、适时性和灵活性，能够适应社会和行业发展当前及今后的需求。教育的全部意义都在于使“人”成为“人”，成为一个有精神的人，学习文化建设根在“育人为本”。高校学习文化建设坚持基于学生和为了学生的原则，坚持以学生的生命存在为本，坚持以学生的人格尊严为本，坚持以绝大多数学生终身学习和可持续发展为本，重视学生需要满足、才智发挥、价值实现和生命质量的提升。“基于此，要给予学生学习的自主权和决策权；给予他们充分的发展空间，尊重他们的个人生活、价值诉求；给予他们学习的自由，包括选择专业、课程、教师和学习方式的自由，尽可能地满足学生个性化学习、多样化学习的需求；在培养过程中，注重指导学生学会学习、学会发现、学会创造，只有这样，才能调动他们参与教学活动的主动性和积极性，才能完成创新能力、创新思维的培养目标。”①要充分尊重学生的主体地位，让学生抱着自我高度负责的精神，在心情愉悦的状态下，更加有效地实现学习目标。

(三) 应用型本科高校学习文化建设的有效途径

大学的文化生态环境总是处在一定的动态变化过程中，应用型本科高校要创造一种求真务实、勇于实践的文化精神和校风，形成学校师生共同遵守的价值目标。所以，学习文化建设也是主体能动性推动下的一种系统的动态过程。因此，应用型本科高校应该以日常学风建设为抓手、以学习共同体为载体、以生活世界为落脚点，开展卓有成效的学习文化建设。

1. 以日常学风建设为抓手，培育大学生自主学习、自我管理的意识

加强学风建设是应用型本科高校学习文化建设的首要课题。正如有学者指出的，“学风是一所大学的灵魂，是一种巨大的精神力量和育人资源，反映着一所大学的风气、品味、格调，体现一所大学的价值追求和文化境界，渗透在大学人学习、工作、生活的全过程，蕴含在大学的典章制度、行为规范之中”②。大学学习中学生自己支配的时间多，学习的途径多，学习的内容选

---

① 刘根厚. 高校学生管理制度功能的失落与复归[J]. 教育理论与实践，2011(8)：19.

② 郑永扣. 大学内涵我见[N]. 光明日报，2014-08-30(5).

择性大,学生思考的问题也深。大学生要适应这些变化并且必须善于安排自己的学习计划,具有驾驭学习的能力,把握学习的主动权,发挥学习的自主性。钱伟长先生指出:“自学有本事,第一个是会找资料,你需要的资料;第二是自己要会读这些资料,能很快从这些资料中提炼出最核心、最有用的东西,能整理得有条有理,跟原来的东西挂上钩;第三是要有眼光,能够逐步看到进一步发展的景象。”

对大学生来说,自己是否对自己的学习有一个较高的要求,在学习过程中自觉能动性发挥得如何,是否具有相应的自学能力,将直接影响到大学学习的质量和效果。以日常学风建设为抓手,培育大学生自主学习、自我管理的意识。大学的主要任务是培育人,俗话说:“十年树木,百年树人。”促进人的全面发展功在当代,利在千秋。学风建设的主体是学生,坚持以学生为主本。大学生在学业上已开始走向自主,教师在教学过程中主要起着指点性的“引导”作用。构建学生参与式教育管理把指令性的管理制度转变为价值观引导的管理制度,采取柔性化和个性化的文化育人手段。

要根据学生年级特点与学习任务目标进行分层教育:对于大一新生,注重“大学适应和行为养成教育”。通过统一组织早操、早读、晚自习等措施,让学生学会以时间管理为核心的自我管理,养成良好的学习习惯,锻炼学生的学习意志力;通过举行“学兄学姐告诉你”等各类学习经验交流会,让学生尽快适应大学生活;通过专题报告、视频短片等专业教育,让学生尽快了解所学专业的基本情况和发展前景,增强其专业学习的兴趣、方向感和动力。针对大二、大三学生,可以注重“素质拓展训练”,通过引导其参加青年志愿者活动、暑期社会实践活动、科技文化竞赛、社团巡演等,挖掘其潜力,进而激发其学习的热情和持续性。对于大四学生,应注重“就业与深造指导”,加强考研和就业形势教育,树立学生的危机意识和竞争意识,提高社会适应能力和自信心,增强其学习和考研的动力。在日常学风建设中,应用型本科高校在注重大学生学习知识积累的基础上,更加重视大学生德性的培养,思维能力的提升和良好学习习惯的养成,培养大学生自主学习、自我管理、自我发展的意识和能力。

2. 以学习共同体为载体,培育大学生追求创新、善于合作的精神

建构主义认为,学生的知识不是通过教师传授而得到的,而是在一定的社会文化背景下,借助教师和学习伙伴等的帮助,通过学习过程中的意义建构而获得的。应用型高校围绕专业学习与实践构建学习共同体。学习共同体是个体与个体之间交互作用所产生的学习文化的体现,是以一种实体状

态存在的组织。博耶尔给出了较为全面的定义:学习共同体是所有人因共同的使命,并朝共同的愿景一起学习的组织,共同体中的人共同分享学习的兴趣,共同寻找通向知识的旅程和理解世界运作的方式,朝着教育这一相同的目标相互作用和共同参与。①

在学习共同体里,强调所有成员(学生、教师、专家、辅导者和家长等)遵守相应的理念、价值和规则,所有成员是一种平等的关系,成员之间在实践中互相影响,行为主体间共同学习新知识,共享实践经验。对于共同学习新知识而言,可以采取课堂讲授、讨论、小组学习等多种方式共享信息,辨别相关理论和问题;对于共享实践经验而言,行为主体互相扮演辅导者的角色,互相观察彼此的经验、行为操作和技能训练,检验彼此运用理论于实践的能力,也协助对方解决困难。可见,学习共同体是实践的共同体,是学习者的共同体,是文化的共同体。在学习共同体中,学习成为一种生活的需求,一种人的基本权利,一种谋求个人与自然、与社会和谐共生的基本途径。因此,我们必须把人的主体性与群体的主体性、个体的自主性与社会性完美地结合起来,使学习者获得全面、和谐发展的全部手段,最终实现人的自由发展。

人才的根本标志不在于掌握或积累了多少知识,而是看其是否具有运用知识进行创造的能力。创造能力体现了识、才、学等智能结构中诸要素的综合运用。布鲁纳曾举例说:“你想要获得诺贝尔奖的话,如果你正巧和一位得过诺贝尔奖的人在同一实验室工作,那你的机会就会大增。很显然,这并不是说你可以被提拔,而是说你已经进入一个共同体,使你和那种人可以在其中共享一套延伸的智能,是那种微妙的共享才构成分布的智能。”②这里“共享一套延伸的智能”,正体现了学习共同体的教化作用。教化所追求的并非是特定的知识,而是一种超出自身而进入普遍性的提升。

大学生通过与学习共同体的交往,原有的学习观念、思维方式和学习行为习惯会自觉不自觉接受学习文化确定的程序和取向,大学生在“习得”中受到学习文化的引导性、激励性、给定性或强制性的影响。基于学习共同体的活动,学生参与的积极性很高,不仅仅提升了学生的学习兴趣和专业知

---

① John Retallic, Barry Cocklin. Learning Community in Education: Issues, Strategies, and Contexts. London: Routledge, 1999:6.

② [美]布鲁纳.教育的文化:文化心理学的观点[M].宋文里,译.台北:台湾远流出版社,2001:235.

识，而且在培养学生的管理能力、创新能力、动手能力、团队协作能力等方面发挥了巨大的作用。打破了传统的以"教"为中心的教育模式，学生充分利用各类资源，在相互交流、协商与合作中进行自由的学习和探索，以组织和适应的方式促进学生的自主发展。

3. 以生活世界为落脚点，培育大学生自我发展、终身学习的能力

人的生活世界是一个以经济、政治和文化为基本支架，以日常生活和非日常生活为基本类型，以满足人的生存、享受和发展需要为最终目的，从人的活动和关系中生发出来的生活空间和意义空间。它是一个动态的、活生生的人文世界，而不是一个抽象的、僵化凝固的以知性逻辑为基础的、纯粹科学的"客观世界"。"生活世界"是真实的，也是基础性的、本源的。它通过诉诸对人的精神情操的陶冶，为个体确立起合理的思想观念、思维方式和道德品质。[①] 应用型本科高校学习文化必须面向人的生活世界，立足于人的现实性，把人置于世界观所管辖的人与自我、人与人、人与社会多重的现实互动关系的背景中，把人作为一个现实的社会历史活动者，实现认识世界和改造世界的统一，改造客观世界和改造主观世界的统一。

雅斯贝尔斯认为："所谓教育，不过是人对人的主体间心智交流活动（尤其是老一代对年轻一代），包括知识内容的传授、生命内涵的领悟、意志行为的规范，并通过文化传递功能，将文化遗产交给年轻一代，使他们自由的生成，并启迪其自由天性。"[②]回归生活世界的学习文化建设，意味着培养能够在生活世界中生存的人，既会做事，又会与他人共同生活。其目标设计必须关注大学生现实生活和生存状态，重塑他们生活方式，进而为他们构建一种全新的可能的生活。

国内外著名的教育家、思想家历来高度关注生活世界与教育的关系，陆续产生了诸多经典论述，如"生活是伟大的教育者"（裴斯泰洛齐）、"教育要创造美好生活"（罗素）、"教育即生活"（杜威）、"生活即教育"（陶行知）等。胡塞尔首创"生活世界"的哲学概念。回归生活世界的学习文化建设，必须重视课内课外的结合与融通。有句耳熟能详的名言，"人与人的差别在于业余时间"。完整的大学学习必须涵盖课内学习与课外学习。课内学习是一种系统严密、按部就班、循序渐进的学习，是大学生学习的主渠道。同时，高校还要引导大学生安排好课外生活，如主动向教授请教专业问题、与思维敏

---

① 曾鹰，宋喆. 生活世界视域下的高校思想政治教育[J]. 教育评论，2010(6)：67－68.

② [德]雅斯贝尔斯. 什么是教育[M]. 邹进，译. 北京：生活·读书·新知三联书店，1991：3.

捷的同学辩论,有益于提升专业与启迪心智;听取专题讲座、学术报告,参加各种社会实践活动,有助于开阔视野,增长才干;投身知识宝库、信息源泉的图书馆,有利于博采众长、旁征博引;广播、电视、报纸等传统媒介与高速网络化的新媒体上的信息精彩纷呈,有助于便捷地获取信息和知识,跟上时代发展的步伐;整洁文雅的宿舍环境、积极进取的室友、团结向上的班集体等都是大学生日常生活世界重要的力量源泉。

借助互联网平台,高校可建立网络社区、班级 QQ 群、学校官方微博等网络公共领域,以处理日常事务、畅通交流沟通、分享思想等,进一步深入学生日常生活世界和心灵深处,弥补传统教育管理模式的缺陷。丰富多彩的课内外活动为大学生增强本领、展现自我、寻求他人认同提供了强有力的平台。在信息爆炸的时代,任何一所大学都不能教授给学生任何一个专业的全部知识,因而高等教育不是终结教育,而是终生教育的一个环节。高校学习文化建设,要坚持以生活世界为落脚点,培育大学生自我发展、终身学习的能力。

第二节　应用型本科高校立德树人的榜样激励教育

榜样激励是一种有着悠久历史并为人们经常使用的教育方法和教育模式。这种方法或模式之所以具有这样巨大的生命力,一方面,是因为正面榜样代表了我们预期的发展状态与方向,另一方面,榜样确实为个体的发展提供了目标和动力,实现了社会功能与个体功能的统一。榜样主要通过教育、目标和强化三个机制来发挥其激励功能。在一所大学里,树立什么样的人做榜样,鼓励什么样的行为方式,体现着大学的价值取向、大学精神和大学文化建设。榜样激励是应用型本科高校立德树人,实现文化育人的重要教育方法。实践证明,身边榜样是应用型本科人才立德树人的着力点,具有不可替代的作用。

一、榜样具有文化育人的价值

榜样给予我们方向和动力,以其成功激励人们取得相似的成功,或者以其失败警醒人们。榜样,是一种理想人格,或者说是主观自我。以某个人为榜样,就是运用榜样人物的立场、观点、方法来认识问题,从而指导自身的言行。

（一）榜样是奋斗的目标和参照物

在古汉语中，“榜”本是一种矫正弓弩的工具，在中国古代文献《韩非子·外储说右下》中有“榜者，所以矫不正也”。“样”一般指样式、范式。“榜”与“样”结合，意为一种矫枉正曲的范式。[①]“榜样”一词最早出自宋代张镃《俯镜亭》“唤作大圆盘，波纹从此声。何妨云影杂，榜样自天成”。在这里，榜样是“样子”、“模样”的意思。《汉语大词典》对榜样所做的解释是“榜样是指值得学习的好人或好事”。榜样有广义和狭义之分。广义上的榜样泛指一切对人类有进步价值和意义的值得人们学习的人、事、物，既可以是社会中的人及其事迹，也可以是对人类有启发、借鉴意义的自然界的事物。狭义上的榜样是指对人们具有感召、激励、引导作用的，能激发和促使人们自觉追求、学习和仿效的对象，一般是社会群体中比较优秀、先进、杰出的人物。

“榜样”在英文里是“Role Model”，也可以译为角色模型，认为凡是对个体的角色和行为有直接示范作用的个体都是角色模型，都是榜样。“Role Model”的性质没有好坏之分，该定义只是突出强调了榜样作为一种行为或者态度原型的影响作用。积极的角色原型和消极的角色原型即积极榜样和消极榜样，作为两类人物的代表对于他们的受众来说都具有示范作用，都是具有激励作用的榜样。积极的榜样给人们展示的是积极上进的发展方向和目标，消极的榜样则给人们展示了失败的经验教训。两种榜样对人们施加的影响直接或间接地促进个体向好的方面发展，也有利于社会向着理想的方向发展。榜样是奋斗的目标和参照物。

（二）榜样文化对大学生全面发展的引领作用

当代大学生是中国特色社会主义事业未来的建设者和接班人，是构建社会主义和谐社会的生力军。榜样作为特殊的角色模型，对个体的角色和行为具有示范作用。榜样教育是选择、利用良好的榜样为培育人才服务的过程和方法。“榜样文化是在长期社会生活实践中将凡人善事、平民英雄等道德楷模所蕴含的品格、美德作为价值目标来追求、弘扬而形成的一种文化样态。”[②]榜样文化对于大学生的成长发展具有重要意义。

---

① 许慎. 说文解字[M]. 南京：江苏古籍出版社，2001：3.

② 张耀灿. 榜样文化：社会主义核心价值观培育机制的构建[J]. 学校党建与思想教育，2014(7)：7.

1. 榜样文化促进大学生社会化

社会化(socialization)又叫社会化发展或个体的社会性发展，是指个体适应社会的要求，在与社会的交互作用的过程中，通过学习与内化社会文化而胜任社会所期待、承担的角色，并相应地发展自己个性的过程。榜样学习是青年大学生社会化的重要途径。阿伯特·班杜拉认为"如果人们仅仅是通过自己行为的后果来决定什么事应该做的，什么是不该做的，那将是非常吃力的事情。人类的行为应该是通过对榜样的观察而习得的：即一个人通过观察他人知道了新的行动应该怎么做，这一被编码的信息在后来起着引导行为的作用"①。这就是说，个体将在观察学习时对社会情景中某个人或团体行为进行自觉或不自觉的学习、模仿。在社会生活中人们都会自觉或不自觉地模仿自己心中的榜样。大学生应努力完善和优化自己，使自己成为"会做人、会做事、会学习、会合作、会创新"的综合型人才，以适应社会发展的需要。著名社会学家费孝通先生认为，社会化就是"指个人学习知识、技能和规范，取得社会生活的资格，发展自己的社会性的过程"②。大学生社会化的过程是一个不断地向他人学习和自我领悟学习的过程。在这一过程中，学习始终是一个重要的内容，而学习的过程常常离不开榜样。榜样事迹具体翔实，多姿多彩，生动形象，直观感人，作为其价值载体的榜样文化必然也具有活灵活现的崇高性、形象性。借助榜样的力量触动学生的心灵世界，最终使其产生情感道德共鸣，收到良好的教育效果。

2. 榜样文化有利于大学生成长成才

在今天多元化的文化价值、社会价值取向面前，大学生常常会感到迷茫、消沉、困惑，甚至不知所措。这时就需要教育者采取具有针对性的教育，对大学生进行及时和正确的引导。榜样文化作为人类文明的一种社会资源始终发挥着不可替代的积极作用。榜样是理想人性模式的规定与张扬，从榜样那里人们可以得到前进的动力，榜样的牵引加速了人们的社会化进程，提高了人们的成熟水平。马克思认为："人不仅通过思维，而且以全部感觉在对象世界中肯定自己。"③每个人都给自己规划过成功、美好的人生，榜样所展示的具体直观的美好形象无疑给对未来充满憧憬的自己以无限希望和力量，使得积极榜样具有激励力量；而消极榜样给我们展现的则是恐惧的自

① [美]阿伯特·班杜拉. 社会学习心理学[M]. 郭占基，等，译. 长春：吉林教育出版社，1988：40.

② 费孝通. 社会学概论[M]. 天津：天津人民出版社，1984：54.

③ 马克思，恩格斯. 马克思恩格斯文集：第1卷[M]. 北京：人民教育出版社，2009：190.

我形象,即消极自我、自己担心可能会失败的形象。为了回避这种结果的发生,自我能够做的就是努力进步、远离失败。大学生无论在生理上还是心理上,都尚未定型和成熟,正是在受到一定的教育之后,在不断地成长。正面榜样所具有的感染力、号召力、启迪性会使青年大学生在感情上引起强烈的共鸣,在精神上受到极大的鼓舞,在思想上受到深刻的教育,有利于培养大学生高尚的情操和优秀的道德品质。通过榜样教育,大学生可以从榜样文化中得到源源不断的动力,从而引导个体健康地成长和积极地生活。

二、榜样激励的实现机制与有效性规律

任何榜样都有潜在的激励功能,但榜样激励功能实现的程度大不相同。应用型本科高校要充分发挥榜样在立德树人中的积极作用,就必须准确把握榜样激励机制及其规律。

(一)激励是催人奋进的原动力

在中国古代文献《史记·范雎蔡译列传》中记有"欲以激励应候",意思是激发促使其振作。一般指一个有机体在追求某些既定目标时的意愿程度。它含有激发动机、鼓励行为、形成动力的意义。"广义的激励,指调动、激发人的积极性、主动性和创造性,以社会的需要和个人的愿望、需要的有机结合为特征,是一种普遍的、共性的、积极向上的行为导向。换言之,凡属能激发、调动人的积极性、主动性和创造性的行为都属于激励的范畴。狭义的激励,指那种能使人们将外来影响转化为自觉行为的刺激……激励就是通过外界对人的刺激和影响来调动激发人的积极性、主动性和创造性。"①

"激励"一词在英文里是"motivation",有三种含义:一是指被激励(motivated)的过程;二是指一种驱动力、诱因或外部的奖励(incentive);三是指受激励的状态(stimulated)英文"motivation"含有激发动机、鼓励行为、形成动力的意思。② 著名美国管理学家哈洛德·孔茨称激励是"是适用于各种动力、欲求、需要、希望以及其他类似力量的通用术语"③,这是对激励最普遍的解释。美国心理学家阿特金森和瓦格纳一致认为激励是对行为的触发、方向、强度和行为持久性的直接影响。美国实验社会心理学家琼斯也说激

---

① 王中力.激励论[M].太原:山西人民出版社,1992:115.

② 李祖超.教育激励论[M].北京:中国社会科学出版社,2008:8.

③ [美]哈罗德·孔茨,西里尔·奥唐奈.管理学[M].中国人民大学工业经济系,外国工业管理教研室,译.贵阳:贵州人民出版社,1982:650.

励涉及“行为怎样发端，怎样被赋予活力，怎样延续，怎样导向，怎样终止，以及在所有这一切进行的过程中，该有机体是呈现出何种主观反应的”。把这些定义综合起来看，激励就是激发人的动机、调动人的积极性，进而实现个人或组织的目标。

现代管理学中的激励理论以人们的心理过程为研究对象，从不同角度对激励问题进行了比较具体的研究，提出了一系列相关理论，如需要层次论、期望理论、成就动机理论、目标设置理论、同步激励理论、C型激励理论、全面激励理论，这些理论有较强的应用性，对高校进行榜样激励具有借鉴意义和参考价值。

（二）榜样激励的实现机制

“见贤思齐焉，见不贤而内自省”是我国古代对榜样激励最经典的表述。心理学家认为，人的行为往往被其内在的动机和需要所推动，而这些需要就是人们控制自己的生活效力能达到什么程度。研究结果表明，人类的大部分行为是通过观察、学习、借鉴、模仿他人的行为反应来完成的，榜样则是模仿行为发生的关键。榜样主要通过教育、目标和强化三个机制来发挥其激励功能。

1. 榜样激励的教育机制

寻找榜样与自我的共性契合点、加强学习净化心灵，是榜样激励的教育机制的指向所在。班杜拉认为，榜样具有替代型强化的作用，即对榜样的奖励能使学习者表现出榜样的行为，对榜样的惩罚则使学习者避免榜样行为。榜样的这种替代性强化作用实质上就是榜样的示范激励作用。榜样作为知、情、意统一的理想人格，也作为社会规范的人化，从多方面影响个体对社会规范的接受，促使把外在的规范转化为内在的德性。在榜样教育中，教师首先应严于律己，率先垂范。榜样力量是巨大的，身教重于言教，“喊破嗓子不如干出样子”。正如加里宁所言：“教师的世界观，他的品行，他的生活，他对每一现象的态度都这样或那样地影响着学生，但还不仅如此，可以大胆地说，如果教师很有威信，那么这个教师影响就在某些人身上永远留下痕迹。”[①]这种因榜样的威望而焕发出来的力量，起到一种心理上的激励作用，能够不断强化学习者对外在形象的高层次追求，从而实现净化心灵、塑造人格的教育机制。

2. 榜样激励的目标机制

选择和塑造榜样就是为了给行为提供参照，一旦榜样学习者将榜样确

① [苏]加里宁. 论共产主义教育[M]. 北京：人民出版社，1957：117.

定为学习样板，也就明确了未来的行为目标，进而努力使自己的行为与榜样的行为保持一致。“榜样使人学有方向、赶有目标，它起着激发动机、鼓励行为、形成动力等激励作用。榜样的行为会影响观察者对该行为的模仿，而不管这些行为带来成功还是失败，替代性结果会激励观察者也表现出同样的行为，因而具有激励功能。”①当人们确定了目标之后，会为了实现自己的目标主动采取行动，这就构成了榜样激励的目标机制。榜样激励的前提是榜样行为需要具有超越性和突破性，学习者的行为与榜样行为之间存在合理的差距，但一旦榜样行为与自身差距太大，“高大全”榜样变得高不可攀，大多数人便会敬而远之，使榜样失去了可学性，这也是身边榜样更加富有激励力的秘籍所在。榜样作为目标也有现实社会基础，俗话说“人往高处走，水往低处流”，这与“见贤思齐”的行为导向是一致的，当人们看到榜样受到社会的认可、赞誉、奖赏时，人的尊严会驱使人们效仿和超越。

3. 榜样激励的强化机制

美国心理学家斯金纳认为人的行为是由外界环境决定的，外界的强化因素可以塑造行为，而榜样行为就可视为一种强化因素。当社会或学校树立榜样要求大家学习时，往往具有一定的统一性与权威性，很容易得到学习者的认同与响应。正如柏拉图所言：“教育年轻一代（还有你们自己）的最好办法不是斥责他们，而是你终身公开地去做你劝别人去做的事情。”②如果学习者学会了社会所要求的行为模式，并因为表现这种榜样行为而受到社会的认可和奖励的强化，学习者就会不断进行自我激励与自我强化，这种模仿榜样的行为就会得到加强；如果学习者表现这种榜样行为并未受到社会认可，甚至遭到批评、谴责与否定，这种行为便不太可能继续发生，消极榜样往往不会产生多大的激励效应。班杜拉认为，榜样行为是否受到强化，受到什么样的强化，不影响模仿者的学习，而对学习者是否将已经学会的行为表现出来起着重要的作用。由此可见，“榜样的真正威力、魅力在于人们效仿榜样之后的‘收益’”③。这会使得学习者在观察和学习的过程中，逐渐学会“择善而从”，“有则改之，无则加勉”，更好地抑制反乎德性的恶的行为，发扬合乎德性的善的行为，在此过程中，不断滋养个体的德性发展。

---

① ［美］戴尔·H申克.学习理论：教育的视角［M］.韦小满，等，译.南京：江苏教育出版社，2003：94.

② 宋希仁.西方伦理思想史［M］.北京：中国人民大学出版社，2004：9.

③ 张茹粉.榜样教育的理性诉求［J］.河南师范大学学报（哲学社会科学版），2008（3）：218.

(三)榜样激励的有效性规律

在高校校园中树立积极榜样典型,对于引导大学生在完善自我、健全人格、开拓进取等各方面都有着极其重要的激励作用。广大的青年大学生怎样向学校确立的积极榜样学习,怎样学得好、学得有效,怎样让积极榜样对自己发挥出最大的激励力量,这是应该深入思考的问题。榜样激励是有规律可循的,从榜样激励的发生机制中可以找出这些规律。

1. 价值认同规律

价值认同是榜样激励教育的核心。大学生通过对榜样人物及其行为所内含的精神内容的了解和认识,确认榜样及其行为中所内含的精神内容的正确性、价值取向的崇高性,从而产生价值认同。哈贝马斯认为:"认同归于相互理解、共享知识、彼此信任、两相符合的主观的相互依存。认同以对可领会性、真实性、真诚性、正确性这些相应的有效性要求的认可为基础。"①人们选择、学习什么样的榜样一般根据自己的需要和现实情境决定,榜样激励的有效性很大程度上取决于榜样与学习者合理匹配的程度。榜样应当在日常生活中自然地产生,人为的痕迹越少越好,越是真实越感人,越是朴实越亲切,越是接近原型才越有吸引力和感染力。

2. 情感共鸣规律

情绪和情感具有重要的动机功能。"人的各种需要是行为动机产生的基础和主要来源,而情绪和情感是需要是否得到满足的主观体验,它们能激励人的行为,改变行为效率。"②人们只有在对事物具备强烈的感情的时候,才能对其产生强烈的追求。只有当个体的道德认知与其相应的情感体验发生共鸣时,才能激发道德动机,产生道德行为。列宁曾经指出:"没有'人的情感',就从来没有也不可能有人对于真理的追求。"③在榜样教育过程中,高校要以榜样的人性化、个性化、时代化、生活化、真实化和榜样宣传的客观性、辩证性激发大学生在情感上受感染、震撼,引发其情感共鸣和心理认同,愿意以榜样及其行为内含的精神内容作为自己行为的价值取向。

3. 行为选择规律

榜样的选择,能够体现一个人的理想信念、道德观念和价值取向,榜样教育又能影响大学生的价值取向和理想追求。榜样给予目标、方向,以其成

---

① [德]哈贝马斯. 交往与社会进化[M]. 张树博,译. 重庆:重庆出版社,1989.

② 叶奕乾,何存道,梁宁建. 普通心理学[M]. 上海:华东师范大学出版社,1997:340.

③ 列宁. 列宁全集:第25卷[M]. 北京:人民出版社,1988:117.

功激励人们取得相似的成功,或者以其失败警醒人们不要让悲剧重演。高校通过树立积极的榜样典型给广大的青年大学生树立一个准确无误的参照样板,大学生根据内在动机和需要选择与自己的关注目标相吻合的榜样,使自己的行为与积极榜样的行为保持一致、与消极榜样的行为保持背离,从而达到在榜样的激励下,自身潜能得以挖掘,自身价值得以张扬和实现。可见,学习者在行动上选择什么样的榜样,将直接影响榜样学习的效果。

4. 环境影响规律

人是环境的产物,处在社会环境中的人不可能不受环境因素的影响。环境的变化会直接影响大学生对榜样及其行为、精神的认知度、理解度、认同度、情感共鸣度和践行度。环境造就了人,反之,人也能改造环境。人的行为往往受内在动机和需要的影响以及外在环境的制约。我们这里谈及的教育环境,既包括社会大环境,也包括大学学习生活的小环境;既包括物质形态的硬环境,更包括精神层面的软环境。改革开放和社会主义市场经济的发展不仅推动了社会的进步,而且也引起了大学生思想观念的深刻变化。大学文化生态环境对于学生陶冶情操、砥砺德行、磨炼意志、塑造自我具有重要作用。应用型本科高校一定要引导学生以积极的态度和辩证的思维面对现实环境,同时,为他们创造"德学双修,与榜样同行;知行合一,从点滴做起"的大学文化氛围。

三、身边榜样是应用型本科高校立德树人的着力点

当前,应用型本科高校立德树人的中心任务是培育大学生社会主义核心价值观。习近平总书记在中央政治局第十三次集体学习时强调,把培育和弘扬社会主义核心价值观作为凝魂聚气、强基固本的基础工程。大学生是中国特色社会主义事业的建设者和接班人,是实现中华民族伟大复兴中国梦的实践者,是社会主义核心价值观培育的重要群体。正如习近平强调的,"青年的价值取向决定了未来整个社会的价值取向,而青年又处在价值观形成和确立的时期,抓好这一时期的价值观养成十分重要"①。社会主义核心价值观是榜样文化的实质和内核,榜样文化则是社会主义核心价值观的一个优良载体。榜样文化的价值更多的是在长期的熏陶中实现,并逐渐地、长期地发生作用。实践证明,身边榜样是应用型本科高校培育大学生社会主义核心价值观的着力点,具有不可替代的作用。

---

① 习近平. 青年要自觉践行社会主义核心价值观[N]. 人民日报,2014-05-04(2).

（一）当前应用型本科高校立德树人面临的挑战

当代大学生价值观的主流是积极健康向上的。教育部2009年高校学生思想政治状况滚动调查显示，当代大学生“具有浓厚的爱国情怀，在国家大事、难事、急事面前，能够自觉担当、奋勇向前，表现出强烈的爱国热情、高度的社会责任感、崇高的奉献精神，是值得信赖、堪当重任、大有希望的一代。”①也正如习近平于今年的“五四”讲话中指出的，当代大学生是可爱、可信、可贵、可为的。总书记从勤学、修德、明辨、笃行四个方面对当代大学生给予赞誉与鞭策。新时期，当代大学生社会主义核心价值观培育既有较好的基础，同时也面临诸多挑战。

1. 市场经济条件下的价值冲突

在经济和社会的双重转型时期，整个社会呈现多元化、碎片化的特征，基于各自不同的主观感受的价值观也越来越多元化，不同价值观之间的冲突在所难免。市场经济首先是物质活动，同时也是谋求利益最大化的文化活动，内部包含诸多矛盾或价值冲突。当代中国社会主义市场经济20多年的发展，在提高物质水平的同时，也不可避免地带来了些许负面影响，拜金主义、享乐主义、极端个人主义等腐朽思想乘机涌入，不断侵蚀着我国社会的共同利益基础以及社会主义核心价值观的形成。当代一些大学生对非主流思想表现出盲目的跟风和崇拜，误入了个人主义、享乐主义和拜金主义的泥潭。当代大学生没有经历过那些艰苦卓绝的革命岁月，优越的物质生活条件和父母的百般溺爱使得他们中的大多数人从没有品尝过贫苦的滋味，对“勤俭节约”几乎没有概念，刷微博、炫富裕、晒幸福等成为他们生活的一部分，贪图享受，缺乏务实的实践锻炼，他们往往没有意识到自己肩负“建设者”和“接班人”的重任，从而缺乏践行社会主义核心价值观的自觉性。关于收入分配不公、贫富差距持续扩大、官员腐败时有发生等的“富二代”“垄二代”“官二代”社会舆论不绝于耳，这一切也一定程度地影响了当代大学生的价值观构建。有少数大学生认为，社会主义共同理想与自己的人生目标毫无关系，甚至对社会主义核心价值观产生了逆反情绪和质疑。

2. 网络时代西方价值观的冲击

21世纪是网络时代，信息化浪潮正席卷全球，拥有6亿多网民的中国互联网社会正加速形成。互联网颠覆了传统社会，网络是个开放性、交互性、

---

① 2009年高校学生思想政治状况滚动调查表明大学生主流思想出现转折性变化．[EB/OL]．[2009-07-06]．http://www.moe.edu.cn/e-doas/website18/35/info1246864265526635.htm.

便捷性很强的虚拟社会,瞬间让世界变得触手可及,真正实现了"天涯若比邻"。互联网全方位渗透于人们的生活,学校、家庭以及日常的社会生活都已经离不开对网络的需求和依赖。当前,中国正面临着西方文化霸权的严峻挑战,西方价值观对中国主流价值观形成了严重冲击。西方借助互联网平台,加强了价值观在经济、道德、消费、文化和政治等方面"软力量"的渗透,当代大学生是深受其影响的重要群体。全球化的网络时代,世界也因此从一个球体变得更像一个平面。"即使你的国家已经有了对付平坦世界的通盘战略,它还是会在新的方面形成挑战。"①互联网上90%的信息出自西方国家,西方一些舆论强势国家正通过互联网来传播文化信息和控制舆论导向,他们往往打着"自由、平等、民主、人权"的旗号,以价值标杆自居对中国特色社会主义价值观指手画脚、横加指责。西方价值观的超强影响与其无孔不入的渗透密不可分,他们的影视作品、主流媒体等无一例外地在宣扬着他们的价值取向和价值标准。全球化、市场化、网络化环境下,少数涉世不深的年轻大学生极易受西方价值观的误导与蛊惑,从而直接影响其社会主义核心价值观的认同、接受和践行。

3. 传统价值观教育模式的缺陷

高校传统价值观教育模式把师生的关系视为"主—客"二元关系,把价值观教育过程理解为主体改造客体的对象化实践活动,把教育者奉为主体,视其为真理的化身,是社会的代言人,具有先在的话语权,而受教育者则直接沦落为被动、顺从、受支配的客体,师生关系俨然是统治者与被统治者的关系,毫无平等可言。传统价值观教育的"主—客"模式不仅吞噬了大学生的主体性,还把价值观教育推置于生活断裂的困境中。从根本上来看,这一模式把价值观教育完全等同于自然科学教育,仅仅注重知识传授,把大学生价值观知识的获得作为学习的终极目标。这样的价值观教育向人提供的只是一个科学世界,而完全忘却了活生生的生活世界。同时,在高校传统价值观教育模式中,教育者往往注重对大学生价值观中的不足或不正确的方面加以矫治和引导。因此,教育者的工作,习惯于从传统经验视阈的问题入手,把大学生作为要改造的对象,往往把个别学生的极少数问题放大而置于教育的中心地位,忽视全体学生的发展。这样,在一定程度上,高校价值观教育注重对大学生"问题"的外在"矫治",而促进大学生内在发展的核心功

① [美]托马斯·弗里德曼.世界是平的:一部二十一世纪简史[M].何中凡,等,译.长沙:湖南科学技术出版社,2006:629.

能则被边缘化，无视大学生是“发展中的面向未来的人”。

（二）身边榜样在应用型本科高校立德树人中的独特功能

在古往今来的教育史上，榜样教育历来是十分有效的教育方法。榜样教育是以优秀的品质内化受教育者的品质，以求使受教育者达到与榜样一样高尚的精神境界。我们应该挖掘日常生活中的榜样人物，让学习者感到榜样就在我们身边，自己完全有能力和条件进行学习，并且经过学习自己也有可能成为榜样。高校通过选树体现社会主义核心价值观的师生榜样，充分利用身边榜样特有的真实性、平民性、直观性与亲和力，为广大学生形象地阐释社会主义核心价值观的基本内涵与精神实质，为社会主义核心价值观培育以及以此为核心的主流文化传播奠定了良好基础。

1. 化解价值冲突的教育引导功能

随着社会主义市场经济的长期发展和改革开放的不断深入，我国的社会结构、利益格局、就业方式、生活方式发生深刻变化，面临前所未有的社会矛盾和价值冲突，大学生思想的独立性、选择性、差异性和活跃性日趋增强。同时，受西方文化思潮和价值观念的冲击，有的大学生在思想意识上不免出现了一些倾斜和摇摆。高校要注重引导大学生正确认识各种社会思潮，既能够尊重差异、包容多样，又能够自觉抵制各种错误思潮的影响。在这种情形下，对榜样的培育、宣传与推广，在很大程度上能够纠正社会发展中的诸多负面影响，抵制腐朽思想的侵蚀，坚守“高大上”的立场，明辨是非曲直，为大学生价值观的培育构建健康、积极的外部环境。

身边榜样通常以鲜活、真实的形象和行为，将抽象的核心价值观活生生地表现出来，生动具体而鼓舞人心。对大学生而言，身边榜样鲜活而真实的状态往往就是“未来的自我”。看到身边榜样，大学生就似乎能够看到未来自我的真实模样，从而激励自己不断朝着榜样的方向努力。榜样教育正是利用榜样这种具体化、形象化的特征所进行的教育实践活动，其实质是运用真实人物、真实事件或行为向大众示范社会主义核心价值观，进而指导大学生的思想和行为，告诉他们什么是主流价值所倡导的，应该怎么去做，发挥化解价值冲突的教育引导功能。作为同龄人的身边榜样，往往在年龄、需要、兴趣、价值观等方面与大学生都很接近，那么大学生就自然容易产生模仿的倾向。身边榜样的价值不仅在于能够完美展现社会所倡导的主流价值观，更在于能够促使身边人产生心理上的认同、情感上的接受、行动上的选择。

2. 确立价值取向的目标激励功能

大学生核心价值观培育的重要任务之一,就是帮助青年学生确立符合中国特色社会主义事业发展要求的价值目标。社会主义核心价值观是对中国共产党人理想和信念的高度凝练,体现中国共产党人对共产主义理想的价值追求。党的十八大报告把其高度凝练为“富强、民主、文明、和谐;自由、平等、公正、法治;爱国、敬业、诚信、友善”①。实际上回答了我们要建设什么样的国家、建设什么样的社会、培育什么样的公民这三个重大问题。这三个层次的问题,相互联系、相互贯通,把国家、集体、个人三者的价值目标融为一体,体现了社会主义本质要求,继承了中华优秀传统文化,也吸收了世界文明有益成果。

身边榜样教育目的是让学习者通过模仿榜样的行为,内化榜样所代表的价值观和社会道德标准,形成自己的价值体系。高校应当发掘当代大学生群体中引领社会新风尚、弘扬核心价值观主旋律的先进典型,他们将个人的理想融入中国特色社会主义伟大建设中,将社会主义核心价值观作为自己的价值追求,将国家和社会的发展作为自己不懈奋斗的价值目标。在大学生核心价值观培育中,充分发挥班集体和党团组织的激励作用,发挥那些优秀党员、优秀共青团员、优秀学生干部的榜样激励作用。同时,注意发挥班集体成员间相互激励、相互支持、共同进步的作用,“优秀的班集体是最好的老师”,能够产生积极向上的同化效应。广大学生往往能从身边那些可亲可敬的同学以及老师的感人事迹和高尚品格中受到启迪,见贤思齐,从而树立更加科学而明确的价值目标。

3. 关注价值诉求的行为强化功能

一种思想或精神若要得到广泛认同并有效实现行为导向功能,关键是看这种思想或精神是否关注人们的价值诉求,是否反映人们内在的愿望与价值。核心价值观是一个社会处于主导地位、最重要、最根本、最能集中反映最大多数人的价值取向和价值共识的价值观。核心价值观,承载着一个民族、一个国家的价值追求,体现着一个社会评判是非曲直的价值标准。从根本意义上讲,世界上没有超越一切利益的价值观。马克思说:“‘思想’一旦离开‘利益’,就一定会使自己出丑。”②利益是思想认同的基础,利益关系

---

① 《中国共产党第十八次全国代表大会文件汇编》编写组. 中国共产党第十八次全国代表大会文件汇编[G]. 北京:人民出版社,2012:29.

② 马克思,恩格斯. 马克思恩格斯文集:第1卷[M]. 北京:人民出版社,2009:286.

对价值认同具有巨大推动作用。精神成长是大学生成长成才的核心要素。只有当榜样契合了教育对象的心理需要或价值诉求时,才能有效引发教育对象的关注和学习意愿。

正如国学大师梁漱溟先生所言,“道德感动人,即心之优胜由此以感发乎彼。彼此相感召而提高焉。”①高校要结合大学生的意志特点及其发展规律,实现身边榜样关注价值诉求的行为强化功能,强化其对社会主义核心价值体系的意识接纳和实践体验,激发他们内在的意志力。身边榜样鲜活生动、真实丰满,具有极大的感召力,关注个体内在成长进步的价值诉求,摆脱了以往树立榜样求“高大全”的误区,回归到了具体的、平凡的个体,使大学生感到这样的典型可信、可敬、可亲、可学,使大学生在亲切和生动的感受中把握社会主义核心价值观的精神实质,将“小我”融入“大我”,不断实现其理论成熟、政治坚定和价值自信,促进大学生的全面发展。

(三) 应用型本科高校运用身边榜样实现立德树人的有效途径

今年“五四”青年节,习近平发表重要讲话,强调“核心价值观承载着一个民族、一个国家的精神追求,是最持久、最深层的力量。广大青年要从现在做起,从自己做起,勤学、修德、明辨、笃实,使社会主义核心价值观成为自己的基本遵循,并身体力行大力将其推广到全社会去,努力在实现中国梦的伟大实践中创造自己的精彩人生”②。因此,高校要贯彻落实习近平总书记关于立德树人的重要论述,坚持把培育和践行社会主义核心价值观作为教育第一位的要求。应用型本科高校要坚持立德树人,把社会主义核心价值观培育作为教育的一条红线,融入高校教书育人、管理育人和服务育人的全过程。基于身边榜样,高校可努力探索贯穿于主题教育活动、社会实践活动、日常生活世界等诸多教育环节的有效途径。

1. 开展主题教育活动,扩大身边榜样的核心价值观影响力

新时期,高校究竟能在多大程度上有效实现榜样教育的价值,不仅取决于社会环境与榜样的社会形象,还取决于榜样的发掘培育与宣传推广程度。开展榜样教育的重要前提就是广泛宣传、推广榜样,使先进事迹和榜样精神深入人心,发挥其最大的育人效益。归根到底,榜样教育就是要引导大学生把身边榜样高尚的思想、精神和行为内化为个体的自觉追求。因此,基于身边榜样,深入开展各种主题教育活动,达到“点亮一盏灯照亮一大片,抓好一

① [美]艾恺采访,梁漱溟口述.这个世界会好吗[M].北京:东方出版社,2006:141.

② 习近平.青年要自觉践行社会主义核心价值观[N].人民日报,2014-05-04(2).

个点牵动一个面，树立一个人带动一群人"的效果，扩大身边榜样的核心价值观影响力。培育当代大学生核心价值观，要有目的、有计划、有组织地进行身边榜样教育。

因此，在核心价值观培育中，高校要有意识挖掘、选树、培育各种类型的榜样，定期组织评选尚德之星、学习之星、服务之星、创新之星，开展"大学生年度人物"等活动，组建优秀大学生先进事迹报告团在全校范围内进行巡回演讲，开展弘扬本校师生优秀道德品质的"身边人讲身边事"道德讲堂活动，"群星灿烂、百花争艳"。高校还可以邀请"校友之星"回母校与学子们进行面对面的交流，还要通过展板制作、学习资料编印、橱窗展示、网络平台等方式宣传优秀校友的先进事迹，营造学习先进的浓厚氛围和舆论环境。高校应建立合理完善的榜样激励机制，对践行社会主义核心价值观的学生典型给予各种形式的奖励，给予精神上与物质上的双重肯定。高校每学年要隆重举行学生表彰大会，表彰国家奖学金、国家励志奖学金获得者，表彰各级三好学生、优秀学生干部和先进班集体等各类优秀个人和优秀集体。表彰大会是身边榜样发挥教育引导和鼓舞激励作用的良好契机，遴选优秀学生代表在大会作交流发言，畅谈他们的获奖感言，分享他们成长的喜悦、经验、体会，让他们发挥价值引领作用，全面提升大学生社会主义核心价值观的认同度。

2. 投身社会实践活动，发掘身边榜样的核心价值观辐射力

社会主义核心价值观的生命力植根于实践，贵在每一位社会成员自觉践行，要推动人人参与、人人实践。道不可坐论，德不能空谈，关键要在实践上下功夫。高校开展身边榜样教育不仅是道德教化，更主要的还是一种实践教育，是要求认知与行为相结合的知行统一的养成教育。这就要求在组织开展榜样教育活动时，避免把对榜样的学习简单等同于对榜样行为的外在模仿，而要引导大学生认识并学习榜样身上所代表的时代精神，把教育的重点放在实践锻炼、行为养成方面。在经过行为强化、反复实践的基础上，引导广大学生把对榜样言行的学习模仿逐渐内化成自己的行为习惯，发掘身边榜样的核心价值观辐射力。

高校可开展"身边榜样，前行力量"杰出校友寻访活动，组织大学生走访在各行各业中为国家发展和经济社会建设做出贡献的"校友之星"，他们是社会主义核心价值观的生动写照。"梦在心中，路在脚下"，高校鼓励大学生针对社会热点和难点问题展开调研，积极撰写社会调研报告、心得体会等，通过可感、可触的"校友之星"的成就与贡献，让他们深切感受到中国特色社

会主义事业的发展与成就,加深对国家和社会的了解,坚定中国特色社会主义的理想信念,学会担当社会责任。实践证明,青年的成长,个人的奋斗,只有与国家和民族的真正需要统一起来,才能谱写永恒而不朽的青春诗篇。身边榜样有血有肉,于平凡中见伟大。身边榜样在实践活动中所表现出的深刻精神能够引发大学生的崇敬心理和内心的情感共鸣,从而使其产生向往和追求,进而激发他们内在发展的道德需要,提高他们的社会责任感和历史使命感,达到学思结合、知行合一的要求。高校要鼓励大学生将学到的优秀精神品质运用于实践,大力弘扬"奉献、友爱、互助、进步"的志愿精神,根据实际情况有的放矢地投身社会实践活动,并在实践中不断提升和完善自身的思想境界、道德水平,立志报效祖国、服务人民,为中国梦的实现贡献青春力量,"勇做走在时代前面的奋进者、开拓者、奉献者"。

3. 融入日常生活世界,增强身边榜样的核心价值观渗透力

高校要充分尊重大学生的主体性,理性对待大学生的价值选择和价值取向,在平等民主的交往对话中,提升大学生社会主义核心价值观培育的实效性。"一种价值观要真正发挥作用,必须融入社会生活,让人们在实践中感知它、领悟它。要注意把我们所提倡的与人们日常生活紧密联系起来,在落细、落小、落实上下功夫。"①高校要按照社会主义核心价值观的基本内涵和核心精神,完善大学生行为准则,修订大学生管理手册,使社会主义核心价值观成为大学生日常生活的基本守则。高校要将社会主义核心价值观培育融入日常生活世界中,特别是宿舍生活和班集体生活中,营造积极向上、理性平和的生活氛围,形成健康和谐、互助友爱的人际氛围。

高校通过创建"示范寝室"、寻找"身边的好舍友"、评选"好舍长"等活动,让大学生通过用心观察,用文字、微电影等记录生活中的美好点滴,将价值观教育的宏大叙事与个体日常具体生活实际相结合。身边榜样,那一个个鲜活的人物,一件件生动的事迹,让大学生亲近、信赖、接受、模仿,逐渐使社会主义核心价值观成为他们自觉的选择。高校教育者应及时澄清日常生活中发现的与社会主义核心价值观相悖的低俗、腐朽、落后的价值观念,从而使大学生在摒弃腐朽落后价值观的过程中,坚定政治信念,提升理论思维和认知水平。在网络时代的今天,高校要充分利用 QQ、微博、微信等新媒体平台,建构弘扬主流意识形态的专题校园网站,通过文字、图片、微电影等大

① 新华社. 把培育和弘扬社会主义核心价值观作为凝魂聚气强基固本的基础工程[N]. 人民日报,2014-02-26(1).

学生喜闻乐见的方式宣传身边榜样，也可以让榜样与同学、师生充分交流，产生共鸣，传递正能量。融入生活世界的身边榜样教育，形成了“有利于培育和弘扬社会主义核心价值观的生活情景和社会氛围，使核心价值观的影响像空气一样无所不在、无时不有”①。

第三节 应用型本科高校立德树人的素质评价导向

随着社会对用人标准的提高，大学生综合素质评价体系在给用人单位选拔人才、引导学生提高自身素质、培养创新人才等方面发挥着越来越重要的作用。在高等教育大众化的今天，大学教学评价不能再过分强调精英教育的甄别与选拔功能。应用型人才素质评价，不仅仅侧重于科学文化水平的高低，而要更多地强调学生素质的整体发展，包括思想政治素养、社会适应能力、专业水平和实践能力等的综合。“从21世纪国际大学教育评价改革的趋势看，评价功能有力本质的变革。评价不仅仅是甄别和选拔学生，而是促进学生潜能、个性、创造性的发挥，使每一个学生具有自信心和持续发展的能力。”②应用型本科高校要改革传统学生素质评价体系，基于学校、社会和用人单位等多元主体，重构与应用型人才培养目标相契合的多层次、多元化发展性评价的激励导向机制，建立起一个能够相对科学地反映学生各方面素质的指标体系，引导学生成长成才。

一、重构大学生素质评价体系的必要性和重要性

（一）传统大学生素质综合测评的弊端和问题

大学生素质综合测评是许多高校对在校大学生德、智、体、美、劳等诸方面素质的全面考察和评价的办法，在多年来的大学生培养过程中，素质综合测评发挥了重要的作用。目前，高校比较常见的用于评定学生奖学金的素质综合测评，往往只是根据学生课程成绩的好坏来评定并确定等级，这样做的一个弊端就是把成绩的好坏作为衡量学生综合素质的唯一指标，而高校的其他评优又都以此为主要依据，结果造成这样一个事实：大学里只要成绩

---

① 新华社. 把培育和弘扬社会主义核心价值观作为凝魂聚气强基固本的基础工程[N]. 人民日报，2014-02-26(1).

② 刘尧. 中国高等教育热点问题评论[M]. 镇江：江苏大学出版社，2009：156.

好就行，“一白遮百丑”。从20世纪90年代以来，大学生素质综合测评及其奖学金评定制度日益暴露出其弊端和问题：以定量代替定性的不科学、不合理；测评方法过于烦琐，人为主观性较大，平时表现缺少可信服的记载；忽视过程评价，偏重结果评价；追求均衡发展、同质化发展，不利于个性化发展；素质评价指标与社会对大学毕业生的素质要求指标偏差较大，难以对接。

2005年11月10日，《中国青年报》刊登题为“部分大学生争夺奖学会不择手段”的文章，多年来，这一现象屡见不鲜，也早已引起高校的普遍关注和高度重视。传统的大学生素质综合测评机制是计划经济时代大学生包分配制度的产物。随着我国高等教育大众化和大学生就业政策的变化，随着创新型、应用型人才培养理念的确立，我们应该重新认识和审视这一机制。所以，现在我们要反思过去那种对各有所长的学生作千人一面、主观量化式评价的机制，重新构建符合时代特征和社会发展要求的大学生素质评价指标和奖学金评定制度。

（二）应用型本科高校素质评价的价值旨归

人才培养是大学教育的根本任务和神圣使命。什么是人才，什么是高素质的专门人才，这是应用型本科高校和教育工作者以及社会各界反复思考、不断求证的。对于人才培养，毛泽东同志提出了“德、智、体全面发展”的口号，邓小平同志提出要造就和培养“有理想、有道德、有文化、有纪律”新人，中共中央国务院颁布的《关于深化教育改革全面推进素质教育的决定》提出：实施素质教育，就是全面贯彻党的教育方针，以提高国民素质为根本宗旨，以培养学生的创新精神和实践能力为重点，造就“有理想、有道德、有文化、有纪律”的德、智、体、美等全面发展的社会主义事业建设者和接班人。因此，人才培养就是要培养学生的全面素质，这不仅要体现在学校的人才培养目标和人才培养模式中，更具体体现在学校对学生的素质评价中。大学生综合素质评价是根据一定的教育价值观和教育目标，通过收集大学生思想道德、学业水平、能力素养以及身心状况等领域中的表征信息，采用科学方法，对大学生综合素质做出价值判断的过程。[①] 随着我国改革开放和高等教育大众化发展，在应用型人才培养过程中，高校应以人为本、以市场为导向，因材施教，在培养大学生良好综合素质的前提下，注重挖掘和培养学生个性化特长及创新精神。

---

① 潘玉驹，何毅．论发展性大学生综合素质评价体系的构建［J］．高等工程教育研究，2009（5）：113．

二、重构大学生素质评价指标的内涵及标准

应用型本科高校要面向社会,面向市场经济,改变大学生所学专业知识面过窄、内容过时、掌握的基础理论知识与社会实践的结合不够紧密、实际动手能力欠缺的现实,解决基本道德素质和职业道德观念以及人际关系等方面存在的问题,使培养的大学生各方面素质都能满足社会需要。大学生的综合素质,对个体而言,关系到他的学习和就业的核心竞争力,对整体而言,代表了国家未来一代建设者的质量和水平。总体看来,大学生素质主要包括思想政治素质、科学文化素质(专业素质)、身心素质、能力素质四方面。

(一)良好的思想政治素质是基础

大学生的思想政治素质是在继承和弘扬中华民族传统美德,具有爱国主义、集体主义、民族观念的主体精神,树立具有辩证思维的世界观、人生观、价值观的基础上,人格主体内化成的一种自觉行为。第一,坚定的政治立场和政治态度。当代大学生要具有爱国主义、集体主义和社会主义意识,具有坚定的社会主义立场,忠诚于祖国和人民,能够正确处理个人利益、集体利益和国家利益之间的矛盾。第二,正确的思想意识。当代大学生要有正确的世界观、人生观、价值观,要能够掌握马克思主义认识世界和改造世界的方法论,要具备拼搏进取、公平竞争、珍惜时间等的意识。第三,良好的道德品质和道德修养。当代大学生要自觉形成良好的职业道德、家庭美德、社会公德,要遵纪守法,自觉学习、遵守中华民族传统美德。在人际关系、处世立身、文明举止等方面自觉地继承和发扬中华民族的传统美德,要弘扬具有时代特色的社会主义核心价值观。

(二)善于应用的专业素质是核心

应用型本科高等教育是培养有一定专业知识的高级专门人才的教育,大学生必须既要具有基础知识、专业知识、人文知识,又要在专业知识方面有一定的宽度和深度。面向未来,应用型本科人才的专业素养应强调以下几个方面。第一,具备宽厚的理论基础,包括基础理论和专业理论。打好了基础,才能适应专业的千变万化。第二,具备复合新颖的专业知识。这是基础理论在某一特殊领域中的应用,力求新颖,力求一主多辅,拓宽知识面,形成复合结构。具备较高的工程实践动手能力和操作技能,是应用型人才区别于其他人才的一个重要特征。应用型人才要求掌握现有生产工艺、装备技术,能够解决生产中的实际问题;要具有发现问题、辨识问题的敏感性;能灵活应用最新的理论成果并将其变为产品,具有可持续发展能力。由于未

来岗位不同,所需的专业知识层次不同,难易有别。应用型人才要掌握专业知识,不仅要懂得原理、方法,更要将原理和方法在实际的工作中加以应用,产生有效的工作效率和社会效益。

(三) 健康阳光的身心素质是保障

身体素质是指人的体质和体力。身体素质是人的其他一切素质的物质基础,有了好的身体素质才能胜任繁重的学习任务,将来才能胜任繁重的工作任务。世界卫生组织的健康标准指出,健康不仅是指没有疾病和缺陷,而且还指要有良好心理状态和社会适应能力,即良好的心理素质。人们在学习、工作、生活过程中,会遇到各种各样的困难、挫折、障碍,一个人要想在事业上有所成就,他追求的目标越高,遇到的问题、困难就越多,这就需要有良好的、健康的心理素质。心理品质是成才的内在因素。应用型本科人才不仅要有高度的使命感、责任感和事业心、进取心,有敬业精神、创造精神,有顽强的毅力和百折不挠的精神,还应该具有自信、乐观、公正、包容等心理品质,有较强的团结协作能力和角色转换意识,这些心理品质又是相辅相成的。

(四) 实践创新的能力素质是关键

大学生能力素质的基本内涵是以开发大学生基本素质和发展性素质为着力点,进一步深化教学主渠道外的、有助于学生提高综合能力素质的各种活动和工作项目,重点在思想政治素质与道德品质素养培养、社会工作与社团活动、社会实践与志愿服务、科学技术与创新创业、文体艺术与身心发展、技能培训等多方面,这些都是为了引导和帮助广大学生完善智能结构,全面成长成才。能力一般分为两种:一种是基本能力,基本能力是指完成学习活动所必须具备的能力,如阅读能力、理解能力、自学能力、表达能力等;一种是特殊能力,即一般人所不具备的能力,以及完成特殊活动要求人必须具备的特殊的能力。“应用型人才的行为能力和社会效益的不同,赋予了应用型人才的技术层次:知识转化为技术和行为的能力或素质(简称 KIQ)。能力是一种通过对专业知识扩展、设计和表达,转化为解决实际问题的设计方案和动手操作能力、创新能力和组织能力。”①应用型本科人才应具有较强的专业应用能力,培养他们的自学和科研能力,锻炼他们的实际操作和团队协作能力,增强他们的科技意识、创新意识,使其能够直接适应社会相应的职业与岗位的需求。

---

① 陈劲.杭州:2004 年应用型创新人才培养国际研讨会报告[R].2004-10.

三、应用型本科高校建立科学的奖学金评定制度

奖学金评定制度是大学生素质评价体系的核心,是大学生素质评价的指挥棒。应用型本科高校重构大学生素质评价体系的中心任务是要建立科学的奖学金评定制度。评价体系在强调学习成绩的同时,更加注重学生的思想道德素质、科学文化素质、身心素质、创新素质的协调发展,更加注重学生个性化才能的培养与发展,逐步实施“知识、能力、人格”三位一体的评价考核体系。德育即思想道德素质,要从政治表现、道德修养、遵纪守法、集体观念等几方面进行评价,为每位学生评价出优秀、良好、合格、不合格的等第,德育评价达到合格及其以上等第的学生才有资格申请奖学会。

(一)奖学金评定原则

1. 个人申请与学校评定相结合

申请奖(助)学金是大学生在校学习期间的权利,设立奖(助)学金是学校的义务,高校可以根据学校的自身特点确定一些引导和激励学生学习的奖(助)学金申请资格和条件,只有把学生个人申请与学校评选相结合,才能体现奖(助)学金制度的公开、公平、公正性,也才能突出学生的主体性,发挥奖学金评定对学生的激励引导功能。

2. 结果评价与过程评价相结合

对学生发展的结果性评价,是从结果切入、以结果为导向来引导学生的成才的;对学生发展的过程性评价,能记录下学生成长过程中的每一个足迹、每一个进步、每一个成功。只注重结果评价往往是“一锤定音”式的评价,不具有未来发展性。只有把结果评价与过程评价有机统一,才能及时有效地激励学生不断成长。

3. 单项奖学金与综合奖学金相结合

设单项奖学金的目的是鼓励学生在提高综合素质的同时,发挥特长、培养创新精神和能力、增强核心竞争力,设立的单项奖学金不能是“鸡肋”,相反,应该提高单项奖的奖励面和奖金额,这是对过去大学生综合素质测评和奖学金制度的改革和突破。当然,反映一个学生综合素质的综合奖学金也不可少,把两者结合起来,做到相辅相成,从而体现“为了一切学生、为了学生的一切”的教育理念和目的。

4. 奖学金与助学金相结合

设奖学金的目的是奖优,设助学金的目的是为了助学,成绩优秀的学生

固然值得奖励,成绩暂时平平或有成才愿望和潜力的学生也值得鼓励和资助。助学金应该帮助经济上有困难的贫困生和发展上有愿望和潜力的学生,只有把奖学金与助学金科学合理地相结合,才能使全体学生都能获得成功。

5. 学校、企业奖(助)学金与政府奖(助)学金相结合

随着改革开放的推进和发展,国家的综合国力越来越强,国家和社会各界对教育也越来越重视,因此,政府和企业设立的奖(助)学金也越来越多,这非常有利于学校、社会和家庭三位一体共同培养人才。政府奖(助)学金一般在学校、企业奖(助)学金获得者中评选。

(二) 奖学金奖项设置

在奖励机制中进一步增加单项奖的比例,把国家和政府下拨的有限经费尽可能地用到更多的学生身上,充分调动在各方面学有所长的学生学习的积极性、主动性和创造性。单项奖学金奖项有学业奖学金、学术科技奖学金、文化艺术奖学金、体育奖学金、优秀学生干部奖学金、社会实践奖学金、青年志愿者奖学金、自强自立奖学金等。

综合奖学金和单项奖学金奖金不能同时兼得,单项奖学金可以同时兼得,单项奖学金不限定比例和具体人数,只要符合条件,学生便可申请,经学校或二级学院奖学金评审委员会评审后确定发给。单项奖学金评选标准应视各校具体情况制定。譬如:2005 年,南京师范大学为鼓励大学生科研创新,在校长特别奖学金中增设了科研创新奖,有 7 名同学尽管学习成绩并不冒尖,但因科研创新能力强而获大奖。

(三) 奖学金评定程序

奖学金的评定主要流程:① 学生个人申请;② 班级民主评议;③ 院系审核公示、推荐;④ 学工处审核公示;⑤ 学校奖学金评审委员会评定、审批。

在学生个人申请、班级民主评议、院系审核推荐、学生工作部门审核等各个程序顺利完成的基础上,进入最终评定阶段。学校奖学金评审委员会委员由学校领导、教师及学生代表组成,客观、公正地进行奖学金评定。在每年奖学金评定完以后,学生工作部门需要就奖学金评定依据、评审程序、存在问题和改进措施等方面对有关老师和学生进行调查回访,总结经验,改进不足,形成书面报告。

四、应用型本科高校大学生素质评价体系的特色

进行大学生综合素质评价不能简单地以教育结果为衡量标准,更不能

仅仅以学生的课程考核成绩替代，而是要借助先进的评价理论和评价技术实施多维度、多层面和全过程的科学评价。针对应用型本科高校大学生素质评价体系的重构，我们要构建既科学有效又简便可行的评价标准和操作模式，并使之逐步系统化、科学化、规范化、制度化。重构的大学生评价体系有利于发挥评价的激励、导向、发展功能。

（一）评价目的的发展性

传统的教育评价主要目的在于选拔和淘汰，但“教育的基本功能是使个人获得发展，学校的中心任务是发展能使学生在一个复杂社会中有效生活的那些特性。”①发展能力是个人与不断变化的环境互动过程中表现出来的适应性和改造性。发展能力，包括学习能力、创新能力以及心理调适能力。相对于学术研究型高校的生源，应用型高校大学生一般学业基础都比较薄弱，从课程成绩的水平来评价，不是发现他们长处和促进未来发展的最好视角。

在重构的评价体系中，评价目的具有发展性，提倡高校要“用发展、动态的眼光看待学生，评价不仅考虑学生的过去、重视学生的现在，更着眼于学生的未来；评价不但要促进学生在原有基础上的提高，达到培养目标的要求，更要发展学生的潜能，发挥学生的特长，促进学生身心的全面和谐发展；评价不是追求给学生下一个精确的结论，更不是给学生一个等级分数或与他人比较，而要更多体现对学生的关注和关怀，发现学生的优秀品质和素养，加以鼓励和引导”②。高校只有把社会对人才需要和学生的发展作为对学生素质评价的根本标准，引入多元评价标准，改变过于注重考试成绩的单一评价方式，引导学生的多元发展，才能真正实现评价目的的发展性、科学化。

（二）评价内容的丰富化

传统评价体系在评价内容上不够系统、不够全面，仅仅侧重学生课程成绩与智力因素的评价，而忽视学生创新能力、实践能力和其他非学业因素和非智力因素的评价。人的发展是多向、多维、多样、丰富多彩的，包括身体的发展、知识技能的获得、思想品德的形成、审美情操的陶冶等，即德、智、体、美、劳等的全面和谐发展。在素质评价体系中，高校应该始终把学生的政治

---

① 赵承福，陈泽河. 创造教育研究新进展[M]. 济南：山东人民出版社，2002：363.

② 潘玉驹，何毅. 论发展性大学生综合素质评价体系的构建[J]. 高等工程教育研究，2009(5)：114.

素质和思想道德素质放在战略高度上把握,因为它直接决定了我们培养人才的未来走向,彰显了社会主义大学的办学方向和历史使命。

重构的大学生素质评价体系除了课程成绩之外,还关注学生各个方面的发展与进步,评价内容更加丰富:比如志存高远、热爱祖国、乐于助人的思想政治素质,积极乐观、锐意进取、自强自立的心理素质,参与数学建模竞赛、课外学术活动、大学生英语竞赛、机器人比赛、边远地区支教、创业杯、创新杯的创新与创业素质能力,参加大学生艺术展演、演讲比赛、征文比赛、体育竞赛的人文素质和艺术素质,等等。在综合评价和各项素质分类评价的前提下,设立综合奖与单项奖,设置多样化的评价奖项,尽量提高表彰学有所长的学生的覆盖面,使不同层次的学生和学生不同方面的成长都能得到肯定,形成一个既重视综合评价,又能促进个性化发展的评价激励体系,同时也满足社会对毕业生素质的多层次多维度的选拔需要。

（三）评价过程的民主化

传统的素质评价往往是集中一个时间段来完成的一项常规工作,评价过程几乎成了教师和少数学生干部的单边行为,学生鲜有参与自身评价的权利,教育的主体间性的交往、对话体现不够。其实,学生的成长是一个动态过程。大学中不同年级的学生在心理成长、思想状况等方面呈现出不同的特点。素质评价应该要能反映出学生性格、学习和创新能力、特长、兴趣等内在的特点,从而能够指导学生的发展和职业选择。

重构的素质评价过程应该生活化、民主化,多数评价项目都应该在学生的日常学习和生活中轻松进行,使评价过程化、长期化、动态化。素质评价体系是一个动态的评价模式,因此,要坚持动态评价与静态评价相结合,结果评价和过程评价相结合,教师评价与学生自评、互评相结合。素质评价是一个开放的系统,不能单独由教师唱“独角戏”或搞“一言堂”。从评价制度的建立到具体实施,要让大学生始终参与其中,在自我评价、学生互评、教师评价的互动中,与大学生经常保持沟通和交流的状态,鼓励大学生积极维护自身的权益,有效发挥评价的自我教育、自我发展作用,激发学生的主体精神,促使每个学生最大可能地发展与成长。

（四）评价机制的科学化

在开展大学生素质评价的实践中,要充分体现以学生为本的思想,“一切为了学生,为了一切学生,为了学生一切”。传统机制在评价结果处理上比较单一、僵化,主要侧重将其看作是一种刚性的管理手段,而忽视其教育激励、行为导向功能,不能使学生有效地内化评价要求,难以形成自我管理的约束力和自我发展的内驱力。重构的大学生评价体系，注重评价机制的科学化、常态化建设。从人才培养的角度而言，传授知识、培养能力往往只解决如何做事，而提高素质则更多的是解决如何做人的问题，只有将做事与做人有机结合，才能培养出理想的人才。高校要成立“人才培养委员会”和“大学生素质评价中心”，加强人才培养与素质评价的理论研究与工作协调，解决人才培养与素质评价“两张皮”的问题。

“大学生素质评价中心”应以高校学生处、教务处、团委等职能部门为主，各二级学院成立“大学生素质评价工作组”，具体负责对大学生的综合素质测评和评先评优工作，辅导员具体负责日常资料收集和每次综合素质测评工作的具体执行。实现评价机制的科学化，高校必须加强各部门共同的配合，教务部门、学工部门、团学组织等共同合作，共同实施。另外，应用型本科教育的素质评价应立足高校，引入社会评价机制，建立由实习单位、用人单位、行业团体、技能鉴定机构共同参与的人才质量社会监控体系，形成一种全方位的、立体化的质量考核与素质评价机制。

第五章

实践育人:应用型本科高校立德树人的必由之路

众所周知,由于受到高等教育大众化及各种社会因素的影响,我国高校人才培养中存在“高分低能、学非所用”等一系列问题,直接影响了人才培养质量和学校长远发展。实践育人是深入实施素质教育,培养高质量人才不可或缺的重要环节。培养应用型人才的目标是培养有足够的基础理论,掌握专业基础理论,能适应实际工作岗位操作需要,有较强的创新精神和实践能力,有较好社会适应性和较强自我发展能力的高级应用型人才。应用型本科人才培养体系包括理论教学、实践教学、素质拓展三大体系,尽管这三大体系功能不同,但是共同点都在于强调实践性。实践育人是实现应用型本科高校立德树人的必由之路,实践教学是关键环节,团学组织是重要依托,学生社团是有效载体。应用型本科高校要适应教育改革和发展的新形势,努力达到教育规划纲要的新要求,开创高校实践育人工作新局面,必须准确把握教育本质和人才培养规律,全面、深入地推进高校实践育人工作。

第一节　实践教学是应用型本科高校实践育人的关键环节

在新形势下,高等教育要培养成千上万的创新型、应用型人才,就必须强化实践育人环节,使高校实践育人的内涵和外延不断丰富,实现高等教育的社会价值。实践育人是全面培养人才过程中贯穿始终的、不可或缺的有机组成部分,是高等教育的题中应有之义。实践育人不仅仅是在理论教学之外特别设计课程内容的实验环节,不仅仅是把学生带出课堂、带出校门组织社会实践活动,而是贯穿于整个教育全过程的实践教育属性,促使学生在接受实践教育过程中实现自主参与和自主教育,使学生不仅在课堂理论教育中接受现成的间接知识,更在动态的实践教育教学过程中探索直接经验,实现自主发展。实践教学是应用型本科高校实践育人的关键环节。

一、实践教学在应用型本科高校实践育人中的教育价值

高校的重要使命就是培育人才,服务社会,因此,社会对人才的要求及标准,必然会对高校的教育教学产生较大的影响。随着企业用人观念向应用型、技能化转变,择人不再单纯重视学业成绩,而是将社会适应性、实践应用能力等排在分数前面,他们既在乎文凭、更重视文化,既在乎知识、更重视能力,这些现实需求都与实践育人不谋而合。应用型本科高校的实践教学具有丰富的教育价值。

(一)有利于应用型本科高校教育理念科学化

马克思主义唯物史观把人类社会既视为一个自然历史过程,又视为人的自觉活动的结果,认为社会发展是客观规律性与人的主体能动性辩证统一的过程。实践论是马克思主义哲学的基本观点,马克思指出“全部社会生活在本质上是实践的”①,实践是检验真理的唯一标准,实践是提高本领的重要途径。马克思主义教育观历来强调“教育与生产劳动相结合”,在马克思看来,实践是人的能动的社会活动,现实具体的人是实践的主体,人在改造外在世界的过程中创造价值,实现自身的解放。马克思曾明确指出:“生产劳动同智育和体育相结合,它不仅是提高社会生产的一种方法,而且是造就全面发展的人的唯一方法。”②在 1994 年 6 月召开的全国教育工作会议上,江泽民同志指出:“如果只是让学生关起门来读书,不参加劳动,不接触社会实践,不了解工人农民是怎样辛勤创造社会财富的,不培养劳动人民感情,是不利于他们健康成长和全面发展的。”③实践教学符合人的成才规律,个体成为人才只有在实践活动中才能实现,人的能力是在后天的生活、学习以及工作等实践中形成的,是实践的产物。

“教育与社会实践相结合”是在知识经济时代机遇与挑战并存的前提下提出的。21 世纪是以知识创新和应用为重要特征的知识经济时代,是否具备创新精神和实践能力,已成为能否在国际竞争中赢得主动权的关键因素。

---

① 马克思,恩格斯. 马克思恩格斯文集:第 1 卷[M]. 北京:人民出版社,2009:501.

② 马克思,恩格斯. 马克思恩格斯文集:第 5 卷[M]. 北京:人民出版社,2009:556.

③ 江泽民. 江泽民文选:第 1 卷[M]. 北京:人民出版社,2006:372.

清华大学老校长蒋南翔先生曾经指出,即使你满腹经纶,但如果不能用来解决实际问题,也只是个“两脚图书馆”。如今,由于深受传统教学模式注重学科性教学而轻视实践性教学的影响,不少大学毕业生往往缺乏实践意识和实践能力,他们的价值观念、思维形式、行为习惯和生活方式往往都不能与社会实际的基本要求相协调,往往不能对其个人和社会的进步发展起到积极的促进作用。应用型本科教育实现与研究型大学错位发展的关键,在于传承其重视和强化实践教学的原有优势,创建应用型本科教育独具特色的实践教学体系。应用型本科高校实现教学现场化,课堂、实验实训场所、企业环境相结合,让大学生深入接触社会、了解社会、服务社会,以素质教育为核心、以提高应用能力为主线、以培养应变能力为关键,不断丰富实践教学的内容和形式,实现应用型本科高校教育理念的科学化。

(二)有利于提升应用型本科人才的核心能力

能力,是指完成某一活动所必需的、直接影响活动效率,并能使活动顺利完成的个性心理特征,是个人的综合素质在实践中的外在表现。袁隆平说:“书本很重要,电脑很重要,但书本和电脑都种不出水稻。”知识只有得到运用并解决了实际问题,才显示其力量,这就是能力。大学生核心竞争力的培养是一个动态过程。应用型人才培养质量如何,人才的核心竞争力怎样,关键在实践育人环节,尤其是实践教学环节。实践教学是大学生巩固理论知识和加深对理论知识认识的重要环节,是培养具有优良道德品质和创新意识的高素质人才的必然要求。实践在应用型人才培养过程中起着重要的作用,这就内在决定了应用型本科专业教育的教学过程不完全是理论性的,而要充分凸显实践性。

应用型本科教育的实践性教学环节主要是课内外结合,校内外结合,实验、实训、实习相结合。专业课的教学,内容针对性和实用性不断加强,在进行理论教学的同时注重实际技能的培养,还设置了实践教学课程,以巩固课堂所学理论知识,提高学生实践应用能力。实践能力,首先表现为“会做事情”的能力,即能尽快融入职业环境,熟练操作工具和设备,有生产力产出,且能驾驭和处理职业活动中的各种实际问题。其次,实践能力表现为职业过程中的创造性或者创新性。这种能力一方面源于专业知识的统筹兼顾和再加工的能力,另一方面源于实践的熟练程度和驾驭实践基本原理的能力。通过实践教学,帮助学生巩固基础知识、夯实基本技能,检验理论掌握、破解技术难题,不断提高他们的专业素质和创新能力。通过实践教学,让学生捕捉到最新的行业发展动态,明确个人的职业发展方向,了解专业工作岗位的基本要求,不断调整自己的职业生涯规划和核心竞争力。应用型本科高校要积极开展人才培养模式的改革,不断优化课程体系结构,改革教学模式,强化实践教学,增强学生的实践职业能力和创新能力,为地方经济社会发展大力培养应用型人才。

（三）有利于增强应用型本科人才的社会适应性

实践证明,只有具备综合实践能力的大学生才能更快地融入社会,其个人价值才能最大限度地得到发挥。应用型本科高校在注重传授知识的同时,增加实践教学比例,强化实践教学,比研究型高校更加重视大学生实践能力的培养,这既是应用型本科高校生存和发展的必然选择,也是应用型本科人才尽快适应社会的内在要求。在学生成长成才中,实践的磨炼和体验发挥着课堂教学无法替代的重要作用,我们不能把它仅仅视为课堂教学的补充和延伸,而应当视为课堂教学的深化与升华。实践教学是学生获得完全的知识而不是抽象的、片面的知识的必要条件,是培养学生兴趣、发现学生特长,并将知识转化为能力、智慧、精神、品格的必由之路,同时也是使学生加深对社会道德的理解,形成尊重劳动和劳动人民思想的根本途径。形式多样的实践教学形成多元化、个性化人才培养模式,有的放矢地开展关于心智、沟通、信任、合作、责任、决策、执行、协调等内容的教育,培养大学生的责任意识和奉献精神、坚强意志和吃苦精神、专业技能和协作精神,培养学生自我制定目标、自主完成任务、自我评价反思的能力,有效增强了学生的社会适应性,提升了应用型本科人才的核心竞争力。

在实践教学过程中,应用型本科高校充分发挥自己的优势与特色,通过产学研结合,与地方企业建立互惠共赢合作机制。高校鼓励教师依托实习实训基地开展横向科研研发,选派教师到行业、企业中挂职,为企业提供智力支持,依托专业特色,开展社会培训。在和高校联合提高学生的实践能力和社会适应能力的过程中,企业要全方位参与到学校教育教学过程中,企业要参与修订教学计划,从大学生的知识结构、教学目标、课程设置、教学模式等方面,最大限度地提高学生的社会适应能力。企业还可以派人到高校担任班主任或编外辅导员,将企业文化带进校园,实现校企双方文化的相互渗透。在校企合作过程中,通过"校企共定教学方案,校企共选订单学生,校企共享教学资源与生产设备,校企共管教学过程,校企共监教学质量",建设以"教学合作、管理参与、文化融入、就业订单"为主要内涵的"融入式"校企合作办学模式,既保证了企业全程参与人才培养,又较好地解决了学校教学资源短缺制约应用型本科高校发展的相关问题,进一步增强应用型高校办学活力，增强人才的社会适应性。校企共建模式由于具有工作环境的真实性和育人体系的双方共建性，能给学生提供实战训练的条件，有效缩短了毕业生与企业需求的距离。

二、应用型本科高校实践教学的实践育人原则

根据应用型人才培养目标，应用型本科高校实践教学必须坚持“德育为先、能力为重、面向就业”的实践育人原则，实现大学生的全面发展。

（一）坚持德育为先原则

在市场经济日趋发达的今天，人们往往过度迷信市场导向，片面理解就业导向，导致“培养出来的科技人员只是服务于某些目的的专业工人，他们并没有受到真正的教育”①。有些人把应用型本科高校看作是职业培训场，认为只要面向就业、面向社会需求培养学生应用型能力和本领，学生就能立足社会了。这个观点显然忽视了“德育为先”原则。其实，个体立足于社会是依靠核心竞争力，而核心竞争力是个人整体的、全方位的综合素质的集中体现。一个人的综合素质应当是科学素质与思想道德素质的统一，德是人才素质的灵魂，德为才之帅，有德有才是正品，有德无才是次品，无德无才是废品，有才无德是危险品。因此，大学生核心竞争力不仅仅体现在业务能力的高低上，更体现在思想道德素质的高低上。高校必须坚持“德育为先”的人才培养理念，不断加强和改进高校德育工作，为培养中国特色社会主义事业的建设者和接班人，确保党和国家的事业生生不息、中华民族的优良美德薪火相传做出贡献。应用型本科高校“要坚持育人为本、德育为先，把立德树人作为教育的根本任务”②。

高校落实“德育为先”理念不仅要确立德育的首要地位，而且要确定德育的主导方向，特别是优先保证德育的需求，不断提高德育实施的质量和水平，确保德育的可持续发展。德性的培养需要经历一个外部影响不断内化和内在观念逐渐外显的复杂过程。个体的道德成长不是孤立的、封闭的，大学生社会化发展，意味着受教育者自身对社会、对外部环境的开放、适应与融入。当代大学生道德成长离不开社会主义核心价值体系的指导和引领。社会主义核心价值的终极指向是人的自由全面发展。有学者提出，无德育

---

① ［德］雅斯贝尔斯. 什么是教育［M］. 邹进，译. 北京：生活·读书·新知三联书店，1991：50.

② 中共中央文献研究室. 十六大以来重要文献选编（下）［M］. 北京：中央文献出版社，2008：617.

即无教育。在丰富多彩的实践教学中,教师要坚持社会主义核心价值体系教育,引导大学生带着问题深入了解社会,明确自我的社会责任和历史使命,帮助他们形成科学的世界观、人生观和价值观,以生为本,德育为先,关注每个学生内心要求,关注每个学生的全面发展,最终养成他们积极的生活态度以及优秀的道德品质。

在实践教学中始终坚持德育为先的原则,高校"积极拓宽实践育人领域,充分发挥学生的主体性,鼓励学生在参加志愿服务、公益劳动和勤工助学等活动中确立主体意识,塑造自由人格,增强社会责任感,努力做到知与行的统一,在广泛的社会实践中引导学生自我发展、自我完善和自我超越。提高人才培养质量,打造了一系列德育创新品牌,培养了一系列优秀德育实践团队,建设了一大批德育基地,努力将'无形'的思想教育转化为'有形'的具体活动,取得了显著效果"①。在这个过程中,促使学生形成道德思维,进而能够对道德实践进行反省和评价,走向道德成长、人格完善。

(二) 坚持能力为重原则

目前,各用人单位对毕业生的要求越来越高,企业为降低成本,提高用人效率,要求毕业生不仅具有扎实的专业基础知识、较强的创新能力和创业精神,更注重学生的工作经验。《国家中长期教育改革和发展规划纲要(2010—2020年)》中明确指出,"当前学生就业创业能力不强,创新型、实用型、复合型人才紧缺",要"坚持能力为重,优化知识结构,丰富社会实践,强化能力培养。着力提高学生的学习能力、实践能力、创新能力,教育学生学会知识技能,学会动手动脑,学会生存生活,学会做人做事"。这是当前高校人才培养的新理念,对应用型本科高校育人提出的新要求。在实践育人过程中,高校坚持能力为重原则,要注重培养与发展学生的求知能力、生存能力、共处能力、创新能力等。著名学者杨叔子曾连续发表四篇文章论述创新与实践的关系,他再三强调实践是创新的根本,只有在实践中才能提高学生的创新能力。

在实践教学过程中,要注重学生的技能训练和创新能力的培养,激发学生的专业学习兴趣与钻研的好奇心。要对现行的实践教学内容进行改革,要利用校内校外的实践基地进行与市场发展平行甚至超前的教学,要让实践教学真正成为学生走上工作岗位前的实战演习。在实践教学的方法选择上,实践指导教师应重点讲授研究和解决问题的思路和方法,鼓励学生积极

---

① 仪垂杰.关于高校德育创新的思考与实践[N].光明日报,2009-10-19(10).

提出问题,参与讨论,并通过各种方法和渠道为学生提供实验资料,促使学生努力探求知识,在实践教学过程中始终保持学生分析和解决问题的良好状态。学生是实践育人的对象,也是开展实践教学的主体。在实践教学过程中,教师要在发挥自身主导性的基础上,确立民主、平等的师生关系,着重激发学生的主体性和创造性,建立和完善合理的考核激励机制,加大表彰力度,激发学生参与实践的自觉性、积极性,提高自我认知和自我反省的能力。大学生在教师的带领下参与项目,检验专业知识的储备与更新,磨炼意志,提高动手能力,培养学生对社会、企业发展进行分析预测的能力,增强团队合作能力,激发创新能力。

为探索培养学生创新能力和创业素质的途径和方法,应用型本科高校可以成立"大学生科技实践创新中心",并将各二级学院有关专业的优秀教师吸收到创新中心,形成综合实力较强的指导教师团队,来指导学生的各项活动,并为学生营造出这样一种环境:设立一个开放的环境,使学生能灵活应用专业知识、训练各项技能;提供一个学科交叉的平台,使学生能学到其他学科的有关知识,培养创新能力和发散性思维能力;开辟一个人际交流和团队协作的途径,培养学生的团队精神、协作意识和组织能力;模拟一个创业的舞台,训练学生严密周到的处事方法、灵活高效的工作方式和坚韧不拔的创业精神。在这个环境中,学生利用课余时间,得到了系统的训练和磨炼,其综合素质和创新能力会有较大幅度的提升,并能在学习期间积累出相当于实际工作的经验,满足社会对人才的要求。

(三)坚持面向就业原则

众所周知,就业是民生之本、和谐之基。近些年,我国大学生就业难已成为一个重要的社会问题。毕业生数量的剧增、金融危机导致的全球经济低迷、产业结构的调整以及往届未就业毕业生的挤压等,都是导致大学生就业难的客观原因,而毕业生的素质参差不齐,有些毕业生自身核心竞争力不足,面对激烈的竞争,做不到"来之能战,战之能胜",是导致大学生就业难的主观原因。因此,应用型本科人才培养过程中,要坚持面向就业原则,强化实践教学。有效的实践教学目标、科学合理的课程体系和高质量的培养过程可提升用人单位和社会满意度。

应用型本科高校要以培养应用型人才为目标,修订人才培养方案。依据专业岗位群核心能力要求,构建理论课体系和实践课体系,特别是为强化学生实践创新能力培养,构建由基础实验、综合实训、课程设计、学生科研、学科竞赛、毕业设计(论文)、专业实习、社会实践等组成的实践创新能力培养体系。素质拓展培养体系包括社会适应能力的培养和专业延伸能力的训练。社会适应能力的培养包括学生思想道德素质、心理素质、身体素质、组织能力、交往能力、表达能力、团结协作能力、吃苦耐劳能力等方面的培养。素质拓展训练可以通过各种灵活多样的形式开展。专业延伸能力的培养包括各类专业技能资格证书教育、各种综合性技能竞赛、各类科技文化活动等,“零距离”素质拓展培养体系的构建与实践促使了应用型人才素质的复合性与实用性特点的形成。

根据应用型人才的特征,应用型本科高校的实践教学要求“零距离”接触现代技术手段和工程环境,要围绕市场对应用型人才实践能力和创新创业精神的要求,构建校内与校外结合、课内与课外结合的实践教学体系。在教学过程中,坚持产学研结合,实行高校与行业企业互动,促使高校不断增强自身优势,提高教育教学质量。一方面,在学习和实践过程中掌握理论,强调将实践教学和理论教学紧密结合,使学生尽早地将理论学习有效地应用于工作实践,以便将来能够顺利地适应工作。另一方面,与行业企业合作,这种合作是全方位的,学校的专业设置、课程建设、教学改革等教学过程都实施“工作中的学习”和“学习中的工作”产学研合作教育。应用型人才培养计划与企业的用人机制实现融通,使应用型人才培养模式和方案与企业的人才计划实现对接,在培养过程中注重理论联系实际。只有如此才能使学生在具备一定的学术能力后,有机会在企业工作,并体验和熟悉工作环境,接受针对职业生涯的实践培训。这体现了学校更加主动地与企业相结合,更加关注社会和学生的实际需求,以就业为导向,将学校的教学与社会实践工作相结合,提高学生对社会的适应能力。可见,应用型本科高校要紧密依托当地政府与企业,积极加强校企合作,坚持学校教育与企业、社会实践相结合,建立政用产学研密切结合的运行机制。

三、构建应用型本科高校实践教学科学体系的基本策略

目前,应用型高校大学生实践能力培养中存在不少问题:功利型实践多,品德型实践少;验证型实践多,探索型实践少;步调一致的实践多,个性化的实践少;等等。这些问题集中反映了高校实践教学的模式单一、资源不足、开放性不够、运行保障不力等困境。高校毕业生实践能力培养不足,已成为直接影响学生就业、社会适应和创新创业的重要因素。因此,如何有效地提高大学生实践能力是应用型院校人才培养的重要课题。

(一)优化人才培养方案,做好实践教学顶层设计

应用型本科人才培养方案设计是关键。在理论课程的设置过程中,要充分考虑到社会对人才的全方位要求和毕业生未来发展的要求,使学生具备较为厚实的基础理论知识和必要的人文社会科学知识,为学生未来的可持续发展奠定基础。要优化课程结构,构建"宽口径、厚基础、重应用、多方向、可调控"的课程体系,综合设计课堂教学、实践教学、第二课堂和校园文化。

2012年2月,教育部等七部门联合下发《教育部等部门关于进一步加强高校实践育人工作的若干意见》(以下简称《意见》),明确提出实践教学、军事训练、社会实践活动是实践育人的主要形式。各高校要坚持把社会主义核心价值体系融入实践育人工作全过程,把实践育人工作摆在人才培养的重要位置。《意见》要求,高校要加强实践育人工作总体规划,坚持把实践育人工作纳入学校教学计划,系统设计实践育人教育教学体系,规定相应学时学分,合理增加实践课时,确保实践育人工作全面开展。要区分不同类型实践育人形式,制订具体工作规划,深入推动实践育人工作。[①] 为做好实践教学顶层设计,应用型本科高校要坚持"实践能力培养四年不断线"的全过程原则,对本科培养方案进行优化,提高实践环节占教学计划总学分(学时)的比例,结合辅助培养计划、复合型人才培养计划以及卓越工程师培养计划等专门培养计划的实施,凸显实践教学在应用型创新人才培养中的重要地位。

教材改革与建设是推进教学改革、提高教学质量的重要部分。应用型本科专业的设置与地方经济建设紧密结合,反映的是社会现实和未来发展对新兴应用型学科专业的必然性和现实性需求。但现有的教材体系基本上是按照硕士、普通本科和专科分类。应用型本科教材建设必须全面体现与市场"零距离"接轨的理念,凸显实践性。在内容上,要整合优化本科与专科类教材的特点,处理好继承和创新的关系;要严格保证应用型本科人才培养中所必备的基础理论知识和专业知识,以区别于技能型的高职人才培养。同时,要突出现代工程技术中的技术点和技能点。在教材的形式上,可有印刷版、电子版、网络版等多种形式。

优化人才培养方案设计,加强思想政治理论课所有课程的实践环节。强化高校"思政课"教学的实践性、坚持实践育人导向,是贯彻落实《教育部等部门关于进一步加强高校实践育人工作的若干意见》的具体体现。实践

---

① 宗河.教育部等七部门出台加强高校实践育人工作意见[N].中国教育报.2012-02-04(1).

教学是增强“思政课”教学有效性的重要途径,对于促进大学生了解社会、认识国情、增长才干、奉献社会、锻炼能力、培养品格、增强历史使命感和社会责任感,具有不可替代的重要作用。新形势下,应用型高校“思政课”如何真正做到坚持以学生为本,面向社会,走向开放,回归生活世界,是实践教学改革的重要课题。通过开放与融合的路径,把“思政课”实践教学与大学生社会实践相结合,构建“课程活动化,活动课程化”模式,是目前“思政课”实践教学模式的现实选择。

“课程活动化,活动课程化”模式的主要操作流程是:在学校关于人员、政策与经费等条件保障到位的情况下,“思政部”与学校团委等相关职能部门合作,具体制订“课程活动化,活动课程化”实施方案,将大学社会实践纳入思想政治理论课实践教学的教学计划中,根据思想政治理论课的课程内容和当年大学社会实践工作要点,以项目资助的小分队与选题自拟的个人实践相结合,“以点带面”地推动全体学生的社会实践,有组织、有计划地引导学生带着选题,走出校门,深入社会,进行参观调查、志愿服务、社区服务、公益劳动等社会实践活动,根据学生的调查报告、实践论文、实践表现、获奖情况、社会反响等评定实践课程成绩和给予学分,并及时进行社会实践活动的总结、评价与表彰。社会实践是在学校和社会之间建立的一个开放的教育系统,通过它可以使抽象的理论教育同火热的社会现实相结合。

(二)改革教学运行机构,做好实践教学平台设计

为保障实践教学的顺利进行,就必须构建和完善具有产、学、研一体化特色的教学运行机构。这些运行机构以学科和专业为依托,以学科专业带头人和骨干教师为主要力量,利用现有学科专业的智力资源,融教学、实验、科研开发、产业为一体,具备教学性、应用性、训练性、创新性教育培养功能。它们在保证教学的基础上,面向社会和企业进行应用科学研究和开发,为社会提供技术应用服务,同时注重将最新成果和市场信息及时传授给学生,不仅是学校应用型人才培养的基地,而且成为与市场“零距离”接触的载体。

1. 建立工程中心或实训中心

工程中心或实训中心既可以进行技能训练,又可开展课题研究;既可进行实验、实习,又可进行岗位实践;既能承担工程项目和生产任务,又可模拟仿真生产过程;既可为学生按行业要求设计实训项目,又为地方对工程技术人员的知识更新、职业培训、新技术推广提供基地。高校要加强实验室、实习实训基地、实践教学共享平台建设,依托现有资源,努力建设一批国家级实验教学示范中心、国家级大学生校外实践教育基地和实训基地。基地建

设可采取校所合作、校企联合、学校引进等方式。要依托高新技术产业开发区、大学科技园或其他园区，设立学生科技创业实训基地。

2. 创办学校科技型企业

应用型本科高校要努力建设教学与科研紧密结合、学校与社会密切合作的实践教学基地，创造条件强化现场教学环节。根据地方经济社会发展和学校应用型人才培养需要，参照公司运行机制，依托学科专业办企业。建立校办企业与教学单位紧密结合的关系，使产学研统一在应用型人才培养体系之中，形成校内产学研一体化的实体企业。教师可以围绕产品组织教学内容，促进教学内容和课程体系的改革，学生可以参与产品生产、技术开发，以此缩短教学与实际生产一线之间的距离。

3. 创建职业技能鉴定中心

职业技能鉴定是一项基于职业技能水平的考核活动，属于标准参照型考试。它由考试考核机构对劳动者从事某种职业所应掌握的技术理论知识和实际操作能力做出客观的测量和评价。结合地方经济发展的需要创建开放性的职业技能鉴定中心。在人才培养方案中设置一定学时的职业技能课程，使学生在校期间通过培训获得职业技能证书。职业技能证书的获取不仅内化了学生所学的理论知识，强化了技能水平，而且为学生就业增加了砝码。

搭建应用型人才创新创业平台。应用型毕业生的就业竞争形势日趋严峻，面对新的形势，如何增强学生的就业竞争力是应用型本科院校面临的严峻挑战，搭建应用型人才的创业平台是解决这类问题的重要手段之一。不管是否能将项目推向市场或产业化，都能使学生在这个过程中进一步消化吸收理论知识，丰富实践经验，提高社会化程度。高校要大力加强校企合作、校所合作，建立教学与科研紧密结合、学校与社会密切合作的实践教学基地，搭建与学校办学规模相适应、数量足够、形式多样的实践教学平台，积极促进实践育人合作机制形成，开创社会各界共同支持的工作局面。

实践育人平台是开展实践育人工作的重要载体。“网络虚拟型实践平台能够使网络教育资源更宽广灵活，教育路径更开放；课堂融合型实践平台能够将第一课堂、第二课堂和第三课堂相互融合，相互联通，将多学科相结合的课程设置、知识与能力的培养融为一体，丰富教学实践形式；文化渗透型实践平台能够使学生始终处于主体地位，更贴近学生，能更好地发挥育人功能，促进学生健康全面发展；主题引领型实践平台能够让更多的学生受到正能量的鼓舞与激发,激发学生的积极性和创造性。"①

(三)深化政用产学研合作,做好实践教学过程管理

应用型本科高校要实现应用型人才培养目标,仅仅依靠学校是难以完成任务的,必须依靠政府、企业和行业的力量,深化政用产学研合作教育。"政用产学研"是一种创新合作系统工程,是生产、学习、科学研究、实践运用的系统合作,是技术创新上、中、下游及创新环境与最终用户的对接与耦合,是对产学研结合在认识上、实践上的又一次深化。随着信息技术的发展和创新形态的演变,以用户创新、开放创新为特征的面向知识社会的创新越来越得到重视,政府在开放创新平台搭建和政策引导中的作用以及用户在创新进程中的主体地位进一步凸显。从"产学研"合作到"政产学研""政产学研用",到"政用产学研",虽然只有一两字之差,但后者进一步强调了应用和用户,突出了产学研结合必须以企业为主体,以用户为中心,以市场为导向,进一步突出了知识社会环境下以用户创新、开放创新、协同创新为特点的创新新趋势。

深化政用产学研合作教育,应用型本科高校要加强实践教学与生产过程对接、与创新实验对接、与毕业成果(毕业论文或毕业设计)挂钩,实现"工作中的学习"和"学习中的工作"的辩证统一。高校的人才培养能更加适应社会企业的需求,以高素质的专业人才来完成对行业内的转型需求。同时在人才产出的同时引进社会专业人才,对高校的人才库进行充实。

首先,实践教学与生产过程对接。除了在校园内进行和展开实践教学活动,应用型人才培养还要注重实战训练。支持理工类的学生走出校园,到生产第一线体验产品的操作程序,及时了解本专业最先进的设备和最优秀的产品,及时了解最前沿的科技信息、研究成果,支持学生参加企业技改、工艺创新等实践活动。文科类的学生在投身社会调查、专业实践的过程中培养自己的口头和书面表达能力、人际交往能力和组织协作能力。在实践教学环节,要聘请社会与企业专家、工程技术人员担任兼职教师,承担相关课程的教学和实验工作,指导学生实践教学活动,让学生学到更多的书本上学不到的知识。

其次,实践教学与创新实验对接。学校以大学生创新性实验计划、学科竞赛等工作为抓手,不断深化实践教学改革,建立了三级管理、滚动发展的大学生创新性实验计划培育体系,强化了学生创新能力的培养,实现了工程

---

① 费拥军.高校实践育人路径的优化探究[J].教育与职业,2014(9):42.

实践与创新能力培养的无缝对接。应用型本科高校可以积极主动地参与到行业的技术研发中,帮助行业解决生产过程中的具体技术问题,既有助于培养学生的实践能力和创新能力,又能凸显和增强高校教师的实践教学能力和科研实力。

再次,实践教学与毕业成果(毕业论文或毕业设计)挂钩。毕业论文或毕业设计的质量是检验大学生本科阶段学习成效的重要指标。"校地联合指导学生实践。学校从合作单位选聘导师与学校导师共同指导研究生开展课题研究、指导本科生开展毕业论文(设计),实行'双导师制';与合作单位共同安排实习指导人员,结合教学和生产规律、基地生产情况和人才培养要求,精心设计实习内容,共同编写实验实习教材(教案),科学安排实践教学内容和教学计划。"①结合专业的特点和学生自己的能力与兴趣,把实践教学贯穿在毕业论文或毕业设计形成的全过程,加强实践教学管理,提高实验、实习、实践和毕业设计(论文)质量。

4. 培育优质师资队伍,做好实践教学师资保障

师资力量不仅影响着学校的教学水平、学校形象,而且对培养人才起着直接影响作用。应用型本科高校以培养高素质应用型人才为己任,办学定位和人才培养目标与学术型高校存在差异,其师资队伍建设也应有不同的质量标准。高校在应用型人才培养的过程中,既要对学生进行现代科学和文化知识的教育,也要对他们实施各类实用型职业技能的训练。"教师是实践教学的组织者、指导者,操作技能的示范者,所以从事实践教学的教师就必须有较宽厚的理论知识、有相应的技术操作能力、有组织协调能力和综合分析能力。"②培养具有较强动手能力的应用型人才,势必要求教师特别是专业课和专业基础课教师具有"双师型"教师素质。"双师型"教师应该认识并懂得应用型人才的培养规律,认清自己的教育职责,要改变以教为主的观念,树立以学生为中心的理念,增强为学生服务的意识、教育质量意识、市场竞争意识和与市场接轨的意识。"双师型"教师应具有很强的实践能力。

"双师型"教师必须具有丰富的教学经验和在生产实践、业务实践、技术应用方面实际处理各类问题的能力。高校培养"双师型"教师的基本途径:一方面,要鼓励教师增加实践经历,要求教师到合作企业或社会各部门进行

---

① 成协设,江珩,郑学刚. 校地协同共建"政产学研用"实践育人途径[J]. 中国大学教学,2012(2):70.

② 周菁. 应用型人才培养目标下高校实践教学教师队伍建设研究[J]. 教育探索,2011(9):109.

实践锻炼，或参加合作项目的开发，促进教师实践能力与实践素质的培养、专业建设、课程建设和教学改革；另一方面，学校聘请合作企业的工程技术人员到校兼职，与教师结成师徒关系，让教师了解产业、行业发展的新动向、新要求、新技术、新工艺，并通过教师及时反映到教学中去，提高学生的实践技能。在这方面，合肥学院采取了卓有成效的措施："直接引进"和"双聘双挂"。"直接引进"就是直接从企业一线招聘技术骨干和精英到学校担任专职教师。"双聘"指学校聘任企业人才兼职教师，企业聘任教师兼职工程师、设计师等；"双挂"指教师到企业挂职，学校接受企业高级人才到学校挂职，挂职时间一般是半年到一年。①

应用型本科高校教师都负有实践育人的重要责任，实践育人是全员育人、全程育人、全方位育人。高校要制定完善教师实践育人的规定和政策，加大教师培训力度，不断提高教师自身的实践能力和实践水平，增强实践育人实效性。应用型高校要聘用具有丰富实践经验的专业人才，要配齐配强实验室人员，提升实验教学水平。应用型高校还要统筹安排教师指导和参加学生社会实践活动，提高学生社会实践水平与质量。要有计划地组织思想政治理论课教师、辅导员和团干部参加社会实践、挂职锻炼、学习考察等活动。教师承担实践育人工作要计算工作量，并纳入年度考核计划。实践教学的有效性离不开教师，其积极性需要用合理的绩效和奖励制度来保障。

第二节　团学组织是应用型本科高校实践育人的重要平台

高校团学组织是以院系共青团组织为代表，学生会组织、学生社团、青年志愿者组织等与之共同形成的服务广大学生成长成才的组织体系。团学组织不仅是高校联系广大青年学生的桥梁和纽带，而且是学生德性发展和成长成才的培养基地。应用型人才培养，一方面是职业技能和知识储备的培养，另一方面是道德品质和人格的塑造。团学组织要认清这一目标，工作过程之中要将"立德树人"有机融入，发挥应用型本科高校团学组织的实践育人作用。

---

① 蔡敬民. 地方本科院校应用型人才培养的理论与实践探索——以合肥学院为例[M]. 合肥：合肥工业大学出版社，2013：35.

一、团学组织是高校实践育人的重要力量

高校团学组织直接面向青年大学生,是引领学生思想和服务学生成长的细胞组织,对高校实践育人促进大学生成长成才发挥着重要的作用。

(一)青年之友:共青团组织

共青团是中国共产党领导下的先进青年的群众组织,是广大青年在实践中学习共产主义的学校,是青年朋友畅想未来、实践创新、携手共进的大舞台。作为青年人的群体,共青团组织是贴心解困的青年之友,与青年大学生很容易交流,了解青年之所想,掌握青年之所需,共青团组织通过青年大学生所能接受并乐于接受的方式开展活动,通过活动潜移默化地将素质教育的理念移植到青年大学生的头脑中,从而使青年大学生自觉地、有意识地进行素质拓展,促使大学生成长成才。这也是学校共青团组织配合学校人才培养在素质教育和学生活动开展中的最大优势。

学校团委是学校团工作和活动的基本单位,它负责学校团的组织建设和思想建设,是团员管理和教育、学生科技文化等活动指导、社会实践活动开展的工作部门,同时负责对学生会、学生社团的指导工作。团委由团员代表大会选举产生的委员组成,一般下设组织部、宣传部、社会实践部、团刊团讯编辑部等部门,其主要工作如下。

第一,用科学先进的理论武装青年学生,努力构筑青年学生的精神支柱。了解和掌握青年师生思想状况,对团员青年开展思想教育。

第二,抓好团的组织建设,健全团的组织机构,负责对各级团干部进行培养、教育和管理,加强基层团组织建设,健全团内“三会两制一课”制度和基层工作档案;做好发展新团员和超龄团员的离团工作以及共青团组织推优荐才工作。

第三,组织开展社会实践活动和青年志愿者活动。根据中宣部、教育部、共青团中央对大学生参加社会实践的规定,积极引导团员青年参加社会实践活动,让广大学生在社会这个大学校中不断实践,通过实践不断增长才干与能力。青年志愿者活动是雷锋精神在新时期的体现和升华,青年志愿者活动在我国构建和谐社会中发挥着积极作用。

第四,指导和帮助学生会、学生社团开展工作,充分发挥学生会、学生社团等学生组织在校园文化及学生自我教育管理等方面的积极作用,形成以团组织为主体,以学生会和学生社团为两翼的团建大格局,组织青年团员开展科技、文化、体育等活动,搞好校园文化建设,丰富学生课余生活,营造浓

郁的校园文化氛围。

第五,不断将共青团建设成服务青年成长的平台。服务青年成才,加快青年人力资源开发,既是党政对共青团的殷切期望,也是共青团育人荐才的具体体现。高校共青团组织利用与其他各个条线共青团组织广泛联系的优势,协助学校有关职能部门做好帮困助学、推优荐才,积极向学生提供各类资讯等方面的工作。

定期开展团组织生活,采用"学校定主题、院系定内容、班上定形式"的方式,开展主题鲜明、内容丰富、形式多样的组织生活,提高团组织生活的质量。通过主客观评定的方式,严格过程管理,主要依据团组织生活的计划、记录、图片、新闻、总结等客观材料加以考评。引导团员青年在主题明确的团员组织生活中,树立正确的世界观、人生观、价值观,提高综合素质。①

(二)学生之家:学生会

学生会是在学校党委领导下的,受学校团委指导的学生群众性组织,是汇聚心灵与思想力量的学生之家。它面向全体学生,是学校、教师与学生之间的纽带和桥梁,在维护学校利益、推动学校发展的同时,也充分表达和维护广大学生的切身利益;它是学生自我教育、自我服务和自我管理的重要平台,是开展健康有益、丰富多彩的课外活动和社区服务的主体力量,并在这一过程中引导学生锻炼自我、成长成才。虽然是学生群众性组织,但它有着健全的机构、严密的体制和规范的操作。尽管很多中学也有学生会,但大学阶段的学生会丰富的工作内容、广泛的工作网络和较强的工作自主性,都会让学生得到更大的锻炼。凡是学校在籍学生,不分民族、性别、年龄和宗教信仰,只要承认学生会的章程,均为学生会会员。

学生会的工作任务和基本职责:

(1)遵循和贯彻党的基本路线与教育方针,团结和引导广大同学高举中国特色社会主义伟大旗帜,以科学发展观为指导,投身改革开放实践,刻苦学习科学文化知识,成为热爱祖国,建设有中国特色的社会主义现代化事业的合格建设者和可靠接班人。

(2)做学校联系同学的桥梁和纽带,在维护《高等学校学生行为准则》和学校各项规章制度的同时,表达和维护同学的正当利益。

(3)倡导"自我服务、自我管理、自我教育、自我约束",创设良好的学习和生活环境,努力为同学服务。

---

① 段丹东.团学组织的思政教育作用与高校人才培养[J].继续教育研究,2012(6):136.

(4) 组织各类文体、社团活动,寓教于乐,推动校园文化的发展和繁荣。

(5) 加强与学院其他部门及兄弟院校学生组织之间的联系和交往,增进理解和沟通,充分发挥学生会在学生事务中的作用。

大学的学生会通常分为学校和院系两级。校级机构的成员来自于全校各个院系,而院系学生会则完全面向本单位学生,是校学生会的团体成员。

(三) 青春之歌:学生社团

学生社团是指学生为了实现会员的共同意愿和满足个人兴趣爱好的需求,自愿组成的、按照其章程开展活动的群众性学生组织。形式多样的社团活动大大丰富了大学文化,恰似回荡在大学校园内的一曲嘹亮的青春之歌。学生社团是我国校园文化建设的重要载体,是我国高校第二课堂的引领者。学生社团形式多种多样,如针对学术问题、社会问题探讨的研究会,文学、体育、音乐、美术等方面组成的活动小组,有文艺社、棋艺社、摄影社、美术社、歌唱队、话剧团、篮球队等,真可谓“百花齐放”“百团大战”。

学生社团的活动以保证完成学生的学习任务和不影响学校正常教学秩序为前提;以有益于学生的健康成长和有利于学校各项工作的开展为原则。学生社团组织和活动的目的是活跃学校的学习气氛,提高学生自我管理、自我教育、自我发展的能力,丰富学生的课余生活。学生社团可以根据学校的不同情况,利用学生的课余时间开展各种形式的活动,交流思想、切磋技艺、互相启迪、增进友谊。

二、应用型本科高校团学组织实践育人的主要平台

应用型本科高校团学组织要坚持“党有号召,团有行动”的优良传统,紧密围绕“怎样办大学,办什么样的大学;怎样培养人,培养什么样的人”的人才培养中心工作,积极代表广大学生的切身利益,注重发挥“挑战杯”、社会实践活动和大学生素质拓展计划等平台的实践育人功能。

(一)“挑战杯”课外系列竞赛

为贯彻落实科教兴国战略,适应深化教育改革、推行素质教育的要求,广泛开展群众性的科技活动,促进青年学生成长成才,共青团中央、全国学联联合中国科学技术协会共同组织了“挑战杯”中国大学生系列科技创新竞赛活动。“挑战杯”旗帜下有两大重要赛事:“挑战杯”全国大学生课外学术科技作品竞赛和“挑战杯”中国大学生创业计划竞赛。“挑战杯”全国大学生课外学术科技作品竞赛始于1989年,每两年举办一届。“挑战杯”中国大学生创业计划竞赛自1999年起举办,间隔一年交替进行。1993年第三届竞

赛期间，江泽民亲笔为“挑战杯”题写了杯名，竞赛坚持“崇尚科学、追求真知、勤奋学习、锐意创新、迎接挑战”的宗旨。

从最初的19所高校发起，发展到1000多所高校参与，从300多人的小擂台发展为200多万大学生的竞技场，“挑战杯”竞赛在广大青年学生中的影响力和号召力显著增强。历经十届，“挑战杯”竞赛已经成为吸引广大高校学生共同参与的科技盛会，促进优秀青年人才脱颖而出的创新摇篮，引导高校学生推动现代化建设的重要渠道，展示全体中华学子创新风采的亮丽舞台，深化高校素质教育的实践课堂。“挑战杯”已经形成了国家、省、高校三级赛制，广大高校以“挑战杯”竞赛为龙头，不断丰富活动内容，拓展工作载体，把创新教育纳入教育规划，使“挑战杯”竞赛成为大学生参与科技创新活动的重要平台。

作为学生科技活动的新载体，创业计划竞赛必将在培养复合性、创造性人才，促进高校产学研结合，推动国内风险投资体系建立方面发挥越来越积极的作用。此项竞赛要求大学生组成专业互补的小组，就某一项具有市场前景的产品或服务进行调研分析、研究、策划，撰写出旨在获得风险投资的可行性商业报告。几年来，一些在竞赛中脱颖而出的创业团队已得到了风险投资，进入了实际创业阶段，如“视美乐”“FANS”等。这项竞赛已成为培养大学生创新精神、创业意识、实践能力，提高综合素质的有效载体。

(二) 大学生社会实践活动

为了让大学生走出校门，走上社会，深入基层，向工农学习，在为社会服务的过程中受到生动、深刻的教育，树立为人民服务、为社会做贡献的思想，团中央于1984年号召全国大学生开展暑期社会实践活动。大学生社会实践成为实践育人的重要平台。大学生社会实践的总体要求是：以邓小平理论、“三个代表”重要思想和科学发展观为指导，遵循大学生成长规律和教育规律，以了解社会、服务社会为主要内容，以形式多样的活动为载体，以稳定的实践基地为依托，以建立长效机制为保障，引导大学生走出校门、深入基层、深入群众、深入实际，开展教学实践、专业实习、军政训练、社会调查、生产劳动、志愿服务、公益活动、科技发明和勤工助学等，在实践中受教育、长才干、做贡献，树立正确的世界观、人生观和价值观，努力成长为中国特色社会主义事业的合格建设者和可靠接班人。

根据《关于进一步加强和改进大学生社会实践的意见》(中青联发〔2005〕3号)的规定，大学生社会实践的工作原则是：① 坚持育人为本，牢固树立实践育人的思想，把提高大学生思想政治素质作为首要任务；② 坚持理论联系实际,提高社会实践的针对性、实效性和吸引力、感染力;③ 坚持课内与课外相结合,集中与分散相结合,确保每一个大学生都能参加社会实践,确保思想政治教育贯穿于社会实践的全过程;④ 坚持受教育、长才干、做贡献,保证大学生社会实践长期健康发展;⑤ 坚持整合资源,调动校内外各方面积极性,努力形成全社会支持大学生社会实践的良好局面。[①]

在开展暑期社会实践的30年来,该项活动受到各级党政部门的重视,也取得了丰硕的成果,在校大学生也通过暑期社会实践活动,弘扬和培育了民族精神,把爱国热情和成长成才的强烈愿望转化成全面建设小康社会的实际行动,在实践中认识国情、奉献社会、提高素质。近年来,中宣部、中央文明办、教育部、共青团中央、全国学联每年均根据形势政策确定当年的暑期社会实践活动主题。文化、科技、卫生"三下乡"和科教、文体、法律、卫生"四进社区"活动,是新形势下大学生参加社会实践的有效载体。

要把实践育人纳入到学生培养的整体规划中,提高实践育人水平,切实做到实践育人与日常思想教育相结合、与专业学习相结合、与科技创新活动相结合、与志愿活动相结合。一方面,应用型本科高校要充分利用学校产学研合作等社会资源,结合学生所学专业,大力拓展校外实习实践基地,加强对学生实习实践活动的管理,为培养学生的实践动手能力提供保障。另一方面,要大力推进大学生服务性学习,开展校内、校外志愿服务,引导学生在社会实践中感受社会发展动态,了解社会对创新人才培养的需求与要求,提高学生批判性思维的能力和解决实际问题的能力,增强社会责任感。

目前,高校都高度重视大学生的暑期社会实践活动,把该项活动纳入培养学生成才的体系中,成立由分管学生工作的领导为组长的暑期社会实践活动领导小组,专门指导、协调该项工作。高校根据地方经济社会发展的实际,广泛开展理论宣讲、科技支农、企业帮扶、文艺演出、法律援助、医疗服务等活动。高校还集中本校的优势力量,专门成立重点社会实践团队,安排指导老师确立实践课题开展实践服务活动。在新学期开学后,各级团组织将根据各小分队、广大青年学生开展暑期社会实践的情况,对本年度的暑期社会实践工作及时进行总结表彰。

(三)"大学生素质拓展计划"

"大学生素质拓展计划"是由团中央、教育部、全国学联为深入推进高校

① 关于进一步加强和改进大学生社会实践的意见(中青联发〔2005〕3 号)[EB/OL]. http://www.ccyl.org.cn/documents/zqlf/200703/t20070321_14557.htm.

素质计划而联合实施的一项系统工程。“大学生素质拓展计划”旨在全面贯彻党的教育方针,按照江泽民“四个统一”的要求坚持面向现代化、面向世界、面向未来,以培养大学生的思想政治素质为核心,以培养创新精神和实践能力为重点,普遍提高大学生的人文素质和科学素质,造就“有思想、有道德、有文化、有纪律”,德、智、体、美等全面发展的社会主义事业建设者和接班人。

根据团中央、教育部、全国学联《关于实施“大学生素质拓展计划”的意见》(中青联发〔2002〕14 号),“大学生素质拓展计划”的主要内容是以开发大学生人力资源为着力点,进一步整合深化教学主渠道外有助于提高学生综合素质的各种活动和工作项目,在思想政治与道德素养、社会实践与志愿服务、学术科技与创新创业、文化艺术与身心发展、社团活动与社会工作、技能培养六个方面引导和帮助大学生完善智能结构,全面成长成才。“大学生素质拓展计划”的实施要注重三个结合,即课内外相结合、第一课堂与第二课堂相结合、学习与实践相结合。实施工作主要围绕指导职业设计、训练素质拓展、建立评价体系、强化社会认同四个环节进行,通过教学、课堂、讲座、活动等丰富多彩的方式展开。尤其要突出一些具有特色的传统工作项目,如“挑战杯”“三下乡”等,全面带动和促进“大学生素质拓展计划”的实施。目前,该项计划正在部分高校中试行,并在他们取得经验的基础上逐步向全日制普通高等学校推广。

高校共青团组织始终处于人才培养工作的第一线,是高校第二课堂的核心力量,是素质教育的重要力量。推进“大学生素质拓展计划”,是高校共青团工作适应当代社会发展的需要、推进素质教育的重要措施,也是高校共青团工作走上系统化和规范化的重要标志。推进“大学生素质拓展计划”,有利于形成大学生自觉参与素质教育的积极导向,有利于动员社会资源服务于大学生素质教育,有利于增强大学生自主就业的意识和能力,也有利于提高共青团组织整合教育资源,形成统一品牌,增强吸引力、凝聚力。

三、应用型本科高校共青团工作社会化实现实践育人

随着社会主义市场经济体制的建立,“社会化”一词开始广泛运用到社会生活中,比如“后勤社会化”等,它也逐渐被社会学家引用到组织领域,成为一个组织依靠社会、动员社会、作用社会,以实现特定社会目标的互动过程的代名词,如共青团工作社会化、少年先锋队工作社会化等。“人的社会化”是有主体和目标的,那么共青团工作社会化的主体和目标又是什么呢?

共青团工作社会化的主体就是共青团组织和广大共青团员,目标就是社会化,团组织以及广大团员与社会的交互作用越多,对社会化影响的程度就越深,社会的发展就越快。共青团工作社会化的核心是“人的社会化”,这既是我们工作的出发点,又是归宿点。高校共青团“社会化”的最终目标就是面向全体大学生的全面发展和综合素质的提高,服务于青年的成长成才和建功立业,培养和造就青年人才大军,为社会和经济发展做贡献,为中华民族的伟大复兴做贡献。在推进高校共青团工作社会化实现实践育人的过程中,应用型本科高校始终要把握教育的规律,要坚持围绕大局,努力构建共青团工作社会化的创新体系。

(一) 拓展工作领域,建立功能完备的服务体系

在发展社会主义市场经济的条件下,青年学生的需求日益丰富和多样,而适应经济社会发展的需求,学习成才是当代青年的普遍追求和基本需求。高校共青团组织应加大服务青年的工作力度,把为青年服务作为团的建设的突破口,把服务大局与服务青年有机结合,把青年工作与现代化建设有机结合,抓住服务青年和培养青年人才这个关键着力点。以服务促建设,以服务求发展,才能不断增强团组织的吸引力和影响力,才能牢牢把握住新世纪共青团工作的主动权,占领制高点。做好服务青年的工作,需要用办事业的精神和方式,从具体的服务项目抓起,以服务组织和实体为依托,逐步建立起功能和手段相对完备的青年服务体系,推动服务青年工作的经常化、制度化、社会化。作为高校团组织,应急学校所急,想青年所想,尽团组织所能,构建以下几个服务部门,形成较为完备的社会服务体系。

1. 培训发展部

这是实施大学生素质拓展计划,推动大学生学习专项知识技能,提高学生综合素质,培养人才的有效阵地。可以成立学生党校、团校、公民学校和其他各类培训中心、学生社团活动中心。

2. 咨询服务部

这是服务青年生活、学习、娱乐最直接的窗口和依托。作为团组织,在学校党政的支持和社会各界的帮助下,努力构建以学生生活服务中心和素质发展咨询中心为重点的各类咨询服务机构,如学生勤工助学中心、学生心理健康教育中心、大学生活动中心、学生读书俱乐部等。根据团组织的职能,还可以建立“维权中心”或“权益保护部”,设立“维权信箱”,维护青年教工和学生的正当的合法权益,开展法制宣传教育,引导青年学生参与学校民主管理,促进学校依法治校工作。

3. 社会实践部

这是指导和管理学生参加各类社会实践、志愿者服务的部门,实践成才是大学生成才的必经途径和手段。坚持实践教育是共青团组织的一项基本原则,开展实践教育活动是团组织的生命力所在。学生社会实践活动应注意一手抓好活动的开展,一手抓好制度机制的建设,应注意把社会实践活动和青年志愿者行动有机结合,应注意把实践基地、德育基地建设和综合实践课程有机结合,建立学生"创新创业中心",推进"大中学生社会实践合格证书"制度,走可持续发展的社会实践之路。比如,高校可以成立青年志愿者服务总队或总站,各院系、年级可以成立分队或分站等。师范专业学生在开展"三下乡"时可重点开展志愿者扶贫支教活动,义务为下岗职工子女、外来务工人员学子和农村学生开设各类学习辅导班、兴趣特长培训班。

(二) 注重团组织自身建设,确立社会化运行机制

共青团组织有着得天独厚的组织优势,但随着经济和社会的发展,随着素质教育的推进和高校扩招、民办学校兴起以及后勤社会化等一系列的新情况、新问题的出现,高校共青团组织不能故步自封、漠视变化,而应该根据实际情况,在保持党的领导的原则和继承传统优势的情况下,认真学习贯彻基层党建带团建和团建创新工作精神,改革和创新团组织自身建设,建立适应社会发展和青年成长成才需要的组织体系和运动机制。共青团作为党的助手,加上组织体系的优势,只有走社会化的运行机制,才能调动起各方面的资源,优势互补,形成更加开放的工作格局和更加开阔的工作视野,把青年工作变成一个系统工程、社会工程,动员各方面力量都来关心青年、服务青年、教育青年。只有调动一切资源,争取学校政策、人力、物力、财力等各项保障,才能形成"上下左右同唱一支青年曲,党政工团共育一代'四有'新人"的良好局面。

高校团组织应重点构建以"一体两翼"为主,辅以党政群团以及社会力量社会化的青年运行机制。"一体"就是建立"校团委→院系分团委→班级团支部→宿舍团小组"的"四级"团组织体系。团组织建设不能弱化,只能改革和强化。校团委应改革内部机构设置,整合力量,优化配置,提高效率,成立综合性的团务部、教育宣传部、培训发展部、文化体育部、咨询服务部等。要切实加强校和院系专、兼职团干部队伍建设,加强对团支部和团小组建设要抓实抓活。实行公寓化的高校应把团支部或团小组建到宿舍团小组长兼舍长,把两者融为一体。根据具体情况还可以尝试在学生社团建立团组织,在学生公寓楼和社区联合建立团组织等。"两翼"就是学生会和学

生社团,团组织要加强对他们的指导和帮助,引导和支持他们充分发挥“三自”功能,发挥学生会组织在学生事务中的作用,树优良校风学风,创文明校园。学生社团作为团组织的外围组织和校园文化建设的骨干队伍有其特殊的地位和作用。

高校团委要加强对青年教工和教工团员的教育和服务,应自觉积极地担负起这一艰巨而又光荣的任务,可以以争创“青年文明号”,争做“十佳青年”“青年岗位能手”作为重要抓手和载体来打开局面,把他们团结到团组织周围,与青年学生有效地交流、沟通,开展“与博士面对面”、师生友谊体育竞赛等活动,发挥青年“孩子王”的示范引领作用,同时,团结带领广大青年教工为学校的建设做贡献。

（三）加强队伍和阵地建设,构建人文化校园文化体系

校园文化是形成学校整体性教育氛围不可或缺的重要组成部分。学校团组织作为校园文化建设的主要力量和生力军,始终要把它作为团的常规性工作不断推陈出新。把创新教育作为核心来推进素质教育就是一种更加注重学生人文精神和创新精神养成和提高,重视学生人格的不断健全和完善,更加重视学生学会“做事”与“做人”相结合的教育理念。除了课程学习之外,这些都可以通过校园文化建设来补充、实践、提升。校园文化建设在强调学校统一领导和指导,以学校建设为主导的前提下,推进校园文化人文化、社团化,有利于调动学生积极性,激发学生的创造性,体现活动的群众性和主体性,使校园文化建设的主导性和主体性相统一,精品化和普及化相结合,有利于丰富学生课余生活,繁荣校园文化,活跃校园学术气氛,提高学生综合素质,推进素质教育进程。

在校园文化建设中要不断建设好两支队伍,一支团干部和社团负责人的管理队伍,一支各级各类青年学生人才队伍。原团中央书记秦宜智强调:高校团干部作为共青团工作的一支重要力量,必须增强责任感、使命感,以党的群众路线教育实践活动为契机,以转变作风为重点,要有坚定的理想信念、真正融入青年学生、提高业务本领、锤炼扎实作风,努力做“学生友”,不做“学生官”,善于做青年学生思想的引导者、就业创业的指导者、心理问题的辅导者。高校团组织要不断加强校园文化阵地建设,建好大学生活动中心、广播台、电视台、社团活动中心等。除了一些传统社团之外,应结合学校特点倡导成立“学生科协”“创新创业社”“青少先研究会”“创作发明协会”等紧跟时代步伐、受学生欢迎的学生社团,应“一手抓培育发展,一手抓监督管理”。学生社团可以实行校系两级管理,聘请专门教师和专家担任指导老

师，定期开展“四优”（社团、指导老师、负责人、会员）进行评比表彰和星级社团评定，定期举行社团巡礼展示等活动，以促进社团工作的正常化、制度化。除了学校和院系的文化艺术节、科技节、学术节、体育节等之外，团组织还可以定期组织“人文与科学”专题讲座、青年论坛、各级各类文体活动、各种形式的培训等。

高校团委还应支持和鼓励团支部、团小组等开展分层化、多样化的班团活动，定期举行团支部活动观摩和团小组建设经验交流活动，以适应院系专业特点、年级特点和青年学生成人成才的各种需求。在团活动的运作方式上可采用先进的科学的项目化管理方法，在学校的指导下通过申报和招标等形式，开展校园文化和各类活动。项目化管理可使共青团工作项目逐渐成为一项事业，实现可持续发展，在项目实施中，可充分调动社会资源，使青年个体主体参与项目，使培养人才工作取得实效。

（四）加快实践育人信息化步伐，构建网络化共青团工作新体系

在大力推进国民经济和社会国际化、信息化的条件下，加快共青团现代化、信息化建设，既是努力提高团组织信息化水平，改进工作手段，提高工作效率和加强共青团组织自身建设的需要，也是跟上时代发展步伐，适应新世纪共青团教育和服务青年的需要。高校要特别认真地研究互联网对青年带来的影响，努力构建思想政治工作的新阵地，发挥网上宣传教育的主动性，努力使互联网成为广大学生获取知识信息的新窗口和接受思想教育的新途径。团中央还把青年学生信息网络体系建设作为跨世纪的紧迫任务来抓，以“国内第一，世界著名”为目标，切实加强“中青网”建设。高校团组织应该通过以“中青网”为主干，以学校团委的信息网站为基础，与社会公众信息网络相联通，建成以青年学生信息和共青团工作信息以及有关经济社会发展的信息采集、处理、开放为基础内容的网络运行体系，它的建成，将吸引广大青少年的访问，形成大学生的思想阵地。通过加强对团干部计算机网络的学习培训，添置必要的现代化设备设施、制定必要的管理制度，不仅使共青团工作更趋规范化、科学化、现代化，而且可以更新广大团干部的理念，拓宽工作视野，学习新知识新技能，增强工作的针对性和实效性。

新时期共青团工作的机遇和挑战已经摆在面前，与其说这是对工作的挑战，还不如说是对广大团干部的挑战，因此，团干部队伍的建设是创新和发展新时期共青团工作社会化的关键。在全面推进素质教育的今天，社会对我们广大学校团干部的素质要求也就更高了，我们只有勤于思考，善于团结协作，敢于进取创新，甘于辛苦寂寞，乐于服务奉献，把共青团工作当作科

学来研究,当作艺术来创造,当作事业来追求,才能把握网络时代共青团工作的脉搏,勇立当代青年的潮头,才能在参与素质教育中谱写新时期共青团工作的新篇章。

第三节 学生社团是应用型本科高校实践育人的有效载体

走在大学校园里,经常可以看到学生社团色彩绚丽的各式海报和横幅,“你方唱罢我登场”,精彩纷呈。学生社团是经过学校批准,由本校学生自愿组成,为实现成员共同意愿,按照其章程开展活动的学生组织。高校学生社团是大学生自我教育、自我管理、自我服务的组织载体和发展平台。学生社团以其设立的自发性、内容的丰富性、参与的灵活性和影响的广泛性而成为大学生们在校四年里的“必修课”,成为他们挥洒青春、激扬文字、汲取营养的一片乐土。学生社团是应用型本科高校实践育人的有效载体。

一、应用型本科高校学生社团的类型及功能

目前,全国高校的学生社团总数达到 2 万多个,而且社团类别丰富,涉及面广,有的社团成员多达几百人甚至上千人。一般而言,高校的学生社团大致可以分为六类,分别是理论学习类、志愿服务类、专业学术类、文学艺术类、体育健身类、科技创新类。不同类别的社团,其性质、特点和活动内容也各不相同。

(一) 唱响主旋律——理论学习类社团

此类社团高举红色旗帜,强调理论传播,积极研究马列主义、毛泽东思想、邓小平理论和“三个代表”重要思想,充分调动了青年学生理论学习的积极性,提高了学生的政治修养和思想道德水平,同时也在广大学生中起到了积极的引导和示范作用,成为开展政治理论学习和形势政策教育的重要平台。这些社团强调理论学习与社会实践相结合、丰富灵活的活动形式与明确的思想主题相结合,注重实践创新,带领广大社团成员面向社会、自觉实践,走出校园、深入社会,在坚定大学生社会主义理想信念、增强理论素养和思辨能力等方面发挥积极的作用。

(二) 用青春奉献社会——志愿服务类社团

此类社团是由学生自发组织和自愿参与,以志愿服务活动为主体,强调

奉献、友爱、互助和进步,倡导积极主流文化的学生群众性服务团体,服务领域涉及绿色环保、法律援助、济困助学、社区义工以及大型活动志愿服务等多个方面。随着社会的进步和人们素质的提高,志愿服务正以星火燎原之势在全国蓬勃发展。高校的志愿服务类社团,作为青年学生体现社会责任感、奉献社会的有效载体,正在大学校园乃至全社会发挥越来越大的作用,产生越来越大的影响。志愿活动是一个结合知识、实际能力和人际关系的平台,它会对志愿者的人生方向产生巨大的影响。如果每个志愿者在奉献的同时都收获了成长,那么志愿服务的价值自然就远远大于它本身。

(三) 徜徉知识殿堂——专业学术类社团

此类社团以满足成员对知识的需求为基础,以提高学术水平和实践能力为共同目的,通常与专业学习和学术研究结合较紧,带有较强的专业实践性质和多学科交流的特点,是第一课堂专业学习的有益延伸。这些社团强调专业兴趣,社团成员通过论坛、讲座、展览等学术交流活动,通过调研、走访、服务社会等学术实践活动,通过各个级别和类别的学术科技比赛,真正达到丰富和拓展专业知识面,将专业知识有效地运用于实践的目的。此类社团因其涉及的专业领域不同而呈现出广泛的多样性,如理工科专业方向的有计算机协会、网络联盟、天文学社、生物学社、化学学社、资源学社、心理健康者协会等,文科专业方向的有法学社、经济学社、社会学社、新闻学社、民俗学社、思想研究会等。

(四) 人文艺术熏陶——文学艺术类社团

此类社团以成员的文学兴趣、艺术特长和爱好相同为基础,是以满足社团成员的精神生活而建立的非专业性的文化、艺术社团。因这类社团的活动形式活泼,大都以演出、展览、观摩、交流等方式进行,内容轻松、自由,富有青春朝气,具有较强的娱乐性,更易贴近年轻人,因此在高校社团中处于主体地位,数量大、种类多,参与群体广泛。高校里常见的此类社团有国学社、文学社、伦理美学社、摄影协会、书法协会、吉他协会、舞蹈协会、爱乐者协会、原创音乐协会、漫画社、美术频道、影视艺术学社等。

(五) 守护健康快乐——体育健身类社团

此类社团是指具有相同的体育爱好和兴趣的同学,为提升其在该项活动中的技术而建立起来的,以各类体育活动项目为分类的学生社团。社团往往通过组织活动和比赛,使社员得以切磋技艺,强身健体,同时还起到了在广大学生中普及体育运动、弘扬体育精神的作用。通常此类社团的专项属性较为突出,既有传统体育项目如排球、足球、羽毛球等各类球类协会,长跑爱好者协会和自行车协会等,又有各种棋牌类社团如中国象棋、国际象棋、围棋和桥牌协会等,还有一些新兴体育项目,如跆拳道、龙拳、登山攀岩和轮滑等。

(六) 仿真试验田——科技创新类社团

作为学生社团中专业性要求较高的科技创新社团,立足于相关专业、涉及学科发展和科研,通过科研活动和科技竞赛等开展社团工作,实现社团宗旨。科技创新型社团活跃了学校的学术科研气氛,有助于广大学生增强对学术科研的兴趣,培养创新人才。为在更大程度上激发学生的发展潜能,科技创兴社团采用实践性教学,加强校企联合、工学结合,以专业实践为主要内容开展社团活动,邀请企业的科技人才、工厂的“大师傅”来学校对学生进行指导。同时,基于科技创新类社团这片仿真试验田,让大学生走出校门,积极参与社会实践、生活实践、探究实践,提高自身的动手能力,实现“实践—认识—再实践”知行循环,巩固和深化对所学知识的理解和掌握,拓宽知识面,建立合理的知识结构,启发学生的思维,深入培养大学生的创新能力。

二、应用型本科高校学生社团实践育人的重要作用

在大学期间,高校学生社团十分活跃,大多数大学生参加了各种不同类型的社团活动,这成为他们课余学习生活的重要组成部分。学生社团作为高校课堂教育教学的补充和延伸,因为其专业的交叉性、活动的实践性、组织的社会性而具有实践育人功能。高校学生社团在加强校园文化建设、提高学生综合素质、引导学生适应社会、促进学生成才就业等方面发挥着实践育人的重要价值。

(一) 学生社团是校园文化建设的重要载体

校园文化的形成和发展与校园文化活动密不可分,而校园文化活动最直接、最活跃的组织者是社团。学生社团是大学生基于共同的兴趣和爱好而自发组织起来的群众性组织,是校园里不可缺少的一部分。学生社团是校园文化建设的重要载体,社团的存在与发展对营造健康向上、多元发展、充满活力的校园文化氛围起着十分重要的作用。社团活动是大学文化的一道亮丽的风景线,丰富多彩的社团活动展现出当代大学生良好的文化素养和高尚的道德情操。一所高校的发展历史离不开社团的发展历史,一所名校的多元化离不开社团文化的繁荣。学生社团是随着高校的产生而产生,随着高校的发展而发展的。比如北京大学,从无到有、逐渐壮大的学生社团就为北大风雨兼程的百年发展史书谱写出壮美的篇章,更在中国历史上留

下了灿烂辉煌的一页。

丰富多彩的社团活动给校园文化建设带来了勃勃生机和青春活力，促进了校园文化多渠道、深层次、高质量的发展。加强对社团的管理和引导，在规范内部管理的基础上，促进社团文化健康、积极、有序发展，使其成为提高广大青年学生思想政治水平的有效载体。学生社团通过持续而有特色的社团活动，拓展学生能力培养途径，丰富学生业余生活，给校园文化建设、学校精神的传承和弘扬增添了新的生机与活力，有利于培养他们健康、积极向上的精神风貌，有助于学校优秀的道德文化、人文氛围和校园精神的继承和弘扬。

（二）学生社团是提高学生综合素质的有效平台

学生社团是大学生第一课堂学习的补充和延伸，有效地活跃了第二课堂，满足了大学生们强烈的求知欲望和能力素质的训练要求，所以，学生社团不仅丰富了大学生的校园生活，而且能对学生进行情感的熏陶、思想的引导、性格的培养、意志的锻炼等，即全面提高学生的综合素质，使学生成为一个完整的人。在校园文化的熏陶和锻造下，具有参与广泛、内容丰富、形式多样等特点的学生社团，为学生发展个性、发挥潜能提供了更多的机会。学生可以按照自己的兴趣爱好和发展意图进行自由选择，充分发挥主动性、积极性，发掘个人潜能，突出个人特长，在社团活动中锻炼才干，促进个人社会化，提高组织管理能力、实践能力、社交能力、团结协助意识和自主管理素质，这些个人素质也是大学生未来发展必须具备的综合素质。

长期以来，高校学生社团以丰富多彩的活动、喜闻乐见的形式活跃在校园的每一个角落，潜移默化地塑造着大学生的完善人格、影响着他们的道德情操和行为习惯，使他们的心灵得到净化。社团文化的熏陶将会不断提升大学生的境界、情趣、品位，培育他们乐观、豁达、宽容的精神，促进他们素质提高、精神解放和全面发展。大学生一方面接受社团文化的熏陶，强化专业学习，培养道德情操；另一方面努力锻炼实践能力，完善自身知识结构，促进知识向能力的有效转化。因此，学生社团是提高学生综合素质的有效平台。

（三）学生社团是引导学生适应社会的广阔舞台

高校学生社团以其独具的群众性、民主性、开放性、多样性、实践性等吸引着广大青年学生，充分满足学生的兴趣爱好和追求，引导学生树立正确的价值取向和发展目标，最大限度地体现自我管理、自我服务、自我教育，是学生充分发挥和展示才能以及个性的广阔舞台。“社团在组织、策划和开展活动过程中，需要社团成员自己动手联系、落实，需要他们相互沟通、相互协调,需要他们与各具特点的社会人群和不同类型的各种组织交往,平衡和实现社团成员的不同利益需求。这一过程让学生得到了充分的锻炼,培养了他们的协作精神,提高了他们的社会交往能力,有利于建立诚实守信、团结和睦、与人为善、乐于助人的良好校园风尚,使崇尚和谐、维护和谐,内化为学生的思维方式和行为习惯。"①学生社团成为高校加强校园文化建设和拓展大学生综合素质的重要阵地。

学生社团有助于大学生掌握适应社会需求的知识技能、社会行为规范、社会特定角色和为人处事的行为规范,教育学生学会做人与学会做事,促进学生完善人格,引导大学生在自我参与、自我思考中实现自我教育的目的,为大学生走向社会做好各方面的准备。学生通过参加社团活动增进了对社会的了解,也有利于社会了解大学生,促进了学校与社会接轨。学生社团是学生观察社会、了解社会的窗口,是学生接触社会、服务社会的通道,是学生适应社会、促进社会意识形成的催化剂,是引导学生适应社会的广阔舞台。

(四)学生社团是促进学生成才就业的有力依托

为适应时代对人才的需求,应用型本科高校培养的应用型人才,是既要有扎实理论基础又有较强实践应用能力的人才,而社团活动恰恰为学生的锻炼提供了有力依托。学生社团应做到"四个结合",即全面发动与突出重点的"点面"结合,教师指导与发挥学生能动性的"双主体"结合,全面提升综合素质与重点培养专项技能的"博与精"结合,适应社会需求与促进学生成长成才的双赢结合,从而实现学生社团"增知识、长才干、做贡献"的实践育人目的。社团活动以大学生为行为主体,活动目标自己商定,内容形式自主策划,角色扮演自由分配,发生冲突自我调解,活动效果自我评价。在不断认识自我的过程中,学生可选择既适合自己兴趣、爱好和特长,又能满足未来职业能力发展和岗位需求的社团活动。借助社团活动,发挥个性优势,学习专业技能,培养综合能力,强化实践锻炼,提高就业竞争力。

应用型本科高校要寻找社团与企业的链接点,使社团成为"工学结合,校企结合"的有效载体。社团可以通过与周围社区共建、校企合作、与企业联合开展活动等形式服务社会。学生社团在新生入学伊始,通过组织校友联谊会,邀请校友介绍自己成长、成才和成功的人生奋斗历程,引导学生客观、全面地分析就业形势,确定合理就业期望,正确定位就业目标。高校引导学生以社团为依托,走出校门,走向社会,利用所学专业知识技能服务地

① 王从严.和谐校园文化建设与学生社团的持续发展[J].中国青年研究,2008(5):99.

方经济社会发展。大学生在服务地方建设的过程中实现了价值,完善了自我,对社会环境有了更为客观、全面、准确的认知,对未来职业增加了感性认识和亲身体验,有利于提前适应角色转变和岗位要求,科学合理地规划职业生涯,将自我发展与社会需求有机结合起来。

三、应用型本科高校如何有效实现学生社团的实践育人

学生社团作为青年学生以自身需要为基础而自愿组成的群众性组织,是校园文化建设中不可分割的一部分,是应用型本科高校实践育人的一支重要力量。学生社团是课堂教学的补充、延伸,能挖掘学生的潜能,培养学生的综合素质和能力。学校应以推动大学生全面发展为目标,把大学生社团建设和管理工作作为推进素质教育的重要内容,纳入学校素质教育的整体规划和学生管理工作的正常渠道中。应用型本科高校应从总体规划、把握方向、提升品位、服务地方等方面加强社团建设,有效发挥社团的实践育人功能。

(一) 重视学生社团的发展总体规划

高校要把社团工作纳入到学校整体育人规划中,统筹社团建设。高校团委要在党委领导下,切实承担起对大学生社团的政治指导和日常管理工作。高校对学生社团的发展进行总体规划,设计并构建符合各高校自身实际的学生社团管理体系,明确各相关部门在学生社团管理与指导上的职责,出台有关政策与管理办法,科学稳步地推进学生社团的发展。应用型本科高校要坚持社团建设的层次性和多样性,积极倡导鼓励志愿服务类、科技创新类社团的发展,正确引导理论学习类社团走向,深化专业学术类、人文艺术类社团的内涵建设,提升体育健身类社团的参与度与效果。

高校注重把握社团发展态势的均衡性,做到重点扶持与规范管理相结合、积极引导与教育督促相结合,保持各校区社团的平衡发展、科学发展。对于同类型社团要统筹管理,对类型重复的社团进行资源整合,对于弱势社团要加大扶持力度。实行品牌战略,在制度层面引入竞争机制和考核机制,对学生社团进行综合评估,对那些特色鲜明、成绩突出、管理规范、考核优秀的社团要重点扶持,打造一批精品学生社团。同时,社团建设注意与职业教育相联系,与青年学生综合素质提高相结合,把它融入青年学生良好的道德行为养成中,营造良好的育人环境,为青年学生将来顺利走上工作岗位服务社会和未来发展奠定基础。

（二）牢牢把握学生社团的发展方向

坚持学生社团在政治上的原则性和导向性。社团建设要贯彻党的教育方针,坚持社会主义教育方向,遵循教育规律。在融入爱国主义、集体主义、社会主义理想信念教育的同时,侧重加强创新精神和创新能力的教育培养。通过社团活动对学生渗透做人的教育、合作精神教育、奋斗精神教育和人文素质教育,培养学生健全的人格、团结协作精神、勇于进取的品质和科学的思维方式以及高品位的文化素养,归根到底,培养富有创新精神和创造能力的社会主义合格建设者和可靠接班人。

学生社团的生命力很大程度上在于以丰富多彩的活动吸引广大会员积极参与,营造高品位的校园文化,形成浓厚的校园文化氛围。社团文化不仅扩大了大学生思想政治工作的内涵和外延,而且给思想政治工作添加了新的活力,有助于培养社团成员更好地自我教育、自我完善、自我发展。要将社团的日常活动与大学生思想政治教育工作紧密结合起来,深入挖掘社团活动中的思想政治教育因素,既使社团活动具备丰富的思想教育内涵,又让社团成员在参加活动中受到思想教育。具体地说,就是要大力推进社团团建工作,发挥团组织在学生社团中的政治核心作用。建设符合高等教育改革需要的社团教育体系,在社团中设立党、团支部,将有助于正确引导社团健康持久地发展。

（三）提升学生社团活动的品位质量

1. 加强社团指导力量

高校团委等主管部门要确定学生社团的指导单位,为社团聘请责任心强、专业精湛的指导老师。社团负责人要主动加强与指导老师的沟通,与指导老师共同研讨设定社团的宗旨和社团发展的方向。在社团发展过程中,还要逐步规范社团内部管理制度、形成社团品牌活动、社团文化。实现社团创新发展,专业指导老师发挥着相当重要的作用。对于社团的指导老师,应制定相应的政策策略,通过计算工作量、工作任务、工作成绩等对社团指导教师进行必要的精神和物质奖励。同时,配备相应的辅导员老师指导社团日常管理和具体活动管理。学校宣传、学生、教务、科研等部门要结合工作职能,为学生社团的建设和发展给予支持,提供必要的指导。

2. 加强社团干部队伍建设

社团干部是社团的灵魂和核心,是关系到社团精神的传承和社团发展的关键因素,高校团委等社团管理部门要注重对他们的培养。通过选修课或专题讲座等培训,加强大学生领导力培养,使他们掌握一定的管理知识,培养组织协调能力和创新精神，提升他们的领导力，指导和鼓励他们组织开展健康有益的社团活动。高校团委等社团管理部门还应制定完善的社团骨干的考核和奖惩制度，以激励社团干部工作的积极性。

3. 要加强社团的活动建设

高校要鼓励社团开展内容丰富、形式多样、格调高雅的理论学习、学术科技、文化娱乐、社会实践、志愿服务、体育竞技等活动，特别是要多举办高水平的形势政策报告、科技论坛、人文讲座，调动学生参与活动的主观能动性，激发学生的想象力、创造力，把学生社团建设成第一课堂的延伸和培养学生兴趣的重要阵地。改善学生社团活动的设施和场地，保障物质条件。为社团提供必要的活动经费，同时支持和监督社团通过适当方式吸纳社会赞助解决活动经费问题，社会赞助已成为社团活动经费重要来源之一。

（四）构建服务地方发展的合作机制

学生社团要实现自身的发展、壮大，充分体现自身育人功能，就必须保持和发展与外部环境的联系和合作。应用型本科高校的学生社团要在体现浓郁的校本特色和地域特色的基础上，凝聚打造服务地方建设的力量。只有紧紧围绕地方经济社会发展需要组织开展丰富多彩的社团活动，学生社团才能在狭窄的空间中灿烂绽放。“一方面高校社团可聘请企业相关人员定期到学校进行技术讲座、实践指导，以及创业培训，设立‘创业导师制’，进一步挖掘在校生的创业潜能，激发在校生的创业热情，为在校生自主创业传授丰富的实践经验。另一方面高校社团可输送技术型、实用型人才进企业。地方行业协会会员可根据自身企业实际需求，有针对性地与地方社团组织合作，将高校中技术型、实用性人才引进到地方企业中，充实自身的人才队伍建设。”①服务地方发展的合作机制使得高校社团有了更多走进企业、实践学习的机会，提升了未来职业发展能力，能够进一步调动在校大学生参与社团的积极性，增强社团凝集力。

要积极引导学术类学生社团参与地方经济社会发展建设的相关课题研究，企业通过高校社团与地方性协会的合作，实现无缝对接，将高校的优秀课题和科研项目转化为经济效益。积极引导科技创新类社团投身校企地联盟建设、入驻国家级大学生创业园区等地方政府品牌工作，高校也可充分利用企业的资金优势，开展深层次合作的课题研究，将社团的优秀创意顺利转

---

① 金武州. 基于人才培养的高校社团与地方行业协会合作模式探究[J]. 学校党建与思想教育，2013(11)：56.

化为现实的生产力。要积极引导志愿服务类及人文艺术类学生社团以志愿服务、文艺演出、社会实践等形式全方位地、长时间地服务地方建设、服务社区百姓、服务基层组织、服务广阔农村。学生社团专业化、社会化功能的不断完善,能够将社会影响通过社团活动的方式作用于学生。这种合作机制使高校学生更好地将理论与实践相结合,有助于大学生树立与时代相适应的人生观、价值观、世界观以及就业观,提高大学生思想政治素质和就业竞争力。

四、大学生思想政治工作进公寓、进网络、进社团

当代大学生的学习、生活环境相对于过去已经发生了巨大的变化。过去,宿舍、教室、食堂构成"三点一线",而如今,学生生活园区(公寓)、互联网络、学生社团,正构成大学生日常学习生活的三大公共环境,这是一个开放的、自主的公共环境。因此,如何适应新的形势,探索和构建思想政治工作进公寓、进网络、进学生社团的创新体系,占领新阵地,开辟新途径,奏响主旋律,这是新时期高校思想政治工作面临的新的时代课题。在"新三进"中,应用型本科高校应结合学校实际,更新思想观念,构建起思想政治工作创新体系,创新德育评价,切实增强思想政治工作的时代感、主动性、针对性和实效性。

(一)更新思想观念,营造民主平等、交互式育人环境

一直以来,大学生作为受教育者,处于一种被管理的地位,学校、教师与学生之间是一种管理者与被管理者的行政管理关系,教育被当作一种管理行为来看待。大学生思想政治工作,从根本上说是做人的工作。如今,随着高等教育的改革和发展,特别是素质教育的全面贯彻实施、高等教育收费制度的改革,教育不再仅仅是一种管理活动,也是一种消费;大学生不仅是受教育者,也是一名消费者,大学生的角色发生了变化。教育既然是一种消费,教师和学生之间不再仅仅是一种教育者与受教育者的关系,也是一种合同契约关系,这是教师和学生平等的一种新型关系。因此,教育者要更新教育理念,重新认识师生关系,以生为本,尊重学生,把教育学生、管理学生、服务学生结合起来,树立师生平等的观念,营造民主、开放、交互式的育人环境;树立依法治教、依法管理的理念,重视管理的合情合理和合法性,依法维护作为消费者的学生的合法权益。

随着高校后勤社会化、学生住宿公寓化,随着社会信息化的加快、互联网的迅速普及,随着当代大学生独立自主、成才意识的增强,高校校园文化

趋向社团化，公寓、网络和学生社团成了大学生除了课堂之外的三大公共环境，作为学校的管理者、服务者——教育者来说，我们不能等待观望、消极被动，而应与时俱进，思想政治工作要走进公寓、走进网络、走进社团，主动迎接挑战，研究新问题，采取新措施，为学生的成长成才服务。

（二）创新管理体制，开辟育人新阵地，构建育人新体系

高校思想政治工作进公寓、进网络、进学生社团，是一项全新的工作，也是一项艰巨的工作，没有现成的经验和模式，只有以人为本，与时俱进，不断创新思想政治工作的管理体制，开辟育人新阵地，构建育人新体系。

1. 建立健全领导责任制

思想政治工作的管理体制，建立健全领导责任制是首要任务。袁贵仁指出，高校要"进一步落实在党委统一领导下，党委负总责，以校长及行政系统为主实施的德育工作领导管理体制，把高校学生思想政治工作纳入高校工作的总体规划，建立健全有效的运行机制、激励机制、保障机制和评估机制。"通过制度建设，拓宽学生思想政治工作的覆盖面，覆盖全体师生员工，覆盖各个校区、教学班以及校外学生公寓，覆盖教学、科研、管理和服务等各项工作，覆盖学生入学教育、毕业教育、就业指导等各个环节，真正实施教书育人、管理育人、服务育人、环境育人，把全员、全过程、全方位育人落到实处。在思想政治工作进公寓、进网络、进社团中，应成立以主管思想政治工作和学生工作的党委副书记(副校长)挂帅，由相关的其他校领导、职能部门负责人、院系分管负责人和有关专家参加的领导小组。同时明确各职能部门的职责，形成一级抓一级、一级带一级、层层抓落实，齐抓共管的长效机制。这三个领导小组应本着精练、协作、高效的原则开展工作，各职能部门应各司其职，团结协作，不推诿、不扯皮，整合资源，形成合力，抓出成效。

2. 构建学生公寓育人新体系

随着高校教育教学改革的深入和大学学习方式的改变，学分制在高校逐步实施，固定教室减少或取消，以班级为单位的集体活动和空间大大减少，班集体的概念被弱化，而不同专业、年级、性别的有相同兴趣爱好的学生走到一起参加学生社团、志愿者、社会实践等活动，同时学生宿舍越来越成为学生学习、生活和活动的最基本的组织单元和空间，犹如学生所言，"宿舍是我家"。就时间而言，学生平均每天在宿舍的时间有 10 多个小时；就空间而言，主要是"教室、宿舍、食堂"三点一线加虚拟的网络空间。在这里，大学生可以很放松地与别人进行相互交流和信息沟通，按自己的兴趣、爱好充分地表现自己、充实自己、发展自己，是高校提高人才培养质量的重要环节和

基础性工程。这里也是学生们思想观念交锋、生活习惯摩擦、性格脾气冲突、相互攀比妒忌最容易产生和激化的地方。最近几年,全国高校宿舍区陆续发生了好几起舍友伤害案件。学生宿舍是学生的第一社会、第二家庭、第三课堂,也逐渐成为"凶案发生地",这必须引起我们高度重视。

思想政治工作进公寓,首先要建立一个师生平等交往的关系,营造出民主和谐的教育环境氛围,构建起"思想政治教育为核心,物业管理为基础,学生参与为主体,生活社区文明和文化建设并重"的学生生活社区管理的模式。辅导员轮流值班应进驻学生公寓,与学生同吃、同住、同学习,只有真正深入学生才能了解到学生所思所想所为的真实情况,发挥其思想政治工作的主导作用。

思想政治工作进公寓具体措施可以概括为"五抓七进建一家"。五抓:抓卫生、抓安全、抓"点名"、抓舍(家)风、抓学风和队伍。七进:党团组织进公寓,辅导员(班主任)进公寓,思想政治教育进公寓,校园文化进公寓,物业进公寓,家长进公寓,学生骨干进公寓。

把学生党团组织建到公寓,充分发挥党团组织团结人、凝聚人、引导人的作用,建立各类"示范寝室"和"优秀舍长"创建机制,把"示范寝室"评比和先进团支部评比结合起来;建立学生公寓自我管理组织,突出思想政治工作进公寓中学生的主体地位,成立大学生公寓自律委员会,选聘公寓学生辅导员、楼长、层长等,努力把学生公寓建成学生自我教育、自我管理、自我服务、自我成才的场所;切实加强公寓文明和文化建设,为思想政治工作创造良好的环境条件和氛围。学生公寓内团组织机构的建立与传统以班为建制的团组织机构形成了团组织的双重覆盖。现在学生公寓的学习功能、生活功能、活动娱乐功能等都比较强。要充分发挥和利用公寓学生活动中心、文化广场、报刊图书阅览室等阵地,有效地将校园文化活动移植到学生公寓,营造高品位的学生公寓社区文化,加强学生社区精神文明建设和大学生思想政治工作。

3. 开辟校园网络育人新阵地

随着互联网的飞速发展,网络已经成为意识形态渗透与反渗透、各种社会思潮交流、交融、交锋的重要阵地。在我国网民中大学生占多数,网络活动已经成为他们生活方式的主要组成部分。高校必须清醒地认识网络发展的新特点,增强进行网络教育的责任感和紧迫感,树立强烈的阵地意识。"网络虽是虚拟空间,但真实地反映了学生的现实状况。团学组织通过团学网页、QQ 群、博客、微博等进行正面宣传、加强引导。同时,借助网络交流平台，掌握团员青年的思想动态，有针对性地了解、听取广大团员青年在专业学习、业余生活、团学工作、社会实践、就业创业等方面的困难、问题、意见和建议。”①根据“积极发展，加强管理，趋利避害，为我所用”的原则，切实加强网络阵地建设，努力开辟思想政治工作的新天地，强化意识形态的控制、引导和管理，使网上有党的声音、正面的声音。

高校要充分利用网络技术的教育手段，发挥网络思想政治教育工作的主动性、实时性和服务性作用。建设网上思想政治教育队伍，使广大思想政治教育工作者逐步掌握网络特点，善于运用网络理念、网络语言和网络规律有效地开展思想政治教育。一方面，能够在思想政治工作网站上进行动态教育，与学生进行互动式的交流，为学生解疑释惑；另一方面，及时获取和发布思想政治教育信息，对网上不良信息进行过滤或清除，在信息大潮中起到“引导者”和“把关人”的作用。② 要规划和建设好学校主题网站，网站建设主题要鲜明，目的要明确，不断扩大覆盖面、增强吸引力、提高实效性；积极利用 BBS 和网上论坛开辟思想政治教育新阵地，及时了解和掌握广大学生的思想动态，丰富校园文化生活，进行正确的舆论导向，引导大学生成长成才；广泛开展网上各类咨询服务，如招生就业、勤工助学和心理咨询等，这是融教育、管理、服务于一体的好载体、好渠道；“依网络做活动，以活动兴网络”拓展网络思想政治教育空间，经常开展涉及学生学习、生活、思想等方面的活动，通过广大学生乐于参加的活动唱响主旋律；建立他律与自律、引导与制约相结合的文明上网制度，对学生提出上网的一些合理合法要求，并与课程学习、业余生活、学分授予结合起来。加强网络伦理和网络文明教育，创设积极、健康的网上氛围。

4. 强化学生社团育人新功能

思想政治工作进社团，实现高校社团文化与大学生思想政治工作的有机融合，已经成为高校加强和改进学生思想政治工作，提高思想政治工作针对性、实效性的重要课题。20 世纪 90 年代以来，高校的各类学生社团如雨后春笋，方兴未艾，原先大家较多地认为学生社团作为学生群众性的自发组织，构成了校园文化的一部分，主要具有学习和娱乐功能。但随着高等教育的改革发展，大学生独立自主意识、成才意识的增强，他们追求个性张扬，掀

① 段丹东. 团学组织的思政教育作用与高校人才培养[J]. 继续教育研究，2012(6)：137.

② 孙兰英. 网络文化建设和管理思想与高校思想政治教育的创新[J]. 思想理论教育导刊，2012(2)：99.

起了学生社团的一阵阵热潮,逐步形成了校园文化社团化的趋势。高校社团文化是大学生在满足自己需要的过程中创造出来的,能培养人、塑造人、教育人,具有鲜明的教育功能。高校社团利用其自身的优势,通过大量的、多层次的、多方面的活动,来满足学生的多样化需要,促进学校的学风和校风建设,促进大学生成才,有力地化解冲突,保证学校的稳定,增进学生对学校的情感,增强学校的凝聚力。

针对不同的社团要实施分级管理、分类指导,“一手抓培育发展,一手抓监督管理”,加大对学生社团的扶持和指导,加强对学生社团负责人的培训和管理,按照“三定”要求(定章程、定计划、定指导老师),每年举行社团巡礼展示和“四优”(优秀社团、优秀社团负责人、优秀社员、优秀指导老师)评选。在社团组织建设上,可以把班级、公寓党团组织建设和学生社团党团组织建设结合起来,把注册团支部和活动团支部建设结合起来,从而构建起全方位育人、全方位德育评价体系。

(三) 重构德育评价,强化育人功能,完善德育评价体系

思想政治工作进公寓、进网络、进社团作为一种新的思路、新的内容、新的途径和方法,是理论学习进教材、进课堂、进头脑“三进”的延伸,是教书育人、管理育人、服务育人、实践育人“四育人”的深化。实践已证明了高校思想政治工作“新三进”的重要性、紧迫性和有效性,同时,也给我们提出了“新三进”形势下德育评价的新课题。

旧的德育评价已不能满足“新三进”的要求,在借鉴和继承旧的德育评价体系的同时,必须创新大学生素质评价体系,实施大学生素质拓展评价,必须改革和创新德育评价的范围、内容、指标和手段等,必须把学生在公寓的表现、在网络的表现、在学生社团的表现等纳入德育评价之中。有些学生平时在教室,在老师和同学面前基本能按照学校规章制度言行,一旦进入学生生活社区,便放松对自己的要求,甚至放纵自己的言行。因此,要把学生在生活社区的表现,纳入思想政治教育考核、学籍管理的范畴,作为评选评优、评定奖学金和助学金、推优荐才的重要依据。建立学生公寓档案,实行学生公寓表现记载反馈制度。评价学生在网络中的表现,从技术上讲比较困难,但可以通过吸引学生主动登录红色网站和主流网页,规范和约束学生以实名登录校园网,教育学生文明上网、遵守互联网行为准则,参加校园网上的网上论坛、完成网上作业等各种活动,来对学生文明上网、安全上网考核评价。在学生社团中,通过建立团组织,形成学生骨干,规范社团管理制度,建立社团社员档案,实行社团社员考核评价制度,强化学生社团的育人

功能和德育评价。

思想政治工作是经济工作和其他一切工作的生命线，高校思想政治工作是人才培养的生命线。随着科学技术日新月异，经济全球化、政治多极化、文化多元化和科技信息化，随着高等教育改革和发展步伐的加快，高校扩招、缴费上学、后勤社会化、学分制实施，随着互联网、学生公寓、学生社团的普及，高校思想政治工作只有继承和发扬优良传统，贯彻落实党的十八大精神和《中共中央关于加强和改进思想政治工作的若干意见》的文件精神，不断更新思想观念，探索和实践思想政治工作进公寓、进网络、进学生社团，才能培养出适应21世纪需要的德才兼备的社会主义高素质人才。

第六章

资助育人:应用型本科高校立德树人的必要保障

当前,我国高校发展正处于重大战略机遇期,同时也是诸多问题和矛盾的集中凸显期。在经济体制深刻变革,社会结构深刻变动,利益格局深刻调整,思想观念深刻变化,社会经济成分、利益主体以及生活方式日趋多样化的时代背景下,高校出现了贫困生这一特殊群体。为了保障受教育者享有接受高等教育的权利,实现教育机会均等与教育公平,高校学生资助工作应运而生。我国高校资助政策偏向对贫困生的经济支持,在思想教育上往往容易出现盲点。在资助工作中,资助是手段,育人是目的,高校要始终坚持"育人"的根本目的,围绕培养学生成长成才的工作重心,努力将资助工作与思想政治教育有效地结合起来。"资助体系一方面应该为学生的健康成长注入精神动力,培养学生感恩社会、担当责任、自强自立的良好思想道德;另一方面,应为学生的健康成长拓展生命空间,使家庭困难学生在基本经济问题得到解决的同时,感受到外界的人文关怀,并因此构建丰富多彩的情感世界,包括提高自信心、人际交往能力,确立理性的幸福观和挫折观,感受生命的顽强与美好等。"①资助育人是应用型本科高校立德树人的必要保障。新时期,应用型本科高校有效贯彻落实国家规定的各项资助政策和措施,构建适合人才培养目标的资助育人机制,具有重要的现实意义。

① 梁成山.四大支持系统下的高校资助育人长效机制研究[J].大学教育,2014(2):144.

第一节 资助育人与应用型本科高校立德树人

随着高等教育改革的不断深化，高校招生已逐步实行并轨，毕业生分配实行“供需见面”“双向选择”“自主择业”等形式，以往大学生上学“包学费”“包分配”的做法已彻底改变，《中国高等教育改革和发展纲要》明确指出：高等教育是非义务教育。大学生需要交费上学，这一重大改革对于更新人们的观念，全面提高教育的质量和效益都起到了积极的作用；但与此同时也出现了家庭经济困难学生上学难的新情况、新问题。应用型本科高校在立德树人中要高度重视资助工作的育人功能，把党和政府对大学生的关怀落到实处。

一、高校贫困生的认定

家庭经济困难学生是指学生本人及其家庭所能筹集到的资金，难以支付其在校学习期间学习和生活基本费用的学生。学生需向学校申报，由学校根据有关部门设置的标准和规定的程序，以民主评议方式认定。目前，全国尚没有统一的家庭贫困标准，教育部要求每个地方都根据当地社会失业保险情况作出判断。凡是国家招收的普通高校本专科学生，在校期间基本生活费用难以达到学校所在地最低伙食标准，且无力缴纳学费及购置必要的学习用品，日常生活没有经济保障的大学生，均为贫困学生。

贫困学生家庭困难的主要原因：父母双亡或单亲，经济来源少，或经济上没有依靠；家住偏远落后地区，自然条件恶劣，经济发展缓慢，生活困难；经济欠发达地区的多子女家庭，上学子女多，家庭收入偏低；家中有危重病人，医药费用开销较大，造成家中经济负担较重；家庭所在地受灾严重，没有了经济来源；等等。

一般来说，学校认定贫困生的主要依据有两个方面：一是要有家乡所在地镇(乡)政府以上出具的家庭人员及经济困难情况证明，必须提交家庭所在地的乡(镇)或街道民政部门加盖公章予以确认的《高等学校学生及家庭情况调查表》，证明自己的家庭经济状况；二是该生在校期间生活的实际状况。

二、我国高校贫困生资助政策体系

为帮助高校家庭经济困难学生顺利入学并顺利完成学业，1999 年，经国务院批准,教育部、财政部、人民银行决定从当年秋季学期开始,在北京等8个城市进行国家助学贷款试点。2000年,教育部、财政部、人民银行在全国所有的公办全日制普通高校开展了国家助学贷款。2002年,财政部、教育部在公办普通高校设立了国家奖学金制度。2004年,财政部、教育部在改革原有国家奖学金制度的基础上设立了国家助学奖学金制度。同年6月,经国务院批准,教育部、财政部、银监会、人民银行对国家助学贷款政策和运行机制进行了重大改革,建立了以风险补偿金为核心的国家助学贷款新政策、新机制。2007年5月,经国务院批准,财政部、教育部建立了以国家奖助学金、国家助学贷款为主体,学费减免、特殊困难补助、勤工助学、"绿色通道"等有机结合的新的高校家庭经济困难学生资助政策体系。至此,我国在高校家庭经济困难学生资助方面形成了一个比较完善的体系。①

2007年5月,国务院关于《建立健全普通本科高校高等职业学校和中等职业学校家庭经济困难学生资助政策体系的意见》指出,建立健全家庭经济困难学生资助政策体系的主要目标是:按照《中共中央关于构建社会主义和谐社会若干重大问题的决定》的有关要求,加大财政投入,落实各项助学政策,扩大受助学生比例,提高资助水平,从制度上基本解决家庭经济困难学生的就学问题。②2010年《国家中长期教育改革和发展规划纲要(2010—2020年)》颁布实施后,国家密集出台了一系列高校学生资助政策,高校家庭经济困难学生资助政策体系得以进一步完善,在制度上保障了家庭经济困难学生顺利入学并完成学业。

目前,国家在高等教育阶段建立起国家奖学金、国家励志奖学金、国家助学金、国家助学贷款(包括校园地国家助学贷款和生源地信用助学贷款)、师范生免费教育、退役士兵教育资助、基层就业学费补偿助学贷款代偿、服义务兵役国家资助、新生入学资助项目、勤工助学、学费减免等多种形式有机结合的高校家庭经济困难学生资助政策体系。家庭经济困难学生考入大学,首先可通过学校开设的"绿色通道"按时报到。入校后,学校对其家庭经济困难情况进行核实,采取不同措施给予资助。其中,解决学费、住宿费问题,以国家助学贷款为主,以国家励志奖学金等为辅;解决生活费问题,以国

---

① 新华社.党中央国务院不断加大资助高校家庭经济困难学生工作力度[N].光明日报,2010-01-05(7).

② 国务院关于建立健全普通本科高校高等职业学校和中等职业学校家庭经济困难学生资助政策体系的意见(国发〔2007〕13号)[EB/OL].[2012-09-02].http://www.xszz.cee.edu.cn/zizhuzhengce/zong-hezhengce/2012-09-02/1225.html.

家助学金为主，以勤工助学等为辅。此外，国家还积极引导和鼓励社会团体、企业和个人面向高校设立奖学金、助学金，共同帮助高校家庭经济困难学生顺利入学并完成学业。①

经过多年的实践，我国已经形成了“目的明确、体系全面、层次多样、工作立体”的高校资助工作体系。资助目的要帮助困难学生解决生活问题，但更重要的是促进高校贫困生健康成长、顺利成才。全面性是指资助面向全体学生中的经济困难学生，以生为本，以育人为本，以学生成才为本。工作体系的多层次性是指全国高校均已建立起以“奖、贷、勤、助、补、减”等为主要内容的助学体系。工作的立体性主要指资金来源已相对多样化，逐步扩大覆盖面和受益面。

三、应用型本科高校资助育人的本质要求

大学寄托着学生用知识改变命运的梦想，新的资助政策为家庭经济困难学生送温暖、解困难，帮助他们增信心、长才干。高校资助育人要实现资助体系帮困与育人的双重作用，充分满足学生的需要、提升他们的能力、尊重他们的个性、丰富他们的社会关系并最终实现他们的人生价值，满足“经济资助的解困、精神帮扶的育人、励志强能的成才”本质要求。

（一）经济资助的解困要求

高等教育实行收费以来，大学生不但需要交纳数目不菲的学费与住宿费，还要交纳一定数目的教材费等。同时，物价飞涨导致在校大学生的生活费大幅上升，这些累积起来是一笔巨大的开销，对经济困难家庭而言负担太重了，甚至成为一个天文数字。有人描绘了高校这个特殊群体的生活：“中国每所大学都有群这样的学生，他们除了按时完成学习任务以外，还必须为学费和生计而奔波。他们吃着油水极少的便宜饭菜，穿着低廉而过时的衣服，当他们走出校门时变成了打工谋生一族，而返回教室时又恢复了大学生的身份，但他们却是校园里学习特别认真的一个群体。”②经济上的困难，使得高校贫困生生活窘迫，生活压力与学业压力交织在一起，直接影响着青年大学生的身心健康与成长成才。

---

① 中华人民共和国财政部教科文司，中华人民共和国教育部财务司. 全国学生资助管理中心. 高等学校学生资助政策简介（本专科生）[EB/OL]. http://www.moe.edu.cn/ewebeditor/uploadfile/2014/08/04/20140804111734616.

② 谢树玉. 困难学生自尊自立自强教育研究[J]. 教育者协会研究，2002(4)：22.

党和国家始终重视高校贫困生现象,制定了一系列的政策措施,资助经济困难学生,以确保贫困生安心就学。国家建立的经济资助体系,的确有助于党中央、国务院“保证考上公办高校学生都能顺利入学”的承诺得以实现。但最根本的是要严肃认真、不折不扣地落实好已经出台的各项措施和政策。因为,一旦在这些政策措施的执行过程中出现了不尽人意的人为偏差,贫困学生心理受到的打击将会更大。因此,相关部门和人员应该从大局出发,带着感情,扎扎实实地展开工作,努力把实事办好,让每一个贫困生实实在在享受到这一政策的利益和温暖。

(二) 精神帮扶的育人要求

资助育人的工作核心是以人为主,注重对人的关心与爱护,这不仅仅表现在物质上的救济,更表现在精神上的支持,是一种追求高层次精神脱贫的表现。物质需要和精神需要是人的需要的基本内容。物质需要是精神需要的基础,而精神需要又为物质需要的发展提供方向和指导思想。因此,在高校对贫困大学生进行物质资助的同时,不能忽视对他们的精神帮扶。贫困生所面临的问题不单单是来自经济的问题,往往还有更多的深层次困难。由于家庭的原因,他们往往容易形成情绪焦虑、自卑、心理负担重等问题。精神帮扶就是要尊重、理解贫困生,对他们给予充分肯定,通过奖优罚劣、竞赛评比等激励机制和教师的行为来影响和带动贫困大学生,帮助贫困生克服思想上的消极因素,扬长避短,克服自卑、压抑的心理。

首先,要帮助贫困生树立正确的人生观、价值观。邓小平指出:“我们一定要经常教育我们的人民,尤其是我们的青年,要有理想。”[①]青年是祖国的未来,青年人有理想有信念,我们的事业才有连续性,国家才有希望。贫困大学生的思想政治教育工作,要以人生理想、人生价值为切入点,教育贫困生学会怎样做一名有益于人民的人,从而树立正确的人生观、价值观、世界观。没有坚定的理想信念,就没有一切。针对贫困大学生在思想上出现的问题,通过润物细无声的思想政治教育工作帮助他们把贫困看成是最宝贵的人生经历和财富,树立起崇高的理想、远大的抱负。教师要通过资助反馈的引导,教育他们正确认识贫困,认识金钱不是万能的,正确处理经济困难与人生态度、人生价值的关系。

其次,要认真对待贫困生的多样化需要。我国心理学工作者黄希庭的调查表明,大学生需要的相对强度,由强到弱依次可以排列为发展需要、尊

---

① 邓小平.邓小平文选:第3卷[M].北京:人民出版社,1993:110.

重需要、交往需要、贡献需要、安全需要与生理需要。贫困大学生有他们自己的需要，当他们的愿望正当时，我们应满足，而当他们的愿望不正当时，我们要及时教育引导。贫困大学生的心理健康问题是与尊重需要相关的。所以，思想教育工作者应注重人文关怀、心理疏导，主动深入了解他们的心理，引导他们接纳现实，少些抱怨，走出消极阴影，树立积极向上、乐观的生活态度。

再次，要给贫困生更多的精神激励。教师的榜样力量可以激励贫困生。教师思想作风和生活作风优良，事业心和责任心强烈，大公无私，言行一致，对待所有学生一视同仁，所有这些都可以有力地激发贫困生的积极性。教师对贫困生给予无微不至的关怀，把学校的温暖送到贫困生的心坎上，也能增强他们对生活的勇气和对学习的自信心，从而努力完成好学业。教师对贫困生的信任和尊重同样也是一种有力的激励。教师要鼓励贫困生敢于展示自己的才华，通过让贫困生参与集体活动在集体中树立起威信，通过让贫困生在集体中担任一定的角色发挥他们的长处和优点。在资助过程当中要注重学生健康心理的培养及精神世界的丰富，帮助学生排除消极因素，培养他们的爱国主义意识及民族责任感，引导他们积极主动创造美好生活。

高校教育者不应对贫困生另眼相看，应用爱心去帮助他们，国家、社会也都非常重视这一群体，学校建立的以“奖、贷、勤、补、助、减”为主的贫困学生资助系统也正在发挥着积极的作用。但是我们也发现，一系列的资助奖励措施对贫困生中学习、工作等各方面都很努力的学生更加青睐，奖学金数额虽然较大，但竞争也十分激烈。一些来自贫困地区的学生，因学业基础较差而常与奖学金无缘。一些包括社会捐助在内的资助方式对贫困生的学习等方面也有一定的要求。“授人以鱼，不如授人以渔”，因此所有对贫困生的资助措施都不仅仅是在经济上资助学生，更重要的是教育和引导贫困生“怎样做人，怎样成才”的精神帮扶。

（三）励志强能的成才要求

贫困并不可怕。香港著名实业家李嘉诚说“千金难买幼时艰”。作为一名正在求学的贫困学生，要想在求学期间完成经济上的脱贫一般是不可能的。但重要的是必须首先在精神上脱贫，如果精神上不脱贫，就难以战胜贫困，反而被贫困压倒。因此，我们要教育引导贫困学生正确对待眼前的困境。

首先，要有一种乐观向上的心态，树立自强自立、艰苦奋斗的精神。不完全依靠父母，靠自己劳动来努力挣学费，他助不如自助。老子说：“胜人者有力,自胜者强。”古往今来的许多例子告诉我们:逆境更有利于成才。贫困是一种财富。思想上的压力,甚至肉体上的痛苦可能成为精神上的兴奋剂。如果能正确地看待人生,懂得人生的价值在于创造和贡献,在于为社会尽责任,就能树立远大的理想,不至于陷入“人穷志短”的苦恼之中,真正做到“穷且益坚,不坠青云之志”。这样就会有奋斗目标,有坚强毅力,就能达到理想的彼岸。

其次,教育引导贫困学生要树立自尊和自信。要让贫困生不断给自己积极的心理暗示,树立自信心。教师要鼓励他们积极与同学、朋友交往,积极参加各项有益、健康的活动和勤工助学活动;在交往中缓解自身压力,主动关心学校,关心社会,关心同学,赢得别人的理解,学习别人的长处,促进自己心理健康水平的提高,增强克服困难的勇气和信心;不养成依赖心理,不“等、靠、要”;视苦难为财富,发奋图强,要以积极的心态和勤奋自强的精神完成学业,早日成才,回报社会。

再次,在资助过程中,教师要帮助学生塑造自立自强的品格和提升自我发展的能力。在资助导向上,通过大力实施励志教育,拓展勤工助学岗位,培养贫困生的艰苦奋斗作风。比如,南华大学“资助工作方式的转变:一是资助形式由‘给予型’向‘励志型’‘强能型’的转变,让受助学生充分认识自己的境况,并激发他们通过努力培养自己的实践能力、创新能力、就业能力以及创业能力;二是拓展资助职能,为受助生积极构建平台提供锻炼机会,不断提高他们的专业技能、沟通能力和服务社会的能力,帮助他们实现教育与就业的对接”①。在资助育人的过程中,注重将学生实践内容与专业训练相结合,以增强实践活动效果;将学生能力培养有机融入助学中,使贫困生增长知识、锻炼能力、增强专业技能,自立自强,以促进学生全面成才。

第二节 构建应用型本科高校立德树人的资助育人模式

由于高校招生、收费和就业制度逐步深化,以及地区经济发展不平衡、贫富差距变大、发生天灾人祸、企业不景气或父母失业增多等原因,高校出

① 黄建美,邹树梁.高校资助育人创新视角:构建多维资助模式的路径探析[J].中国高教研究,2012(4):84.

现了相当数量的贫困生。贫困生作为高校的特殊群体,受到教育和社会的普遍关注。应用型本科高校的贫困生与研究型高校贫困生有着不尽相同的人生经历、学习环境、受资助的机会以及未来的心理预期等,因此,应用型本科高校在资助工作中必须结合自己学生的实际情况探索适宜的方式、路径等。基于应用型本科高校资助育人的重要意义、基本原则、有效机制等方面的探讨,尝试构建应用型本科高校立德树人的资助育人模式,有利于高校资助工作中实现立德树人的教育价值。

一、应用型本科高校资助育人的重要意义

高校学生资助工作是一项任重而道远的民生工程,是实施科教兴国和人才强国战略的重要保证,也是维护高校乃至社会和谐稳定,增强大学生对党和国家的热爱,促进教育公平,坚持教育优先发展,努力办好让人民满意教育的重大措施。

(一)构建社会主义和谐社会的本质要求

改革开放36年来,随着社会主义市场经济的逐步发展,中国取得了举世瞩目的成就,同时,也带来收入分配差距扩大、社会分化严重等不良后果,甚至一定程度上,还存在社会流动的“堰塞湖”,社会不和谐的问题逐渐凸显。社会分化不可避免地带来了教育分化。2013年2月,中国人民大学原校长纪宝成担任了中国职业技术教育学会第四届理事会会长,接受专访时指出:“现在几乎没有市委书记、市长与县委书记、县长的孩子上职业院校,就连说职教重要的人的孩子一般都没有上职业院校。职教简直成了‘平民教育’的代名词。很多老百姓的孩子上职业院校是无奈之举。”尽管纪宝成的话尖锐了些,但上海市教育科学研究院与麦可思研究院的调查数据也印证了这个观察。据统计,近3年,88%的高等职业学校毕业生为家庭第一代大学生。2012年,全国中等职业学校农村户籍学生占到在校生总数的82%,中西部地区的学生占在校生总数的70%。父亲、母亲为农民、工人的学生人数占调查总人数的80%。[①] 在贫富悬殊的社会分化背景下,一方面,是家庭经济的窘迫使得孩子从小就无缘享受优质教育资源,输在了起跑线上,步步落后。另一方面,是不可避免的结果。近些年,重点大学的农村生源一直呈下降趋势,北京大学2013年新生农村生源比例为14.2%。同样地,教育公平与公正的丧失,也会极大地阻碍社会的

① 李剑平,纪宝成.市长市委书记孩子几乎不上职业院校[N].中国青年报.2013-04-15(11).

发展,并促进社会的两极分化,成为推动社会分化的原动力。

尽管应用型本科高校的生源要比高职好一些,但是总体情况也是相仿的,大量的学生都来自普通家庭,其中不乏相当数量的贫困生。贫困生大多来自边远穷困地区,这些地方经济落后,人均收入远低于全国平均水平。这些孩子尽管只考上了一所普通大学,但是他们往往是家族中的第一代大学生,承载着整个家庭甚至家族的梦想和期望。贫困大学生的家庭处于社会底层,他们把接受高等教育看作改变个人命运乃至整个家庭命运最重要的途径,对教育预期的收益有很高的期望。但在目前的社会环境之下,高校贫困生在学业、就业、择业方面也常常容易受到各种排斥,他们对社会表现出种种不适应,心理自卑、敏感、脆弱、封闭,他们人力资本弱、社会资源少,要他们依靠自身的力量去摆脱困境很难,久而久之,他们往往会怨天尤人,抱怨家庭条件不好、学校教育不好甚至社会不公等,其中自然就会蕴含着潜在的不和谐。高校贫困生的困境和心理上的障碍影响着高校的和谐发展,这与党中央提出的构建和谐社会不相适应。其实,我们构建和谐社会和全面建成小康社会,需要的是多元化人才。2014 年 6 月,教育部颁布的《高等学校学生资助政策简介》指出:“通过国家资助切实减轻困难家庭供应子女上学的经济负担,传递党和政府的关怀、社会主义大家庭的温暖,是保障和改善民生的重要举措;通过国家资助让每一个家庭经济困难学生都能成为有用之才,帮助家庭经济困难学生消除贫困代际传递,是实现国家长治久安、建设社会主义和谐社会的本质要求。”①

(二) 促进教育公平,办人民满意的教育的重大举措

近年来,随着高校扩招规模逐步扩大,以及高校收费制度改革逐渐深化,贫困生人数增长迅速,贫困生问题日益突出,制约了我国高等教育的可持续发展。贫困问题出现代际转移倾向,社会阶层固化趋势加剧,一代穷将有可能世代穷。社会底层上升通道受阻,将会失去活力和动力,将给经济社会转型带来冲突和风险。高校贫困资助工作面临着巨大的挑战和压力。采用什么样的办法能够向学生提供最有效、更公平的资助,成为社会各界十分关注的问题。2014 年 6 月,教育部颁布的《高等学校学生资助政策简介》指出:“教育公平是社会公平的重要基础,是国家基本教育政

① 中华人民共和国财政部教科文司,中华人民共和国教育部财务司. 全国学生资助管理中心. 高等学校学生资助政策简介(本专科生)[EB/OL]. http://www.moe.edu.cn/ewebeditor/uploadfile/2014/08/04/20140804111734616.

策。党中央、国务院高度重视家庭经济困难学生就学问题，将建立健全国家学生资助政策体系，保障所有家庭经济困难学生都有平等接受教育的机会，作为促进教育公平的重要举措和途径。”[①]教育公平是指每个社会成员在享受公共教育资源时，受到公正和平等的对待。教育公平包括教育机会公平、教育过程公平和教育质量公平，关键是机会公平。教育公平是社会公平的底线。只有促进教育公平，让每一个孩子都能享有平等机会，才能缩小城乡差距、区域差距，办人民满意的教育，促进社会公平。国家明确强调：要让每一个考入公办大学的学生不因为家庭经济困难而失学。

我国已经建立起了“政府、高校、社会”多元主体参与、“奖、贷、助、勤、减、补”多元方式资助的贫困生教育资助体系。在党中央和国务院的高度重视下，我国不断加大资助工作力度，使广大学生尤其是家庭经济困难学生都充分享有公平接受高等教育的权利，从制度上基本解决了高校家庭经济困难学生的就学问题。“2006 年至 2011 年，我国资助学生人数从 1530 万人次增长至 4170 万人次，增长近 2 倍；资助金额从 162 亿元增长至 501 亿元，增长 2 倍多。”[②]国家对高校贫困生的直接资助主要体现在国家奖学金和国家助学金两项上，兼顾奖优助困，但存在资金不足、资助面窄的问题，投入不足以满足贫困学生的经济需求。党的十八大提出，要“大力促进教育公平，合理配置教育资源，重点向农村、边远、贫困、民族地区倾斜，支持特殊教育，提高家庭经济困难学生资助水平，积极推动农民工子女平等接受教育，让每个孩子都能成为有用之才”[③]。这表明了党中央、国务院关注弱势贫困群体的态度和促进教育公平的决心，以及解决贫困生的具体举措，进一步改革和完善了学生资助制度。据最新统计，2013 年，政府、高校、社会设立的各类政府措施共资助全国普通高等学校学生 3724 万人次，资助总金额 574.11 亿元，比上一年增加了 26.28 亿元，增幅达 4.8%。[④]多年来，党和政府及社会各界高度关注家庭经济困难大学生的上学问题，在全社会形成了重视教育、

---

① 中华人民共和国财政部教科文司，中华人民共和国教育部财务司. 全国学生资助管理中心. 高等学校学生资助政策简介（本专科生）[EB/OL]. http://www.moe.edu.cn/ewebeditor/uploadfile/2014/08/04/20140804111734616.

② 新华社. 我国近五年资助高校贫困生 4170 万人次[N]. 光明日报，2012-11-16(9).

③ 胡锦涛. 坚定不移沿着中国特色社会主义道路前进 为全面建成小康社会而奋斗——在中国共产党第十八次全国代表大会上的报告[M]. 北京：人民出版社，2012：35.

④ 全国学生资助管理中心. 高校新生入学资助详解[EB/OL]. http://www.moe.edu.cn/publicfiles/business/htmlfiles/moe/s8235/list.html.

帮扶贫困、捐资助学的好风气。

(三) 高校立德树人促进大学生成才的必要保障

贫困学生是我国资助政策体系的直接受益者。国家资助力度加大使得受助学生面扩大,但不少学生认为自己获得国家奖助学金理所应当,甚至认为是应该享有的福利,对自己接受的资助项目没有应有的感恩之心,并没有形成应有的感恩意识和回馈社会的意识,表现出了感恩意识淡薄、社会责任感缺失等问题。感动中国人物丛飞,十年间省吃俭用,拼命地工作,资助了178 名贫困生顺利完成学业,累计捐助款 300 万元,终因劳累过度而倒下,最后付不起医疗费用,而当时很多受助者已经走上了工作岗位,却无动于衷,明知恩人身患重病处于困境,却没有向恩人伸出援助之手。资助工作要彰显的价值取向应该是促进人的和谐发展。苏霍姆林斯基指出:“培养全面发展的、和谐的个性的过程,就在于教育者在关心人的每一个方面特征的完善的同时,任何时候也不要忽略这样一种情况,即人的所有各方面特征的和谐,都是由某种主导的、首要的东西所决定的……在这个和谐里起决定作用的、主导的成分就是道德。”高校资助工作要让贫困生在接受资助过程中,同时也接受到诚信与励志教育,完善自身人格,培养其追求卓越的精神,发挥资助工作的德育功能,真正发挥贫困生资助工作“经济上解困、心理上解惑、品格上扶志、能力上发展”的独特功能,实现高校立德树人,促进大学生成才的目标。

高校贫困生不仅需要掌握专业知识,还应该具备健全的人格。通过资助工作,高校要着重帮助贫困生克服心理问题,通过感恩教育解决贫困生的心理问题,培养贫困生的心理品格和心理素质,培养他们珍惜和热爱自己所拥有的,能够以积极健康的心态去面对生活,培养感恩意识。高校可以组织高年级优秀困难学生举办事迹报告会,把他们的亲身经历讲给其他同学听,激发贫困生内心的共鸣。还可以邀请从贫困家庭走出来的行业骨干或企业领导现身说法,引导贫困生坦然面对现实的困境,建立正确的自我评价,树立健全的人格。高校要重视培养学生适应社会的各种能力,使学生逐渐成长为社会需要的合格人才。其实,高校的资助政策对贫困生的资助都是暂时的、表面上的、外在的,面对漫长的人生,只有不断提高他们的专业能力和综合素质,培养他们自立自强,才是长久之计。高校可以通过校企合作等方式拓展勤工助学平台,让贫困生真正走向社会,用自己的努力去创造机会,帮助他们减少对社会和资助帮扶的依赖,实现从“他助”转变为“自助”,甚至走向“助人”,有能力帮助他人,回报社会,具有社会责任感,这样,就能彻底解决贫困生的困难。

二、应用型本科高校资助育人的原则

随着我国高等教育向大众化发展,收费制度、就业体制改革不断向纵深发展,高校贫困生将有增加的趋势。作为立德树人重要组成部分的高校资助工作,不仅要帮助大学生的生存问题,更要满足其发展需要;不仅要解决大学生走出物质困境,也必须能给予其精神关怀。为了积极有效地开展资助育人工作,应用型本科高校必须坚持物质资助与精神帮扶相统一、心理关怀与能力培养相统一、解困资助与权益保障相统一原则。

(一)物质资助与精神帮扶相统一

在国家资助政策的大力扶持下,高校积极建立了以国家助学贷款为主,社会资助、校内资助相配套的多元化资助体系,使家庭经济困难的学生在完成学业等方面基本都可以得到多种支持,努力使贫困生从根本上消除因经济原因导致的心理焦虑。物质资助,即对贫困生进行经济层面的资助,以确保贫困家庭的学生顺利完成学业。但经济窘迫的贫困生往往还伴有精神贫困。精神贫困是指贫困生由于受经济困难等因素的影响,无法正确面对和处理来自学业、生活、就业等方方面面的压力,而出现了精神扭曲、心理失衡、性格偏差以及人格不健全等问题,心理方面处于亚健康状态。因此,高校在对贫困生予以经济资助的同时,还要及时给予精神帮扶,使他们真正从精神上“脱贫”,即给予贫困生人文关怀,培养他们健康的心态,克服心理、道德、交往、人生和学业等种种困境,有效促进贫困生的自由、全面发展。精神帮扶实质上是一种精神关怀,表现为对个体的尊严、价值、命运的维护、追求和关切,对全面发展的理想人格的肯定和塑造。精神帮扶彰显了贫困生资助工作深刻的道德价值和人本精神,满足了贫困生的道德诉求和精神诉求,帮助他们以积极的状态融入社会。

经济资助解决贫困生外在的生存困境,而精神帮扶则关注贫困生内在的发展需要。高校应组织一些能展示贫困生优势的丰富多彩、积极向上的学术、科技、体育、艺术和娱乐活动,使学生在参与教育活动的同时,培养学生积极乐观的心态,使他们在活动中发挥特长,建立和谐的人际关系,增强信心。在帮助他们顺利完成学业的同时,教育他们学会感恩,增强他们的社会责任感,实现索取和奉献的和谐统一。高校要高度关注贫困学生的精神生活,把资助工作与感恩教育、诚信教育、励志教育有机结合起来,深切关怀其生命情感和心灵活动,引导学生养成积极向上的学习风气,帮助学生树立正确的价值观、人生观和世界观,弘扬自强不息的精神,让贫困生深深感悟并体验到资助过程中的人性关怀,自觉践行社会主义核心价值体系,从而获得生活和学习的信心,最大限度地发挥其主体能动性。要加强班级、宿舍等育人环境建设,增强班集体的亲和力和凝聚力,让贫困生感受到感情真挚的人际关系,为贫困生成长营造良好的环境氛围。

（二）心理关怀与能力培养相统一

贫困大学生作为一类特殊群体,他们在心理上所承受的压力要比普通学生大得多,他们的心理健康状况更加需要得到切实的关注和有效的干预。因此,高校贫困生资助不应仅仅停留在物质层面,而要注重物质资助与精神帮扶相统一,要着力解决贫困生的“精神贫困”问题,“因经济困顿而造成心理的极度自尊或高度自卑,皆为贫困生的资助范畴”①。他们在成长成才过程中有着许多思想困惑和心理问题。高校教育者要及时、准确地把握贫困生的心理动态和心理诉求,采用个人单独咨询、团体辅导与行为训练、热线电话、网络在线互动或书信解答等各种心理教育疏导方式,为贫困生提供心理健康指导服务,缓解因为贫困而产生的各种心理压力,积极解决一定时期内存在的共性的、群体性的心理倾向和问题,确保贫困生养成健全人格。党的十八大报告提出:“加强和改进思想政治工作,注重人文关怀和心理疏导,培育自尊自信、理性平和、积极向上的社会心态。”②教育者要高度重视贫困生的心理状态与情感需求,积极的情绪体验能够直接促进个体心理健康水平的提高。通过组织开展丰富多彩的集体活动、校园文化和社会实践活动,把精神抚慰等心理关怀融入经济资助工作之中,消除学生负面情绪与情感,从内心深处唤起自信、自立、自强、永不言败的正能量,鼓励其积极进取,成为身心健康、知行统一的阳光青年。

高校要注重心理关怀与能力培养相统一,将高校贫困生接受帮助的权利和义务结合起来,帮助高校贫困生摒弃“等、要、靠”思想,培养其积极进取和自强不息的精神。“在启发受助者自助方面,要依照节俭自助、勤劳自助、精神自助的递进顺序,把受助者培育成为具有自助意识、自助精神的人本意义上的自助主体。”③高校要做好更加细致务实的教育引导工作,培养和提

① 张冰,白华.盲助:破解中国高校贫困生资助范式的路径选择[J].社会科学家,2013(3):111.

② 胡锦涛.坚定不移沿着中国特色社会主义道路前进 为全面建成小康社会而奋斗——在中国共产党第十八次全国代表大会上的报告[M].北京:人民出版社,2012:32.

③ 薛深,胡相峰.高校贫困生资助的人文关怀[J].教育评论,2008(3):55.

高贫困生的自助能力。不仅是要做好物质资助与心理关怀，而且更重要的是展开学习帮扶。高校要根据贫困生个体的需要，配合优质师资，提供设备或场所，对贫困生加强诸如英语、计算机等基本技能的培训及就业指导培训等。通过学习扶助发展能力，提升高校贫困生的生存能力、交际能力和创新能力等，进一步提高他们的综合素质。“勤工助学给贫困生提供了接触社会的锻炼机会，对他们心理素质、劳动能力的提高起到积极作用，进而为学生毕业后走上工作岗位积累经验、奠定基础。”①同时，高校贫困生要找准自身的定位，树立适合个人情况的恰如其分的目标，逐步提高学习、生存和发展的能力。对于贫困家庭的孩子来说更实际的做法是学有所用，顺利就业，以尽快摆脱家庭经济窘境。

（三）解困资助与权益保障相统一

英国哲学家培根说：“只要维持公平的教育机会，贫穷就不会变成世袭，就不会一代一代世世代代地穷。”在现代社会，高等教育资源是指较为稀缺的社会资源。国家推出的高等学校学生资助政策是切实履行政府公共财政职能，让贫困生平等获得接受良好教育机会，确保每个贫困大学生不因经济困难而辍学，促进教育公平和社会公正的有效手段。应用型本科高校贫困生资助的终极目的不仅是要贫困生能够顺利完成高等教育的学业，而且要使他们各方面的素质都得到更大的发展，使他们具有能够融入社会的、健全的人格与灵魂。贫困生资助终极价值在于保障贫困生接受教育与就业权利，反对入学与就业歧视，让贫困生与其他同龄人一道“共同享有人生出彩的机会”②。让贫困生拥有平等的机会，享有优质教育资源，最大限度地获得知识，充分地发展各自的个性，他们才能够提升自身的竞争力，改变命运，创造幸福。

现代学校制度是一种以学生发展为核心的制度安排，所有的规则体系都是围绕更好地促进学生发展来构建的，从而更加彰显了教育的独立性和学生的主体性。在资助育人工作中，高校坚持以家庭经济困难学生为本，体现了高校对这一学生群体的关心、爱护和重视。长期在经济困难环境中长大的贫困生，往往心理脆弱、敏感、自卑而又自尊性强。为了实现资助育人，尊重学生的主体性，高校首先要保护好贫困生的隐私权。资助不能成为侵

---

① 董俊.促进高校贫困学生和谐发展的意义及途径[J].学校党建与思想教育，2006(1)：78.

② 习近平.在第十二届全国人民代表大会第一次会议上的讲话[M].北京：人民出版社，2013：5.

害贫困生隐私的正当理由。保护好贫困生的隐私权,有利于贫困生身心健康发展,有利于资助工作的社会功能的充分发挥,有利于降低还贷风险并使更多的受资助者感恩和回报社会。高校在对贫困生评定、公示、监督中,必须把对贫困生个人信息的公开控制在适度范围。加强贫困生信息管理,从制度上保护贫困生隐私权。高校资助育人要尊重贫困生的人格和发展需要,切实发挥贫困生资助内在的动力和深沉的感召力,维护贫困生隐私权、受教育权、生存发展权等合法权益,促进贫困生和谐发展。高校实施资助育人,关键要看是否有利于贫困生未来发展需要,是否致力于贫困生道德品质、人格意志、行为能力、综合素质的提升。因此,高校要高度重视贫困生个体的心理感受、成长状况及发展机会的获得,激发其内心创造性和主动性,彰显贫困生在受助过程中的主体性意义,实现解困资助与权益保障相统一。

三、应用型本科高校立德树人的资助育人机制

近年来,高校贫困生资助工作不断发展,满足了广大贫困学子和家庭的迫切需要,促进了社会的公平正义,产生了良好的社会效益,但也面临着一些问题与挑战。高校要取得资助育人的良好效果,应当始终遵循"三全"育人基本原则,不断完善大学生资助政策体系、健全大学生资助工作运行机制。积极探索和创新应用型本科高校立德树人的资助育人机制,实现资助工作与育人工作的良性互动,共同促进大学生成长成才,是当前高校乃至全社会面临的一项重要课题。

(一)公平公正的制度设计

经过长期实践,我国对高校家庭经济困难学生的资助已经形成了一个比较系统、比较完善的多元混合型体系,资助力度不断加大,资助范围不断扩展,并且各项资助内容逐步规范化和制度化。在遵循国家资助政策的基础上,高校必须出台本校关于经济困难学生助学解困工作的实施意见、工作实施细则,国家奖学金评选条例等一系列规章制度,规范地落实国家各项资助工作。以制度为基础,围绕资助工作事务性项目,对各项资助事务性工作进行全面梳理、分析,优化操作环节、构建和规范操作流程,设计包括国家奖学金、助学金申请,贫困学生认定,勤工开展,助学贷款申请、确认、催缴在内的十余项资助工作流程图。

家庭经济困难学生的认定难度大,需要建立一个有效的、科学合理的机制。资助工作引入定量分析的方法,把定量分析与定性分析相结合。"在实

际操作过程中，建议可以参照国际上通用的界定贫困人口公式：PL =X /2。这里的 PL 表示贫困线，X 表示所在高校大学生的平均消费水平。根据 PL 值，可以计算出贫困率（PR），亦即贫困线下学生占总人数的比率。”[①]对照这个比率，通过对学生家庭所在地区的人均收入水平、家庭劳动供养关系、资助需求、校园一卡通单餐消费水平和手机消费金额等学生信息的分析，建立贫困生数据库，对贫困生的基本信息进行科学分析，实行消费跟踪与定期回访。经过量化评定初步确定可能存在经济困难的学生范围，然后再由辅导员进行个别谈心谈话，向同班、同宿舍的同学了解情况，观察其日常表现，等等，进行综合定量与定性分析，再确定正式的贫困生名单，这个名单定期进行审核、更新。根据数据库信息，高校教育工作者为每一位贫困生量身定制资助方案，并监测学生在校期间的整个受助过程及生活状况，保证公平、公正地实施帮困工作。

（二）规范有序的管理机制

1. 构建贫困生心理危机干预机制

高校要构建贫困生“预防、预警、应急处置和后干预”的适合应用型本科高校形势发展需要的心理危机干预机制。高校要建立和完善学校专职心理咨询师、院系心理辅导员、班级心理委员或宿舍舍长（心理员）三级心理救助体系，同时成立心理健康协会和励志社团。在新生入学一个月后，高校对新生进行心理健康普查，可以运用常用的中国大学生心理健康量表（CCSMHS）、症状自评量表（SCL－90）、大学生心理健康调查表（UPI）等。在全体新生心理健康状况普查的基础上，根据每个贫困生心理健康程度分级建档，有针对性地开展贫困生的思想教育和心理疏导。其中，那些存在异常心理和行为的贫困生必须给予高度关注，对有严重心理障碍者的疏导教育和危机干预要及时、准确。高校要开展丰富多彩的校园文化活动，培养他们积极向上、健康乐观的心态，缓解他们在生活、学习、人际交往和就业上的心理压力。高校心理健康工作者应该定期对全校所有学生进行心理状况综合测评，并及时更新贫困生心理健康档案。

2. 完善“有偿资助”管理制度

高校学生资助工作中应当以助学贷款工作为平台，将信用教育活动贯穿其中，做好信用知识的宣传和普及工作。随着经济社会的迅猛发展和人们思想的多元化，受到多方面影响与冲击，如今大学生的诚信度普遍下降，

---

① 杨振斌. 高等学校辅导员培训教程［M］. 北京：高等教育出版社，2006：164－165.

甚至有部分学生为谋取国家助学金而过分夸大家庭贫困程度或纯粹地谎报,给贫困生资助工作带来了不必要的困扰,这就需要强化诚信教育,建立贫困生信用制度。高校对在申请贫困生资格中弄虚作假的学生一定要严肃处理,并通过建立学生诚信档案和与银行、资助人等共建学生信用体系的方式,规范和约束学生的不诚信行为。完善国家助学贷款制度,包括资助对象标准、利率额度、优惠措施、还款期限以及相关的征信体系和法律法规。通过制度优化,减少学生违约偿还的比例,促使助学贷款制度顺利实施并逐渐扩大规模,惠及更多学生。高校还要建立有效的督促偿贷机制,引导、监督学生及时偿还助学贷款。

3. 拓宽贫困生自立自强的有效平台

高校增加校内助教、助研、助管和经营性岗位数量,为贫困生提供更多勤工助学机会,并拓展校外勤工助学渠道,尤其是适合大学生知识结构和能力水平的岗位工作,开拓他们的视野,培养他们的社会实践能力及社会责任感。高校应将勤工助学与自强教育活动紧密结合,培养学生勇于面对困难、自立自强、艰苦奋斗的优良品质。高校可以成立大学生勤工助学服务中心、爱心社、学生心理中心、助贷中心、志愿者服务中心等以贫困学生为主体的助学服务队伍,在贯彻资助理念、落实资助政策、开展资助工作等环节中发挥积极作用,让他们在自我教育、自我管理、自我服务中成长成才。高校要多支持、多关爱贫困生,为贫困学生拓宽就业渠道,广泛收集就业信息,积极推荐就业,为他们毕业后尽快走上工作岗位创造机会和条件,解决学生的实际工作问题。这些教育活动的开展、引导让贫困生懂得自强自立,用双手奋斗改变自己的境况和命运,积极地面对贫困、面对今后的人生道路。

(三) 积极有效的宣传机制

加强政策落实的监督,注重营造良好的氛围。资助政策的贯彻落实、宣传解读不到位,往往会直接影响资助工作的成效。高校应将落实好各项国家资助政策作为重点,开展广泛、深入的宣传工作,让广大家庭经济困难学生清晰地了解各项资助政策,并认识到国家资助政策保障教育公平、惠及广大学生的重大意义。在解决大学生实际困难的同时,加强党史党情教育,情理交融,使得贫困生充分感受到来自党和国家的温暖与关爱,帮助他们树立正确的理想信念。加强资助政策宣传力度,高校要在宣传橱窗开设国家资助政策和学校相关资助政策专栏,在全校范围内营造出关心家庭经济困难学生、支持学生资助工作的育人氛围。高校还要通过开通专线电话、网络咨询服务,针对学生提出的关于资助内容、贷款类型等具体问题及时做出答复。在新生入学报到时，开设广播专栏，召开班会，宣传资助政策、途径等内容。在《学生手册》中安排专门的章节系统介绍，以便学生详细了解政策内容。高校还要开通绿色通道，进一步完善绿色通道长效机制，促进绿色通道的快捷畅通。关于资助政策的宣传工作，从新生入学开始贯穿整个大学四年始终，解决贫困生的后顾之忧，促进大学生的健康成才和全面发展。

高校以丰富多彩的校园文化活动、校园微博、专题网站等为载体，构建有效的宣传机制。用榜样教育进行疏导和激励教育，坚持个体教育与集体教育相结合，在良好的氛围中对他们进行鼓励，培养他们的自信心和责任感。其实，贫困生群体中不乏自强不息、品学兼优的佼佼者，高校可以组织开展大学生“自强之星”“勤工助学优秀个人”等评选活动，营造积极进取的良好氛围。榜样的力量是无穷的，培育典型、选树榜样具有重要意义。高校要充分深挖本校贫困生中依靠自身努力，顽强拼搏而取得可喜成绩的优秀代表，通过“我的青春故事”报告会、“奋斗的青春最美丽”演讲会等广泛宣传他们的典型事迹，举办“成功校友创业讲座”，开展“与校友企业家面对面”等专题活动，邀请在校期间战胜贫困，并最终成功创业的校友返校做讲座，引导和鼓励贫困生正确看待人生中的挫折和挑战，帮助贫困生树立艰苦奋斗意识，激发战胜困难的勇气，对他们的生涯规划给予启发与指导，增强贫困生奋发有为的自信和意志力。

家庭经济困难学生资助工作是一项艰巨而复杂的系统工程，仅仅依靠政府和学校的力量是不够的，需要政府、学校、新闻媒体、社会各界等各个方面的共同努力。高校需要围绕资助育人任务作积极有效的宣传，引起社会机构或团体、企事业单位、社会慈善机构、慈善家和普通民众的广泛重视，努力构建一个整合有力的外部经济救助和内在人文精神关怀的资助工作新模式，实现大学生资助主体多元化、资助方式多样化和资助工作科学化，切实使家庭经济困难学生实实在在受益，更好地体现社会主义制度的优越性。

第三节　应用型本科高校贫困生人格特征的调查分析与教育实践

随着高校的扩招和收费制度的改革，贫困生已经成为大学校园中的一个特殊群体，他们的生活状况引起了社会的广泛关注。为了帮助贫困大学生解决生活困难问题，各级政府和各高校都采取了多种方式帮助贫困大学生走出困境。但越来越多的案例显示，贫困大学生的问题不仅仅是经济问题，更重要的是由此间接导致了一些贫困生缺乏自信，产生心理焦虑，甚至形成自卑和自我封闭的人格障碍。我们在关心贫困生经济、生活困难的同时，更要关注他们的心理健康问题，及时对因为贫困而产生的心理问题的学生进行心理疏导和帮助。为此我们对贫困大学生人格特征进行了调查研究，以期对贫困生的帮助教育以及人格培养提供新的视角和路径。[①] 本调查以常州工学院为例，常州工学院学校坐落于经济发达、文教昌盛、交通便捷、美丽富饶的江南历史名城——常州。伴随着国家改革开放的步伐，历经36年的建设和发展，常州工学院逐步发展为一所以工科为主，工、理、管、经、文、教、艺术等多学科协调发展，办学特点鲜明的应用型本科高校。

一、应用型本科高校贫困生人格特征调查的研究方法

1. 对象

常州工学院贫困大学生220名，男生94名，占42.7%，女生126名，占57.3%；其中，大一学生83人(37.7%)，大二学生68人(30.9%)，大三学生53人(24.1%)，预科16人(7.3%)。

2. 研究工具

(1) 16PF人格因素量表。采用美国伊利诺州立大学人格及能力测验研究所卡特尔教授(R. B. Cattell)编制，华东师范大学1988年修订的卡特尔16种人格因素量表(16PF)为测量工具。问卷具有很高的信度和效度，得到业内人士的广泛认可和采用。卡特尔16PF问卷由187道题组成，包括16种人格因素：A乐群性，B聪慧性，C稳定性，E恃强性，F兴奋性，G有恒性，H敢为性，I敏感性，L怀疑性，M幻想性，N世故性，O忧虑性，Q1实验性，Q2独立性，Q3自律性，Q4紧张性。(2) 在对贫困生进行16PF人格因素量表调查的同时，辅助于我校贫困生自陈问卷调查表。

3. 方法

使用统一的指导语，进行团体测试，测试所有数据采用SPSS11.5进行处理与分析。

---

① 薛香，肖华. 贫困大学生人格特征调查的分析与思考[J]. 常州工学院学报(社科版)，2008(5)：33.

二、应用型本科高校贫困生人格特征调查的结果分析

(一) 常州工学院贫困生的均分与江苏省男女大学生常模均分比较

江苏省男大学生16PF常模和江苏省女大学生16PF常模数据来源于江苏南京中医药大学心理健康教育指导中心的相关研究①。从表1可以看出，与江苏省男大学生常模相比,常州工学院贫困男生的兴奋性($P<0.01$)、实验性($P<0.05$)明显低于江苏省男大学生常模($P<0.01$);忧虑性($P<0.001$)、紧张性($P<0.01$)显著高于江苏省男大学生常模。贫困女生的稳定性、恃强性、兴奋性、有恒性、敢为性、敏感性、幻想性、世故性、实验性均低于江苏省女大学生常模,尤其是在兴奋性、敏感性、幻想性、世故性、实验性方面有着非常显著的差异($P<0.001$);忧虑性和紧张性则明显高于江苏省女大学生常模($P<0.001$),以上差异均具有统计学意义。

表1　常州工学院贫困男生均分、贫困女生均分与江苏省男、女大学生常模均分比较表

人格因素	男			女		
	我校	江苏省常模($n=2930$)	t	我校	江苏省常模($n=4813$)	t
A 乐群性	10.43 ±2.845	10.35 ±3.64	.257	11.85 ±3.318	11.84 ±3.70	.031
B 聪慧性	8.20 ±2.358	8.52 ±1.63	-1.307	8.83 ±1.954	8.61 ±1.60	1.283
C 稳定性	15.27 ±3.455	15.77 ±3.78	-1.414	13.96 ±3.638	14.68 ±3.84	-2.220*
E 恃强性	13.07 ±3.003	13.67 ±3.77	-1.923	11.77 ±3.399	12.37 ±3.70	-1.982*
F 兴奋性	14.15 ±4.551	15.52 ±4.88	-2.921**	13.99 ±4.548	16.26 ±4.77	-5.598***
G 有恒性	12.34 ±2.906	12.64 ±3.30	-1.000	11.41 ±3.297	12.25 ±3.21	-2.851**
H 敢为性	13.11 ±4.110	12.65 ±4.68	1.077	11.64 ±4.171	12.42 ±4.81	-2.091*
I 敏感性	10.37 ±3.273	10.99 ±3.20	-1.830	11.83 ±3.044	12.84 ±3.06	-3.742***
L 怀疑性	9.32 ±3.210	8.69 ±3.07	1.900	8.07 ±2.888	8.16 ±3.09	-.344
M 幻想性	12.30 ±3.229	12.87 ±3.11	-1.718	13.33 ±3.109	14.47 ±2.97	-4.104***
N 世故性	9.09 ±2.827	9.62 ±2.63	-1.834	9.10 ±2.635	10.11 ±2.62	-4.290***
O 忧虑性	9.03 ±3.811	7.65 ±3.77	3.515***	10.46 ±4.255	8.58 ±3.92	4.960***
Q1 实验性	11.07 ±2.689	11.64 ±2.59	-2.039*	10.44 ±2.493	11.35 ±2.69	-4.077***
Q2 独立性	11.19 ±3.150	11.28 ±3.33	-.272	10.36 ±2.714	10.58 ±3.26	-.922
Q3 自律性	12.82 ±2.888	12.73 ±2.80	.299	12.29 ±2.836	12.73 ±2.82	-1.758
Q4 紧张性	11.43 ±3.154	10.37 ±4.04	3.245**	11.96 ±3.856	10.51 ±3.97	4.222***

注：* $P<0.05$，** $P<0.01$，*** $P<0.001$(下同)

① 王挺,杜文东.江苏省大学生16PF常模标定[J].中国健康心理学杂志,2007(7):636.

上述结果说明，常州工学院贫困男生在12项人格因素上基本与江苏省男大学生常模一致，但不可忽视的是在4项人格特质方面与江苏省男大学生常模有显著差别。兴奋性较低，说明他们通常表现为行为拘谨，不善言辞，情绪感染力低，甚至有时会表现得比较消极和抑郁，但有时候可能过分深思熟虑，又近乎骄傲自满；实验性低说明其人格倾向于墨守成规、拘泥于现实、尊重传统观念与行为标准，不愿意尝试探求新的事物和行为；忧虑性和紧张性较高，说明他们容易心神不定、情绪悲观，时常感觉心身疲乏，对人对事缺乏信心，常会觉得自己的人生非常不如意，时时有患得患失之感。

常州工学院贫困女生与江苏省女大学生常模相比，在乐群性、聪慧性、怀疑性、独立性和自律性5项人格特质上保持基本一致，而在其他11项人格特质方面与江苏省女大学生常模有显著差别。贫困女生的稳定性、恃强性、兴奋性、有恒性、敢为性、敏感性、幻想性、世故性、实验性较低，说明她们容易受环境的支配，情绪易激动，羞怯不善言辞，思想简单传统，缺乏目标和理想，责任感较低，缺乏自信心，自卑感较强，行为上通常表现为温顺拘谨，墨守成规，凡事喜欢迎合别人的意旨或者常常采取观望的态度，不能面对现实，不能应对生活上所遭遇的阻挠和挫折；但另一方面她们也可能表现得过分理智，过分重视现实，为人索然寡趣，显得冷漠无情，缺乏教养。忧虑性和紧张性较高，这两项与男生一样，说明她们容易情绪悲观，对人对事缺乏信心，常会觉得自己的人生非常不如意，时时有患得患失之感。

（二）常州工学院贫困男生与贫困女生16PF对比

从表2可以看出，常州工学院男女贫困生之间在乐群性、聪慧性、稳定性、恃强性、有恒性、敢为性、敏感性、怀疑性、幻想性、忧虑性、独立性因素上存在明显差异。上述结果说明贫困女生比贫困男生要热情外向，通常和蔼可亲，与人相处、合作与适应的能力较强，喜欢参加或组织社团活动，具有较强的学习能力和敏捷的思考能力，善于抽象思考；另一方面，她们比男生更容易感情用事，情绪激动，易受感动，缺乏耐心与恒心，有时表现得忧虑抑郁甚至沮丧悲观，时常觉得世道艰辛，容易患得患失。男生比女生情绪稳定而成熟，能面对现实，振作勇气，自立自强，以沉着的态度应对现实生活中的各项问题；独立积极，有恒负责，做事尽职，有始有终，独自完成自己的工作计划；面对大是大非，冒险敢为，少有顾忌，不掩饰，不畏缩，有敢作敢为的精神，关键时刻，也能保持镇静。另一方面，他们通常也表现得比女生好强、多疑，固执己见，不信任别人，自以为是，行事可能非常武断。

表 2　常州工学院贫困男生与贫困女生 16PF 对比表

人格因素	贫困男生(n=94)	贫困女生(n=126)	t
A 乐群性	10.43 ±2.845	11.85 ±3.318	-3.418^{***}
B 聪慧性	8.20 ±2.358	8.83 ±1.954	-2.168^{*}
C 稳定性	15.27 ±3.455	13.96 ±3.638	2.710^{**}
E 恃强性	13.07 ±3.003	11.77 ±3.399	3.012^{**}
F 兴奋性	14.15 ±4.551	13.99 ±4.548	.253
G 有恒性	12.34 ±2.906	11.41 ±3.297	2.211^{*}
H 敢为性	13.11 ±4.110	11.64 ±4.171	2.596^{**}
I 敏感性	10.37 ±3.273	11.83 ±3.044	-3.356^{**}
L 怀疑性	9.32 ±3.210	8.07 ±2.888	2.976^{**}
M 幻想性	12.30 ±3.229	13.33 ±3.109	-2.391^{*}
N 世故性	9.09 ±2.827	9.10 ±2.635	-.048
O 忧虑性	9.03 ±3.811	10.46 ±4.255	-2.616^{**}
Q1 实验性	11.07 ±2.689	10.44 ±2.493	1.773
Q2 独立性	11.19 ±3.150	10.36 ±2.714	2.060^{*}
Q3 自律性	12.82 ±2.888	12.29 ±2.836	1.365
Q4 紧张性	11.43 ±3.154	11.96 ±3.856	-1.098

（三）问卷调查的结果分析

在实施 16PF 量表测试的同时，我们还进行了常州工学院自陈问卷调查，问卷中有些问题涉及影响学生人格形成的一些因素，还有一些反映了人格特质的一些内容，这些调查可以帮助我们更全面地分析、了解贫困大学生的人格状况。问卷部分调查内容及选项结果如下：

表 3　自陈问卷调查表

题 项	选项(%)			
	A	B	C	D
生活地方	86.8(农村)	13.2(城镇)		
兄弟姐妹	27.3(1 个)	39.1(2 个)	23.2(3 个)	10.5(4 个及以上)
受助后心态及回报社会态度	0.9(不感激，不会回报)	95.9(感激，会回报)	3.2(看情况再说)	
知心朋友	9.5(1 个)	82.3(两三个)	7.3(没有)	0.9(不想交)

续表

题项	选项(%)			
	A	B	C	D
对学习状态和成绩的态度	9.1(满意)	55.9(基本满意)	35.0(不满意)	
对未来的信心	50.5(充满信心)	45.0(有一定信心)	4.5(感到希望很渺茫)	
借账还钱、诚信考试	8.2(有能力的情况下一定这样做)	4.1(没有能力时可能会违反)	0.9(看社会和他人原则而定)	86.8(这是做人的基本原则)
就业与事业成功的因素	1.8(毕业学校和专业)	4.1(学习成绩和在校表现)	88.6(专业能力水平和交际能力)	5.5(社会关系)

问卷结果显示大多数贫困生都来自于农村,都有一个以上的兄弟姐妹,这种生活环境以及家庭人口数量的差别,使他们对现实的态度和行为方式都有不同程度的影响。不过可喜的是,贫困生在其他方面的态度都表现出比较积极的倾向,比如,95.9%的贫困生在接受资助后都表示感激并愿意回报社会,91.8%的贫困生有至少一个以上的知心朋友,95.5%的贫困生对自己以及家庭的命运和未来有信心,86.8%的贫困生认为借账还钱和诚信考试是做人的基本原则,88.6%的贫困生认为将来就业和事业成功主要靠专业能力和交际能力,等等。但是,只有65%的贫困生对自己现在的学习状态和学习成绩认为满意或基本满意,还有35%的贫困生对自己的学习状态和学习成绩不满意,有13.2%的贫困生对自己的诚信意识和原则表示怀疑,甚至持否定态度。这一些都急需我们社会和学校教育工作者深思并及时帮助、教育、引导。

三、应用型本科高校贫困生人格特征调查的讨论与思考

(一) 常州工学院贫困大学生的人格特征

从16PF量表测试结果来看,常州工学院贫困男生有12项人格因素得分基本与江苏省男大学生常模一致,女生有5项人格因素得分基本与江苏省女大学生常模一致,他(她)们都具有热情外向、愿意与人相处合作的人格倾向(乐群性A),倾向于真诚、合作、宽容、信赖、随和(怀疑性L);他(她)们

的智商和聪明才智与其他大学生没有明显差异(聪慧性 B);在自主、果断、当机立断和原则性、自我节制以及自控能力等方面,他(她)们与其他大学生也没有明显差异(独立性 Q2,自律性 Q3)。但不可忽视的是在情绪、信心、传统观念、目标理想等方面还存在欠缺,表现在行为上就显得行事拘谨畏缩,没有魄力,不敢尝试新的思想和行为等。从问卷结果看,绝大多数贫困生在借账还钱和诚信做人方面持非常肯定的态度,对将来就业和事业成功都有比较正确的认知,对未来有信心,都具有感恩的良好心态,都有较好的人际关系。

(二) 应用型本科高校贫困生人格特征对其成长成才的影响

美国心理学家阿尔波特将人格定义为一个人的内在心理、生理系统的动态组织,它决定了此人对其环境的独特适应。常州工学院贫困大学生人格特征测试情况总体良好,总体上乐群向上、坦白直率、自我节制、真诚诚信、对未来充满向往与追求。同时,也暴露出一些问题,比如他们中的一些人在情绪、信心、传统观念、目标理想等方面还存在欠缺,这对其健康成长成才将会产生直接影响,教育工作者必须引起高度重视。

首先,敏感与自卑,孤僻与忧虑。部分贫困大学生思想上背了太重的包袱,在人际交往中比较敏感,情绪波动大。主要是因为在面对其他同学富裕的物质条件和优越的成长环境时,应用型本科高校贫困生会时常感到自己的许多方面太窘迫,产生心理落差,内心自卑,表面自强,缺乏自信心,过分关注自我,不愿主动与他人交流,自律严谨,顾影自怜,显得内向、少言寡语、容易猜忌别人、不善于与人打交道。这样的情绪水平,易受外界因素的激惹而产生强烈的情绪反应,往往容易导致与同学的疏远或发生直接的矛盾冲突,贫困生时常处于焦虑不安的心理困境,在人格上出现了孤僻的、偏执的负性特征。

再次,过分重视现实和对成功的执着,缺乏对生活本身的热爱。应用型本科高校贫困生在生活、学习、就业方方面面承受巨大压力,时常郁郁寡欢,缺乏信心,再加上由于社会排斥的存在,贫困生群体日益边缘化。有些贫困生在多重压力下难免出现敌对情绪、偏执观念,严重的甚至会出现反社会人格障碍。贫困生所接受的外部信息相对较少、受传统观念影响较大,往往表现得谨小慎微,拙于表达,趋于墨守成规。一般而言,贫困生遇到压力更倾向于求助,努力摆脱现实的困境,对自我的要求严格甚至苛刻,将自己的命运与各种功利性考试和竞争活动紧密相连,不容许自己有丝毫松懈,专业学习认真,工作的适应能力较强,过分重视现实,忽视了许多生活的情趣,缺乏对生活本身的热爱,缺乏远大的目标理想。这样,应用型本科高校贫困生往往会成长为知识性人才,但为人格障碍埋下了些许心理隐患。

（三）应用型本科高校贫困生健康人格教育与培养对策

应用型本科高校在对贫困大学生进行心理健康教育时,要坚持以人为本的理念,重视人格和防御机制等相关因素的协同作用,以系统观点给予贫困大学生心理关照,针对其人格特点和具体实际,积极引导并培养外向、开朗、随和、直面现实、积极向上的人格品质。①

1. 加强贫困生资助体系改革,切实减轻贫困生的经济压力

长期的经济压力是导致贫困生情绪忧虑、怀疑固执、自信心不足、处事冷漠等人格特征形成的重要因素。由于经济困难,面对问题时他(她)们往往表现出行为拘谨、拘泥于现实,不敢尝试新的事物,没有足够的勇气和魄力去应对解决问题。因此,解决好他(她)们生活上和经济上的问题,就能够缓解贫困大学生的后顾之忧,对他(她)们人格的培养具有切实的现实意义。

首先,政府要不断完善贫困大学生贷款制度,充分发挥国家助学贷款的主导作用;其次,各级政府和高校进一步加大帮困助学力度,完善国家和省级、校级奖学金、助学金制度,建立贫困生认定体系和贫困生奖助学金"应享尽享,奖优助学"的良好激励机制;再次,各高校应组织开展好大学生勤工助学活动,帮助他(她)们顺利完成学业的同时,锻炼他(她)们的自强自立的能力,增强他(她)们的自尊心和自信心,培养他(她)们良好的个性品质;最后,充分发挥社会团体作用,鼓励企事业单位和个人在高校中设立形式多样的贫困生奖学金、助学金,在社会上弘扬帮困助学的良好风尚和关心资助贫困大学生的无私奉献精神。

2. 充分发挥教育功能,加强正确价值观和人生观的引导,营造良好的校园文化氛围

首先要加强入学教育,帮助贫困生树立正确"贫困观",营造良好的集体氛围。思想教育工作者要抓住新生入学先入为主的有利时机,深入班级、宿舍,通过班会、讲座、个别交流等多种方式在学生中树立正确的"贫困观",创立一个文明和谐、互助互谅、团结向上的班集体。一个好的集体氛围会带给贫困生心理上的支持,增强贫困生的自信心,有利于消除和缓解他(她)们心理上的自卑、抑郁、焦虑等消极情绪,使所有的贫困生进入校门,就有家的温

---

① 杜志丽,贺思辉.某高校贫困生心理健康与人格及防御机制的相关研究[J].中国学校卫生,2006(2):146.

暖和责任。其次要树立典型，宣传优秀学生事迹。榜样的力量是无穷的，通过优秀学生自立自强的感人事迹的宣传报道，激励广大贫困生树立战胜困难的勇气和信心，那种奋发向上、自立自强的精神有助于他(她)们树立正确的世界观、人生观、价值观。再次，有计划地开展以"关爱・自强・成才・感恩・责任"等为主题的校园系列文化活动，开展免费"爱心午餐""微心愿"征集圆梦等特色资助育人活动，在整个校园中形成关爱贫困生，贫困生自强自立、奋发成才的良好氛围，帮助和引导贫困生培养良好的兴趣爱好和健全的人格特征。

3. 建立贫困生社团，搭建贫困生群体内交流平台

贫困大学生由于自卑，往往人际敏感度较高，对他人的评价太过在意，有时不经意的消极评价会影响他的生活甚至一生，积极的评价会有更大的激励作用。[①] 因此往往不喜欢参与到班集体活动中去，如果一个群体内大家处境差不多，他(她)们的顾忌就比较少，敏感度就低得多，这样的群体更有利于他(她)们的交流和共同成长。针对贫困生在人格等方面表现出来的一些特征，成立以贫困生为主体的"爱心社"，通过社团在校内外开展多种形式的实践教育活动，组织专门针对贫困生的集中培训，在贫困生群体中倡导"自信、自尊、自立、自强"的精神。通过贫困生间的互相交流和激励，增强他(她)们的交往和表达能力，逐步提高他(她)们与人交往的信心和能力；引导和组织贫困生群体与其他群众团体、中小学贫困学生相互交流、学习，促使他(她)们打破心理局限，深入思考自身面对的现实问题，使他(她)们在他助、自助和助人中获得自尊自信，从而学会感恩，学会合作，进一步增强他(她)们的社会责任感和历史使命感。

4. 在宣传、普及心理健康教育基础上，积极探索心理辅导的新方式，对贫困生进行有效的团体咨询

首先，从新生一入学就建立贫困学生人格档案，对他(她)们进行大学生人格问卷(UPI)调查、卡特尔16PF人格因素测验(16PF)以及艾森克个性问卷(EPQ)测试等，并长期进行跟踪检测，及时发现他(她)们的心理和人格特征的变化。其次，通过开设心理健康教育课程和举办心理讲座，对贫困大学生进行心理学和心理保健等方面的全面系统的教育，帮助贫困生正确认识当前的贫困，使他(她)们能够对自我有正确的认知，使其具备一定的自我心

---

① 韩益凤，陈中建. 贫困大学生健全人格培养策略研究[J]. 扬州大学学报(高教研究版)，2006(5)：21.

理调适能力。对于大多数具有一定自卑和焦虑心理的贫困大学生,采取团体辅导的形式进行指导,对其进行人际交往训练、自信心训练、放松训练和宣泄、转移等自我调适方法的训练,使其能融入集体活动中,从而改善不良的个性。比如我校多次组织的“贫困生零距离访谈”,让优秀贫困生榜样现身说法,言传身教,改变其他贫困生的认知行为;开展以“我们都是一家人”(人际交往训练:认识自己,认识他人)和“感恩·超越”(团队合作训练:学会合作,学会感恩,勇于超越)等为主题的团体拓展活动。这些都取得了良好的效果。贫困生的团体心理辅导必须遵循同质与异质相结合原则、匹配性原则、无损伤性原则、积极性原则、提高心理复原力原则、全程性原则。

第七章

服务育人：应用型本科高校立德树人的重要渠道

高校服务育人是承接教书育人和管理育人的桥梁和纽带，对提高学生的道德品质和综合素质具有重要价值。高校服务的真谛是育人，是潜移默化的隐性教育，是着眼于学生当下生活与未来发展、培养高素质人才的教育。高校要建立"大服务"的格局和体制，用先进的服务理念指导工作，以完善的制度和师德教风为服务育人提供有效的保障，以幽雅的校园为服务育人提供和谐环境，在物质环境和人文环境构建的基础上，倾注人文关怀，为具体的服务工作注入感情，用有形的、无形的、立体的、全方位的服务开展育人工作，为学生的衣食冷暖直至成功成才提供完善完备的服务，达到育人的最佳效果。① 后勤服务是提升高校办学质量的必要保障。服务育人是应用型本科高校立德树人的重要渠道，将真情与关怀融入服务，"春风化雨，润物无声"。高校后勤承载着服务育人的重任，必须高度重视高校后勤建设与研究，确保服务育人卓有成效。

第一节　应用型本科高校后勤的服务育人功能

高校后勤工作直接影响着高校人才培养质量。高校后勤工作是高校开展各项工作，以及整个教育教学系统正常运行不可或缺的基础和保障。正如邓小平所言："后勤工作的任务，就是要为科研工作、教育工作服务，要为科研工作者和教育工作者创造条件，使他们能够专心致志地从事科研、教育

① 李亚杰. 高校服务育人的实践与探索[J]. 河南师范大学学报(哲学社会科学版)，2012(5)：236.

工作。”[①]高校后勤工作的本质就是为教学科研服务。《国家中长期教育改革和发展规划纲要(2010—2020 年)》中明确提出“把育人为本作为教育工作的根本要求”,“以学生为主体,以教师为主导,充分发挥学生的主动性,把促进学生成长成才作为学校一切工作的出发点和落脚点;关心每个学生,促进每个学生主动地、生动活泼地发展;尊重教育规律和学生身心发展规律,为每个学生提供适合的教育”,以及“把德育渗透于教育教学的各个环节”。高校必须从校园环境的改善、后勤员工素质的提升、学生主体性的发挥等方面实现后勤服务的育人功能。

一、整洁幽雅的校园环境,实现服务载体育人

优质的后勤服务为大学生创造一个良好的学习和生活环境,为学校发展提供强有力的物质保障。后勤部门要把服务工作与培养学生的勤俭节约与公德意识、爱护环境等教育工作结合起来,创造一个良好的服务育人的校园环境。校园建筑布局按人性化的要求进行功能分区,日常保洁工作高标准落实,校园文化小景错落有致,充分利用校徽、校训、教风、学风的宣传作用,力求融校园、家园、花园、乐园为一园,集自然美与艺术美于一身,努力营造充满艺术气息和人文精神的校园环境。校园环境是教学、科研以及师生学习生活的基本场所,“教学区需注意创造严肃、庄重和宁静的空间;科研区则应侧重营造别致、新颖的环境,鼓励学生勇于创新、有所突破;生活区需突出轻松、便利和舒适的氛围,使学生在学习科研之余享受到环境带来的愉悦和惬意,释放紧张和压力。对校园环境的维护,也不能仅仅依靠学校园林、环卫员工,还需要广大师生的共同参与”[②]。

在后勤保障服务工作中,后勤员工通过做好校园环境综合治理服务,绿化、美化、亮化校园环境,提倡节约水电和反对铺张浪费,倡导养成文明卫生生活习惯,寓思想教育于管理服务之中。马克思指出:“人创造环境,同样,环境也创造人。”[③]人们所处的自然环境和人文环境制约并决定人的发展,影响人的道德观念和思想政治素质的形成。大学校园中的一草一木、一事一物都与学生的学习生活密切相关,关系着学生的健康成长。学校的校园

---

① 邓小平. 邓小平文选:第 2 卷[M]. 北京:人民出版社,1994:56.

② 高斌,类延旭,方仲奇. 新时期高校服务育人路径的思考[J]. 学校党建与思想教育,2009(10):17.

③ 马克思,恩格斯. 马克思恩格斯文集:第 1 卷[M]. 北京:人民出版社,2009:545.

环境，创办的各种活动场所、学习空间、校园雕塑、文化设施、校园网络的风格等都对学生产生潜移默化的影响和教育，能够使学生不知不觉地受到熏陶、暗示和感染，在他们的内心深处增强对学校的认同感和归宿感，并产生对更高精神世界的热烈向往和持久追求。后勤服务育人工作在创设良好自然环境与营造积极文化氛围的过程中，尊重了学生主体性的发展，促进了高校教育生态系统中各主体间的互动，从宏观上为大学生思想政治工作营造了良好的人文环境。因此，高校要创设整洁优雅的校园环境，创新艺术感染力服务设施和载体，让学生在不知不觉中接受教育。

二、训练有素的后勤员工，实现服务行为育人

高校后勤服务育人相对于教师教书育人而言，主要不是直接地面对学生进行政治思想教育，而是通过服务工作者的工作形象、工作作风、工作精神、工作成果来感染学生，如春风化雨，以持久、细微的方式感召、熏陶、陶冶学生的情操，从而达到服务育人目的和效果。服务育人具有贴近生活、以情动人、潜移默化、润物无声等显著特点和独特优势。后勤服务保障涉及学生的日常生活、健康、安全等方面，食、住、行、医等每个具体环节都不能疏漏。在服务育人中，后勤员工要坚持急学生所急，想学生所想，不仅做到“为了学生、尊重学生、理解学生”，还要做到“依靠学生、满足学生、发展学生”。大学生正处于身体发育的重要阶段，为他们提供卫生、营养、实惠的饮食是后勤员工义不容辞的责任。要坚持“热情、便捷、实惠、贴心”的服务工作质量标准，以“服务讲品位、饮食讲品质、餐厅讲品牌”为追求目标，以优质高效的服务为师生提供有力的后勤保障。“服务育人是指在提供服务的过程中，通过优质服务及服务者的良好形象，塑造一个真、善、美的现实，从而在学生的世界观、人生观和道德品质形成过程中起到一定的良性作用。”①后勤工作者的仪表形象、精神面貌、工作作风、专业技能等诸方面直接影响学生。

实现服务行为育人，高校后勤部门要充分尊重学生的个性、爱好、需要，以促进学生成长成才为工作目标，融管理、服务与教育于一体，通过规范的服务制度、优秀的服务队伍、全面的服务内容和灵活便捷的服务方式，努力为学生的学习、生活、就业提供全方位的优质服务。后勤工作者身上体现的敬业精神、职业精神和专业精神——如热情周到地为学生排忧解难，规范细

---

① 郑雅萍，王静. 论高校后勤服务育人的时代性[J]. 中国高等教育，2010(5)：61.

致地提供衣食冷暖服务,不浪费一滴水、一度电,精打细算地进行维修改造工程、基建项目工程,在工作中兢兢业业、艰苦奋斗,等等——都是学生铭记于心的。这种教育影响是潜移默化而又显而易见的,可以说是大学生在踏上工作岗位之前进行职业精神教育的生活教材。“一个热情友好、彬彬有礼、耐心周到的职工在服务中必然给人一种愉悦的享受感,从而会在同学们的心目中播下健康和谐的种子,留下很好很深的印象,对他们将来步入社会,参加工作与人交往都会产生积极的影响。”①高校要注重后勤服务队伍建设,加强服务意识、服务能力、服务形象的塑造和培训,努力培养政治强、业务精、素质高的服务团队。高校通过组织职工开展爱岗敬业、岗位练兵和技能比武等多种活动,形成比学习、比技能、比贡献的良好风尚,树立起高校后勤工作者的职业荣誉感和责任感。

三、形式多样的参与方式,实现服务活动育人

服务育人基于学生主体意识的提高。在大学里,与大学生联系最为紧密的就是高校后勤,它与学生的生活、学习水乳交融,是大学生生活教育的实施者。高校后勤管理应该构建“学生参与管理育人”模式。从一定意义上而言,“大学生参与管理是指为实现高校教育与管理目标,大学生从高校正式的组织机构中分享一定的管理权,承担一定的管理责任,在参加高校发展的计划、决策、资源协调和管理中,推进高校管理的民主化、科学化”②。教育的主要目的是把符合学生健康发展要求的教育影响,逐步内化为学生的自我意识,发挥他们的主体性,培养他们的主体能力。高校可以以不同形式吸收学生参与后勤管理、服务工作,比如,通过设立学生宿舍楼长和层长,为贫困学生提供各种勤工助学岗位;为学生党员、志愿者提供志愿服务岗位,组建学生自律委员会;定期召开学生代表座谈会,开展由学生参与的优质服务项目评选等活动。这些形式多样的活动,可以激发学生参与后勤管理与服务的热情,让学生在自我服务、自我管理、自我监督中增进对后勤工作的了解,增强学生的主人翁意识和责任感,让学生为改进和完善后勤服务出谋划策,对于深化后勤管理改革、提升后勤工作质量、促进相互理解有着积极

---

① 高斌,类延旭,方仲奇.新时期高校服务育人路径的思考[J].学校党建与思想教育,2009(10):16.

② 吴太胜.大学生参与管理:高校和谐治理的推进路径分析[J].山东省青年管理干部学院学报,2008(6):53.

的作用。

学生参与后勤管理，是大学生施展自己才华、发挥自己特长的有效平台，让他们在实践中不断自我教育、自我发展，特别是对于锻炼大学生综合组织管理协调处事能力、养成文明习惯、发扬艰苦奋斗优良传统等更有着重要的作用。当然，“在高校后勤社会化改革中，学生参与管理大多数必须实行有偿劳动的形式，这既是对劳动的尊重，也是一种价值导向”①。应用型本科高校后勤部门可以配合学校教务部门组织开设学生劳动课，组织学生参加校内公益劳动，有的甚至组织学生到校办工厂劳动，也让学生受到了职业纪律和职业精神的教育，培养劳动光荣的观念。后勤服务部门还可以为贫困学生和其他有需要的学生提供勤工助学岗位，有些岗位还带有一定技术含量和专业背景要求，结合学生所学的专业有针对性地安排，这就能让学生在参与服务过程中把理论与实践，直接经验与间接经验结合起来，深化了学生的课堂学习，拓展了学生的专业视野，锻炼了实际应用能力，培养了自强自立和吃苦耐劳的精神，符合应用型人才培养目标的要求，为职业能力发展奠定了良好的基础。

第二节　以人为本 服务师生 努力提高后勤服务满意度

高校后勤保障是学校办学正常运作的重要条件，涉及学校教学、科研、管理和师生生活的各个方面，与学校事业发展、学生学业进步和师生切身利益密切相关。以人为本，是科学发展观的本质和核心。在推进社会化改革的进程中，高校后勤部门要坚持“以人为本、师生至上”理念，坚持“为教学、科研、师生服务，管理育人、服务育人”的宗旨。大学生满意度可理解为：大学生及其相关方对高校所提供的教育项目以及其他各种服务的满足程度，是大学生对高等学校教育及服务质量的一种客观反映。后勤服务满意度具有基础性和全面性。在后勤服务中，高校后勤工作者要以大学生为服务对象，以大学生满意度为工作出发点，弘扬人的主体精神，发挥人的创造力，最大限度地满足学生全面发展和成长、成才的需要，解决新矛盾新问题，增加工作的有效性。应用型本科高校要以提高师生满意度为目标，探索和建立立体化“零距离”的后勤服务保障机制。

---

① 朱春生．高校后勤社会化中大学生参与后勤管理刍议[J]．江苏高教，2012(5)：71.

一、贴近服务对象,全面实施“走动式”服务

高校后勤工作要由管理型向服务型转变,由被动服务向主动服务转变。育人工作要与解决实际问题相结合,高校教职员工要不断深入学生当中,有针对性地帮助学生解决学习、生活、就业、心理等方面的实际问题,以增强育人工作的实际效果。为贯彻落实“三服务”“二育人”的后勤服务宗旨,进一步增强服务意识,转变工作作风,改进工作方式方法,贴近服务对象,实施“走动式”服务,缩短后勤服务响应时间,高校后勤干部职工经常深入到二级学院、部门和教学楼、办公楼、学生宿舍、食堂以及校园各个角落巡视、检查、维修,现场解决问题,摸清学校现有房源,完善房产档案,逐步实现数字化管理。高校后勤工作者对需要进行修缮和改造的项目努力做到早规划、早立项、早报批、早施工,利用寒暑假、节假日修缮一切生活设施,保证教育教学和生活秩序正常有序,任劳任怨、无怨无悔地日复一日坚守好自己的岗位。

后勤服务工作的改革、发展不是哪一个人的事,而必须依靠全体干部职工群策群力,团结协作,真抓实干。随着后勤服务社会化和师生生活水平的提高,社会对后勤服务态度、服务质量必然提出更高的要求,后勤服务工作要适时拓展新业务,努力提高职工的专业技能,采取有效措施激励职工爱岗敬业、真情奉献、增强服务意识,为后勤科学发展及和谐校园建设做贡献。结合高校干部聘任和人事岗位聘任、绩效工资改革,后勤部门要定期召开后勤工作研讨会,统一思想认识,转变思想观念,增强服务意识,理清工作思路,建章立制,凝心聚力,充分调动全体后勤人的工作主动性、积极性和创造性,努力做到“以人为本,人人有事做、事事有人做”,“主动工作”,工作不留空白和盲点,工作不推诿、不扯皮,努力把好事做好,实事做实。“主动工作”就是让自己永远成为问题的发现者和解决者。转变服务态度,增强服务意识,提高服务能力,充分挖掘和发挥后勤育人功能,努力“育生”与“育己”,“让每一位学生都获得成功”,“让每一位后勤人都获得成就感”。争取学校和师生支持,建立后勤激励机制,创设“后勤奖励基金”,设立“后勤服务明星奖”“后勤管理创新奖”,激励广大后勤人为学校人才培养多做贡献。

二、强化服务意识,推行“马上办”制度

把握高校后勤以人为本的具体对象要统筹兼顾,以学生为本是高校后勤以人为本的核心,以教师为本是高校后勤以人为本的重点,以后勤员工为本是高校后勤以人为本的基础。坚持以人为本,把“一切为了学生,为了一

切学生，为了学生一切”的指导思想贯穿到后勤工作的每个环节。后勤工作者从过去单纯的“管理者”角色转变为诚心诚意为学生服务的“服务者”，同时，还必须认识到，管理是服务，管理也是育人。这就要求高校的后勤管理人员在新的时期要弘扬人的主体精神，发挥人的创造力，最大限度地满足学生全面发展和成长、成才的需要，深入了解学生的需求，关心学生的发展，把学生的实际需求放在心上，为学生办实事、办好事，解决学生的实际问题，热忱为学生提供优质服务。

高校进一步明确后勤管理服务职责和任务，公开办事规程，简化办事程序，提高办事效率，全力推行“马上办”制度。实行开门办公，热情周到地接待来人来访来电，方便师生办事，从制度上和工作规范上推行“马上办”制度，凡是来办事的不管是老师还是学生，不管是本校的还是外来人员，都要求笑脸相迎，马上答复对方，必要时“特事特办、急事急办、先办后补手续”等。用真心、细心、用心做好服务工作，要让师生感受到“家的温暖”，让来客有一种宾至如归的感觉。加大后勤社会化服务监管力度，提高监管效益，树立监管新形象，做到监管四到位：人员到位、时间到位、空间到位、制度到位。建立后勤应急反应机制和平台，公开报修、投诉电话、邮箱和信箱，制作、发放、张贴后勤报修、投诉电话，对于报修、投诉做到“第一时间知晓、第一时间答复、第一时间到位”。主动畅通师生利益诉求渠道，积极地逐一落实教代会提案和学生议校、师生评议后勤沙龙活动中反映的问题，如开设教工窗口、改善办公条件、设置电瓶车充电处、亮化校园、宿舍区设置投币洗衣机和刷卡开水箱、增加晒场等。这些措施大大缩短了与广大师生的距离，建立了后勤服务立体化“零距离”的沟通平台，充分聆听师生的意见和心声，及时反馈信息并尽快予以解决，做到小事不过夜、大事有交代。常州电视台等媒体对我校的后勤保障工作作了专题报道。

三、建立学生评议员制度，举办“师生评议后勤沙龙”

俗话讲，“智者千虑，必有一失”。对千头万绪的高校后勤服务来讲，难免偶尔出现疏忽或问题，只靠后勤职工的自律和自我监督是不够的。而广大学生每天都要回宿舍睡觉，去食堂吃饭，在校园里生活学习，他们天天在接受着后勤的各种服务，在这个过程中，没有谁能比学生更容易发现问题。如果在后勤管理部门和学生之间有一条畅通的沟通渠道，学生就可以充分行使自己的监督权，他们可以将自己感受到的问题及时反映给后勤部门。这样既减轻了管理部门自我监督的压力，又可以促进问题得到及时解决。

这就需要畅通多种渠道,零距离听取师生意见,不断创新服务内容和方式。同时,发挥高校学生自我管理、自我教育的优势,鼓励学生参与学校管理,发挥学生的主体作用,不断改进服务质量。

随着社会的进步和服务水平的提高,后勤工作"始于师生需求,终于师生满意"。师生是后勤服务的对象,满足服务对象的合理需求,提升服务对象满意度是后勤工作的目标。高校可以建立学生议校制度,这是学校民主管理的一项重要的新举措。"学校每年选聘热心为学校和同学服务并有较强组织协调能力的学生担任学校评议员。学生评议员工作职责主要是收集、反馈学生对学校管理、教育和服务的意见和建议,定期参加学生议校座谈会。学生评议员还将宣讲学校政策、制度,监督学校有关政策制度的实施,列席学校的有关会议和活动,协助学校处理有关工作等。"①后勤管理服务部门为进一步倾听广大师生心声,倡导师生建言献策,提升后勤管理服务水平和质量,提升师生对后勤的满意度,并建立一种长效机制,每学期组织一次"师生评议后勤沙龙"活动,每期各有侧重。每期活动现场气氛活跃,师生代表畅所欲言,积极建言献策,职能部门领导和托管单位的负责人当场一一答复,并积极认真落实师生们反映的每一个问题。这一活动应形成规范,固化成制度。高校还可以每学期组织一次师生后勤满意度测评,发放问卷调查,广泛听取并尊重广大师生意见与建议,及时整改到位,赢得了广大师生的信任和肯定,师生对学校后勤保障的满意度就能逐年上升。

四、组建"学生助理团",引导学生参与后勤

陶行知先生在《学生自治问题之研究》一书中对学生自治的范围做了"学生自治应以学生应该负责的事件为限"的界定,并进一步诠释为"第一,学生愿意负责;第二,学生能够负责"。高校后勤的服务工作与学生的生活息息相关,学生对这项工作的体验也更为深刻,对后勤服务的状况最有发言权,他们有参与后勤事务决策的权利和能力。只有把学生引进后勤,才能更好地了解他们的感受和需求,倾听他们的想法和意见。后勤部门尽可能多地提供让学生参与学校后勤工作的机会和条件,拓宽学生参与后勤的渠道,活跃学生自主管理气氛。协同学生处、团委组建学生公寓管理、膳食管理、校园卫生管理等自治组织,组织学生参与其中的管理和服务。比如,在学生

① 凌军辉.江苏一高校聘任大学生评议员参与学校管理[EB/OL].http://news.xinhuanet.com/society/2009-06/12/content_11531143.htm.

宿舍管理中，成立学生社区管理委员会，聘任公寓主任学生助理，设立学生楼长、层长、舍长，他们可以独立自主地开展工作，同时又可以协助并监督物业公司工作。这样，在学生社区中建立起学生参与后勤的自我管理、自我服务的系统。

后勤部门在管理服务过程中，可以组建“后勤处长学生助理团”，在全校范围内选聘一些学生骨干担任后勤处长学生助理，他们是后勤工作的评议员、监督员、信息员。吸收学生参与后勤工作，倾听他们的意见，可以增强决策的科学性、合理性。得到学生认同的决策实施起来会更加顺畅，效果会更加明显。设立后勤处长学生助理既有利于锻炼学生的管理能力，也有利于学生对后勤工作的理解与沟通，使管理者和被管理者、服务者和被服务者之间的关系更加和谐，有利于学生换位思考，客观冷静地了解学校后勤工作的情况，主动对后勤工作提出意见和建议。后勤服务总公司与学生工作处、校团委联合成立学生“找差团”，由学生“找差团”成员深入学校后勤托管服务项目中寻找问题、监督检查和信息反馈。另外，高校可以通过让师生参与评选后勤服务明星、最满意食堂、最受欢迎菜肴等群众性的活动，使师生走进后勤、了解后勤、理解后勤，创造一个相互理解、相互信任的和谐环境，求真务实地及时改进服务，将各类意见和问题解决在平时，赢得广大服务对象的理解和支持。参与决策、参与管理、参与服务、参与监督、参与评价，学生的有效参与有力地促进了后勤服务质量和满意度的双提高，真正实现管理育人、服务育人。

五、多部门联手共创，多主体合作共建

中共中央国务院《关于进一步加强和改进大学生思想政治教育的意见》明确提出“高校广大教职员工都负有对大学生进行思想政治教育的重要责任”，高校要“形成教书育人、管理育人、服务育人的良好氛围和工作格局”①。高校要落实这些要求，实现服务育人的目的，就必须把各个工作部门、各个工作环节都纳入服务育人的体系当中，明确各个工作部门、各个工作环节的职责和服务要求，形成合力。为了进一步推进江苏高校后勤社会化改革，为广大师生创造文明、安定、舒适的学习生活环境，省教育厅在全省高校开展“文明食堂”和“文明宿舍 ”创建评比活动。江苏省高校四年一轮

① 中共中央文献研究室. 十六大以来重要文献选编(中)[M]. 北京:中央文献出版社,2006:187.

的“文明食堂”“文明宿舍”创建考核是推动高校后勤社会化改革的契机。由于客观条件限制,各校食堂和宿舍硬件条件不一,高校要牢固树立“以创促建、以创促改、以创促管”的指导思想,坚持“硬件不足,软件补足”,坚守“积极改善硬件条件,注重提高人文品位,着力发挥育人功能”的基本工作要求,想方设法在管理和服务上下足功夫,采取一系列举措,频频出招。高校在“双文明”创建中要坚持全校发动,全员参与;整合资源,联手创建;全面准备,突出重点;突破难点,争创特色。

高校可成立由分管校领导挂帅的校级创建领导小组,后勤处处长、学工处处长分别担任副组长,学校党办、院办、组织部、宣传部、教务处、保卫处、后服总公司、工会、团委等部门负责人以及二级学院党组织负责人担任成员,另外还可成立不同的工作小组,明确责任,责任到人,落实措施,按时保质完成各项创建任务。学校后勤管理处、学生工作部(处)、保卫处、团委等相关部门联合建立了宿舍管理的平台,联手出台宿舍建设管理制度和措施,定期召开宿舍专题工作联席会议,共同开展宿舍文明创建活动。学校职能部门、二级学院、宿舍管理托管企业和学生自治组织以及广大学生作为文明宿舍创建的多元主体,在“五进”工作中,都起着不可替代的作用。

食堂要加大社会化改革力度,引进竞争机制,促进良性循环,降低管理成本,提高服务水平。在物价上涨、人员工资标准上调的大背景下,高校及时做出准确的判断,坚持高校食堂的公益性,认真贯彻落实上级要求,率先实行学生食堂“零租赁”政策,并给予水电气一定的补贴。切实维护师生利益,推动食堂经营企业把实惠让给师生,食堂饭菜价格基本保持稳定。对食堂的管理要出台一些新举措:严格加强监管考核,禁止食堂转租转包,严守食品卫生安全;要求各食堂进行成本核算,公开原料价格,严格控制饭菜价格,定期组织校内外饭菜比质比价活动,开展食堂厨师技能竞赛,一旦发现有违反合同的行为直接给予经济处罚,并实行末位淘汰制度。

作为应用型本科人才培养系统的重要组成部分,后勤工作肩负着促进教学科研持续发展和为师生生活提供良好条件的重任。应用型本科高校后勤工作要“和谐、有为,增强执行力,提高满意度”,要求后勤部门进一步转变工作作风,埋头苦干,努力提高管理服务质量和水平,提升师生满意度。高校要探索和构建立体化“零距离”后勤服务保障机制,努力做到“五个两手抓,五个结合双提高”:硬件建设和软件建设两手抓,软硬建设结合双提高;日常管理服务与制度建设两手抓,虚实结合双提高;专业监管考核与师生评议测评两手抓,点面结合双提高;常规工作与特色创新两手抓,新旧结合双提高;提高师生满意度与降低后勤运行成本两手抓,升降结合双提高。高校后勤工作只有不断丰富内涵,把工作做实、做细,做到师生的心坎上,提高后勤工作效率,提高后勤服务质量,提升师生对后勤工作的满意度,才能真正实现后勤管理育人,服务育人。

第三节　博采众长 推陈出新 全面推进节约型校园建设

随着人类社会的迅猛发展,人类发展与环境恶化、资源短缺之间的矛盾日趋激化,为了缓解资源环境约束,应对全球气候变化,促进经济发展方式转变,建设资源节约型、环境友好型社会,增强我国的可持续发展能力,党和政府发出了“坚持节约优先,建设资源节约型社会”[①]的号召。坚持节约资源和保护环境的基本国策意义重大,党的十八大指出:“建设美丽中国,实现中华民族永续发展。”[②]高校建设节约型校园是题中应有之义,也有利于高校自身可持续发展。截至2014年7月9日,全国普通高校2246所,多年来已成为我国耗能用水的“大户”。但由于许多地方性高校老校区建筑陈旧,节能工作开展难度大,节能理念尚未深入人心,节能管理制度不成熟,节能技术落后,节能资金少,节能效果不佳,因此,全面推进节约型校园建设,为全面完成国家“十二五”规划节能减排指标做出积极的贡献,是当前高校一项紧迫而重要的任务。

一、加强节能宣传,增强节能意识,形成全员节能氛围

建设节约型高校,就是要将节能降耗的理念贯穿于教学、科研、行政管理、后勤服务以及师生员工生活学习等各个领域,最大限度地节约用水用电,降低办学成本,提高办学效益。节能工作重在增强广大师生员工的节能意识,只有广大师生在节约理念上达成共识,才能在保证工作学习正常需要的前提下,进行节约型校园建设。高校要动员广大师生员工参与学校节能

---

① 中共中央文献研究室.十六大以来重要文献选编(中)[M].北京:中央文献出版社,2006:1099.

② 胡锦涛.坚定不移沿着中国特色社会主义道路前进　为全面建成小康社会而奋斗——在中国共产党第十八次全国代表大会上的报告[M].北京:人民出版社,2012:39.

管理,使节能理念深入人心,鼓励大学生崇尚节俭、合理消费、绿色消费,养成科学合理的消费方式和生活习惯,把消费引导到有利于人的全面发展、有利于合理利用资源和保护环境上。

节能主管部门要注重与学校宣传部、工会、学工处、团委、学生会的合作,充分发挥学校网站、校报、校广播站、宣传画廊等宣传阵地的作用,借助于信息平台和丰富多彩的宣传活动,选择高校的校内外传媒组合,进行节约型校园的有效的舆论宣传与引导,积极开展节能管理制度、节能技术、节能常识等方面的宣传教育。高校充分利用新生入学教育的契机,在新生中广泛开展节能教育,充分利用节能纪念周,积极开展节能主题宣传教育,通过节能专题大会、全校性节能倡议活动,积极宣传、贯彻创建节约型高校有关文件精神,宣传节能工作的重要意义,统一思想、提高认识、增强节能意识,形成全校节约资源的社会心理约束。

高校以活动为载体,大力倡导节约型校园创建行动,使创建节约型高校活动深入人心,将节约型校园创建落实到实处。通过校园网设立建设节约型校园专题网站,让广大师生发表意见和建议,收集有创意和实用的节水节电金点子。组织全院学生参加节水节电志愿者签名活动,组织节水节电知识竞赛,依托学生组织“爱心社”成立学生节能志愿者工作队,对全院特别是生活区的用水用电设施设备进行巡查,倡导安全文明用水用电行为,纠正使用违章电器、开长明灯、长流水等不良行为习惯,提醒师生改正用能习惯。努力形成全校、全员、全过程节能的良好局面,为学校节约型高校建设奠定坚实的基础。

二、博采众长,完善管理制度,健全管理网络

高校对于陈旧建筑、目前仍旧沿用的老校区,全面推行节能技改工作,如果完全依赖科技手段节能,不仅投入资金大,学校办学经费难以承受,而且改造难度很大,难以改造到位。高校节能应按照以人为本、以学生为中心、降低办学成本及提高办学质量与效益为原则,以科学合理、操作性强、适合本校需要的管理制度,以及保证制度得以贯彻执行的管理网络,作为高校节约型校园建设的长效保障机制。加强节能技术推行,强化执行节约标准的全过程监管,确保节约型校园建设的计划性、广泛性、深入性和有效性。

各高校之间加强交流,互通节能信息,交流节能经验,有助于提高高校节能的整体水平。2010 年成立的全国高校节能联盟为高校之间的相互学习交流提供了一个平台,为全面了解我国节能减排的新形势和先进节能管

理理念、科学实用的节能新技术提供了平台。高校应积极加入全国高校节能联盟，并积极参加节能联盟在厦门举办的首届节能培训的学习，对当今我国节能形势及节能技术的发展要有全面深刻的了解，并通过与兄弟高校的交流，对高校节能管理、节能技术的发展和应用有全新的了解，为推进高校节能工作积累宝贵的经验。“在大学管理制度建设中，引入企业经营理念，结合学校实际，创立了减少层级、分权管理、运转高效、追求工作效率和社会效益的扁平化的大学管理制度，引起了社会广泛关注，临沂师范学院在管理执行制度建设方面的经验，值得借鉴。”[①]高校注重节能经验的交流学习，通过走出去、引进来，主动向节能技术改造和应用好、节能成果显著的学校学习、取经，博采众长，以丰富自己的节能经验、节能知识，提高节能能力，更好地推进学校节能工作。

近几年来，节约型高校创建活动不断开展，高校节能工作的重要性被普遍认同，高校节能管理制度日趋完善，这是高校节能工作的巨大进步。但随着节能要求的不断提高、节能技术的不断发展，节能管理制度应根据节能形势的发展不断完善和调整，管理制度要充分体现市场运行规律及目标责任管理、奖罚分明等主要原则。高校在对教学楼、实验楼、图书馆、学生公寓等公共场所的节能管理中，坚持将节能纳入托管考核范围，与托管单位签订契约，推行能源管理奖惩制度，充分调动托管单位加强水电管理的责任性和积极性，节水节电成效明显。充分关注日常工作和生活中的细节问题，同时不断完善节能管理体系和管理网络，管理网络涵盖学校各领域，上至校领导，下至师生员工的所有层面，特别注重学生组织、学生干部在管理网络中的地位和作用，以保证节能管理制度得到贯彻落实。

三、加强校企合作，创新能源管理，大力提高节能效益

我国高校节能工作起步相对较晚，节能建设资金投入相对不足，特别是地方性应用型本科高校，国家投入的办学资金较少，用于节能建设的资金更少，创新节能机制、加强校企合作、创新能源管理、引进节能资金，是推进学校节约型高校建设的重要举措。美国的合同能源管理创始于20世纪70年代后期，其实质是一种以节省的能源费用来支付节能项目全成本的节能投资方式，从节能投资中所获得的节能收益用于支付实施节能项目的费用，其

---

① 石立岩. 临沂师范学院以扁平化管理为核心的体制创新案例分析[J]. 国家教育行政学院报，2008(1)：13.

内容主要是节能检测,诊断学校建筑能耗存在的问题,分析节能潜力,提出可行的节能改造方案,并进行经济分析。实施节能改造后,从节能效益中收回成本。

创新性利用合同能源管理模式是高校节能工作取得成效的一项重要实践。在实践过程中高校通过合同能源管理模式,对学校体育馆、图书馆、教学楼、实验楼等主要楼宇进行能耗检测、节能降耗分析、确定节能改造方案等,除此之外,高校要进一步拓展合同能源管理模式,创新节能新思路、新方法,以学校零投资引进技术和设备,由资方开发、管理,校方与资方分享节能成果,进行节能项目改造,取得良好的成效。高校可以决定采用合同能源管理模式,对学校的浴室进行环保节能改造,由社会企业公司投入资金提供空气热源、污水热源双热源热泵热能循环利用技术和设备,并由该公司对浴室运行进行管理,水电费按实上缴学校外,公司每年上缴学校一定比例的利润。该项目自投入运行以来,不但管理水平、服务质量、学生满意度大大提高,月均净利也有很大提高,年平均节能达 78.3%,能效比 cop 值达 4.6,大大节约了成本。只要项目选择科学合理,高校零投资引进新技术、新设备,由资方开发和管理,校方与资方分享节能成果的合作模式,可以节约学校节能改造投资,提高节能效率,降低能耗,给校方、资方带来双赢。

四、推陈出新,引进节能技术,积极推进节约型校园创建

随着节能减排工作的深入开展,社会对节能技术进行研究开发领域越来越宽,投入越来越大,涌现出了许多节水节电的新技术,其中一些新技术已被广泛应用,对于普通高校来说,采取“拿来主义”政策,引进节能新技术,推广节能器具和设备,提高节能效益,成为节约型高校建设的重要途径。同时,高校是科技创新的基地,在建设节约型校园中,需要大力推进节能减排的技术创新,增加科技投入,加大节能和提高能效技术、可再生能源和新能源技术的研发支持力度,提升节能减排科技创新能力。高校要充分发挥自身优势,积极开发节能实用性新产品,进行水电等的节能技术改造,努力实现节能科学化。

结合高校节能工作的实际,对节能技术进行引进和应用,进行深入调查和研究,坚持“投入少、效益高”的原则,引进的节能技术和设备与学校的基础设施、学校的用能设备、学校的实际需要相适应,项目目的明确,可操作性强。高校在学生公寓安装智能控电系统,可以达到节约用电、安全用电的目的;在教室安装节能灯具控制系统,使室内光线达到正常需要时实现自动断

电;加强校园路灯管理,使用智能路灯控制仪,分时分段控制路灯;推广使用节能灯具、节水型器具;在学生公寓引进社会企业投放自动温控开水箱、自动投币洗衣机等服务项目。

充分拓展节能项目的合作途径,通过多种合作方式引进新技术和新设备,研发能力欠缺、办学资金紧张的学校,可以在多个能耗领域,广泛采用合同能源管理模式引进节能技术和设备,达到节能减排的目的。合同能源管理模式优越性在于:学校无须对节能项目进行投资,无须承担投资风险,可分享节能成果,保障学校利益,可提高服务水平和服务质量。而那些投入不大、改造简单、成效明显的项目如节能灯具、节水器、学生宿舍智能管理系统等可以由学校自行投资、实施改造。

总之,节能减排是我国可持续发展的一项长远战略决策,是一项功在当代、利在千秋的可持续发展的系统工程,高校理应成为我国节能降耗的排头兵,成为创新节能技术、引领节能潮流的主力军。高校必须以科学发展观,统领学校节能工作,提高全体师生员工的节能意识,千方百计节能降耗,在建设资源节约型、环境友好型社会进程中,为国家可持续发展做出更大的贡献。

主要参考文献

经典著作类

1. 马克思,恩格斯. 马克思恩格斯全集(第1、3、4、39、42卷)[M]. 北京:人民出版社,1973—2002.
2. 马克思,恩格斯. 马克思恩格斯文集(第1—10卷)[M]. 北京:人民出版社,2009.
3. 马克思,恩格斯. 马克思恩格斯论教育[M]. 北京:人民教育出版社,1986.
4. 列宁. 列宁全集(第25卷)[M]. 北京:人民出版社,1988.
5. 列宁. 列宁全集(第35卷)[M]. 北京:人民出版社,1985.
6. 列宁. 列宁专题文集(论无产阶级政党)[M]. 北京:人民出版社,2009.
7. 列宁. 列宁论教育[M]. 北京:人民教育出版社,1990.
8. 毛泽东. 毛泽东选集(第4卷)[M]. 北京:人民出版社,1991.
9. 毛泽东. 毛泽东文集(第1—8卷)[M]. 北京:人民出版社,1997.
10. 邓小平. 邓小平文选(第1—2卷)[M]. 北京:人民出版社,1994.
11. 邓小平. 邓小平文选(第3卷)[M]. 北京:人民出版社,1993.
12. 中共中央文献研究室. 十五大以来重要文献选编(下)[M]. 北京:中央文献出版社,2003.
13. 中共中央文献研究室. 十六大以来重要文献选编(上、中、下)[M]. 北京:中央文献出版社,2006.
14. 胡锦涛. 坚定不移地沿着中国特色社会主义道路前进　为全面建设小康社会而奋斗——在中国共产党第十八次全国代表大会上的报告[M]. 北京:人民出版社,2012.
15. 中共中央宣传部. 习近平总书记系列重要讲话读本[M]. 北京:学习出版社、人民出版社,2014.

著作类

1.《中国教育年鉴》编辑部. 中国教育年鉴(1991)[M]. 北京:人民教育出版社,1992.
2. 蔡敬民. 地方本科院校应用型人才培养的理论与实践探索——以合肥学院为例[M]. 合肥:合肥工业大学出版社,2013.
3. 陈秉公. 21 世纪思想政治教育工作创新理论体系[M]. 长春:吉林教育出版社,2001.
4. 陈厚丰. 中国高等学校分类与定位问题研究[M]. 长沙:湖南大学出版社,2004.
5. 费孝通. 社会学概论[M]. 天津:天津人民出版社,1984.
6. 改革开放 30 年中国教育改革与发展课题组. 教育大国的崛起[M]. 北京:教育科学出版社,2008.
7. 高国钦,等. 高校应用型人才培养的理论与实践[M]. 北京:人民出版社,2007.
8. 高国希. 道德哲学[M]. 上海:复旦大学出版社,2005.
9. 高林. 应用性本科教育导论[M]. 北京:科学出版社,2006.
10. 顾明远. 跨世纪创新人才培养国际比较[M]. 北京:人民教育出版社,2000.
11. 顾明远. 中国教育的文化基础[M]. 太原:山西教育出版社,2004.
12. 顾明远. 教育大辞典(增订合编本)(上)[M]. 上海:上海教育出版社,1998.
13. 桂昭明,王辉耀. 中国区域人才竞争力报告(No.1)[M]. 北京:社会科学文献出版社,2013.
14. 郭为藩. 转变中的大学:传统、议题与前景[M]. 北京:北京大学出版社,2006.
15. 胡鞍钢. 知识与发展:21 世纪新追赶战略[M]. 北京:北京大学出版社,2001.
16. 胡锦涛. 在庆祝中国共产党成立 90 周年大会上的讲话[M]. 北京:人民出版社,2011.
17. 黄长. 国外专业人才培养战略与实施[M]. 北京:社会科学文献出版社,2006.
18. 纪宝成. 世纪之交的中国高等教育[M]. 北京:高等教育出版社,2004.

19. 季诚钧. 大学课程概论[M]. 上海:上海教育出版社,2007.
20. 教育部思想政治工作司. 走进美国高校学生事务管理("立德树人"系列·第五辑)[M]. 北京:中国人民大学出版社,2011.
21. 金生鈜. 规训与教化[M]. 北京:教育科学出版社,2004.
22. 孔繁敏,等. 建设应用型大学之路[M]. 北京:北京大学出版社,2006.
23. 孔繁敏,等. 应用型本科人才培养的实证研究[M]. 北京:北京师范大学出版社,2010.
24. 黎翔凤. 管子校注[M]. 北京:中华书局,2004.
25. 李德顺. 价值学大词典[M]. 北京:中国人民大学出版社,1995.
26. 李燕萍,等. 人才强国战略与中国特色的人才资源开发[M]. 北京:科学出版社,2010.
27. 李祖超. 教育激励论[M]. 北京:中国社会科学出版社,2008.
28. 联合国开发计划署. 2000 年人类发展报告[M]. 北京:中国财政经济出版社,2000.
29. 刘宝存. 大学理念的传统与变革[M]. 北京:教育科学出版社,2004.
30. 刘尧. 中国高等教育热点问题评论[M]. 镇江:江苏大学出版社,2009.
31. 卢晓中. 当代世界高等教育理念及对中国的影响[M]. 上海:上海教育出版社,2001.
32. 陆学艺,景天魁. 转型中的中国社会[M]. 哈尔滨:黑龙江人民出版社,1994.
33. 罗国杰,夏伟东. 思想道德修养与法律基础[M]. 北京:高等教育出版社,2010.
34. 罗荣渠,现代化新论——世界与中国的现代化进程[M]. 北京:商务印书馆,2004.
35. 眭依凡. 大学的使命与责任[M]. 北京:教育科学出版社,2007.
36. 潘懋元. 潘懋元论高等教育[M]. 福州:福建教育出版社,2000.
37. 潘懋元. 应用型人才培养的理论与实践[M]. 厦门:厦门大学出版社,2011.
38. 秦惠民. 学位与研究生教育大辞典[M]. 北京:北京理工大学出版社,1994.
39. 沈壮海. 思想政治教育的文化视野[M]. 北京:人民出版社,2005.
40. 十八大报告辅导读本[M]. 北京:人民出版社,2012.
41. 石中英. 教育哲学导论[M]. 北京:北京师范大学出版社,2004.

42. 宋东霞. 中国大学竞争力研究[M]. 北京:高等教育出版社,2005.
43. 宋希仁. 西方伦理思想史[M]. 北京:中国人民大学出版社,2004.
44. 陶行知. 陶行知全集: 第1卷[M]. 成都:四川人民出版社,1991.
45. 万俊人. 现代性的伦理话语[M]. 呼和浩特:内蒙古人民出版社,2002.
46. 王立人. 国际视野中的本科应用型人才[M]. 杭州: 浙江大学出版,2008.
47. 王中力. 激励论[M]. 太原:山西人民出版社,1992.
48. 习近平. 在第十二届全国人民代表大会第一次会议上的讲话[M]. 北京:人民出版社,2013.
49. 许慎. 说文解字[M]. 南京:江苏古籍出版社,2001.
50. 杨伯峻. 春秋左传注(三)[M]. 北京:中华书局,2009.
51. 杨金土. 90 年代中国教育改革大潮丛书(职业教育卷)[M]. 北京:北京师范大学出版社,2002.
52. 杨振斌. 高等学校辅导员培训教程[M]. 北京:高等教育出版社,2006.
53. 叶奕乾,何存道,梁宁建. 普通心理学[M]. 上海:华东师范大学出版社,1997.
54. 俞文钊. 现代激励理论与应用[M]. 大连:东北财经大学出版社,2006.
55. 袁贵仁,韩庆祥. 论人的全面发展[M]. 南宁:广西人民出版社,2003.
56. 袁振国. 中国教育政策评论[M]. 北京:教育科学出版社,2004.
57. 张澍军. 德育文化论[M]. 北京:中国社会科学出版社,2008.
58. 张耀灿,等. 思想政治教育学原理[M]. 北京:高等教育出版社,2001.
59. 赵长城,等. 地方高校发展若干问题的思考[M]. 北京:中国经济出版社,2012.
60. 赵承福,陈泽河. 创造教育研究新进展[M]. 济南:山东人民出版社,2002.
61. 赵林. 西方哲学史讲演录[M]. 北京:高等教育出版社,2009.
62. 赵汀阳. 论可能的生活:一种关于幸福和公正的理论[M]. 北京:中国人民大学出版社,2004.
63. 郑永扣. 大学发展战略:理念、目标与管理[M]. 北京:人民出版社,2006.
64. 中共中央关于全面深化改革若干重大问题的决定辅导读本[M]. 北京:人民出版社,2013.
65. 中国共产党第十八次全国代表大会文件汇编[G]. 人民出版社,2012.

66. 邹进. 现代德国文化教育学[M]. 太原:山西教育出版社,1992.

汉译著作类

1. [德]兰德曼. 哲学人类学. 2 版[M]. 阎嘉,译. 贵阳:贵州人民出版社,2006.
2. [德]爱因斯坦文集:第 3 卷[M]. 北京:商务印书馆,1979.
3. [德]哈贝马斯. 交往与社会进化[M]. 张树博,译. 重庆:重庆出版社,1989.
4. [德]雅斯贝尔斯. 什么是教育[M]. 邹进,译. 北京:生活·读书·新知三联书店,1991.
5. [德]雅斯贝斯. 时代的精神状况[M]. 王德峰,译. 上海:上海译文出版社,1997.
6. [加]大卫·杰弗里·史密斯. 全球化与后现代教育学[M]. 郭洋生,译. 北京:教育科学出版社,2000.
7. [捷克]夸美纽斯. 大教学论[M]. 傅任敢,译. 北京:教育科学出版社,1999.
8. [美]西尔瓦诺·阿瑞提. 创造的秘密[M]. 钱南岗,译. 沈阳:辽宁人民出版社,1987.
9. [美]阿伯特·班杜拉. 社会学习心理学[M]. 郭占基,等,译. 长春:吉林教育出版社,1988.
10. [美]艾恺采访,梁漱溟口述. 这个世界会好吗[M]. 一耽学堂,整理. 北京:东方出版社,2006.
11. [美]布鲁纳. 教育的文化:文化心理学的观点[M]. 宋文里,译. 台北:台湾远流出版社,2001.
12. [美]彼得·德鲁克. 卓有成效的管理者[M]. 许是祥,译. 北京:机械工业出版社,2009.
13. [美]戴尔·H. 申克. 学习理论:教育的视角[M]. 韦小满,等,译. 南京:江苏教育出版社,2003.
14. [美]丹尼尔·贝尔. 资本主义文化矛盾[M]. 赵一凡,等,译. 北京:生活·读书·新知三联书店,1992.
15. [美]杜威. 道德教育原理[M]. 王承绪,等,译. 杭州:浙江教育出版社,2003.
16. [美]保罗·弗洛姆. 弗洛姆文集[M]. 冯川,译. 北京:改革出版社,

1991.
17. [美]哈罗德·孔茨,西里尔·奥唐奈. 管理学[M]. 中国人民大学工业经济系,外国工业管理教研室,译. 贵阳:贵州人民出版社,1982.
18. [美]马斯洛. 自我实现的人[M]. 许金声,等,译. 北京:生活·读书·新知三联书店,1987.
19. [美]罗伯特·伯恩鲍姆. 大学运行模式[M]. 别敦荣. 译. 青岛:中国海洋大学出版社,2003.
20. [美]尼古拉斯·尼葛洛庞蒂. 数字化生存[M]. 胡泳,范海燕,译,海口:海南出版社,1997.
21. [美]托马斯·弗里德曼. 世界是平的:一部二十一世纪简史[M]. 何帆,等,译. 长沙:湖南科学技术出版社,2006.
22. [美]詹姆斯·杜德斯达. 21 世纪的大学[M]. 刘彤,译. 北京:北京大学出版社,2005.
23. [苏]彼得罗夫斯基. 集体的社会心理学[M]. 任臣责,等,译. 北京:人民教育出版社出版,1984.
24. [苏]加里宁. 论共产主义教育[M]. 陈昌浩,译. 北京:人民出版社,1957.
25. [印]阿马蒂亚·森. 以自由看待发展[M]. 任臣责,等,译. 北京:中国人民大学出版社,2002.
26. [英]贝弗里奇. 科学研究的艺术[M]. 陈捷,译. 北京:科学出版社,1979.
27. [英]维克托·迈尔-舍恩伯格,肯尼思·库克耶. 大数据时代[M]. 盛杨燕,等,译. 杭州:浙江人民出版社,2013.

论文类

1. 蔡敬民,魏朱宝. 应用型本科人才培养的战略思考[J]. 中国高等教育,2008(12).
2. 柴素芳. 大学生幸福观教育之道德情感维度[J]. 河北大学学报(哲学社会科学版),2012(1).
3. 常汉东. 地方本科院校应用型人才培养的课程模式构建[J]. 黑龙江高教研究,2007(11).
4. 车先礼,张然,许盈. 立德树人根本任务的实现路径和工作机制研究与实践——以山东农业大学为例[J]. 高等农业教育,2013(10).

5. 陈丹雄. 论高校立德树人根本任务的实现困境及其破解[J]. 高等农业教育,2014(3).
6. 陈封椿. 用社会主义核心价值体系引领大学生健康成长[J]. 思想理论教育导刊,2012(1).
7. 陈锋,吴明晖,颜晖. 影响应用型人才培养质量的关键环节探讨[J]. 中国大学教学,2011(5).
8. 陈劲. 杭州:2004 年应用型创新人才培养国际研讨会报告[R]. 2004-10.
9. 陈小虎,杨祥. 新型应用型本科院校发展的 14 个基本问题[J]. 中国大学教学,2013(1).
10. 陈小虎,刘化君,曲华昌. 应用型人才培养模式及其定位研究[J]. 中国大学教学,2004(5).
11. 陈信存,钟金萍. 高校学生工作专业发展刍议[J]. 社会科学家. 2012(6).
12. 陈勇,陈蕾,陈旻. 立德树人:当代大学生思想政治教育的根本任务[J]. 思想理论教育导刊,2013(4).
13. 成尚荣. 让道德意义在课堂里流淌[J]. 人民教育,2013(23).
14. 成协设,江珩,郑学刚. 校地协同共建"政产学研用"实践育人途径[J]中国大学教学,2012(2).
15. 程天权. 立德树人　育才为国[J]. 思想教育研究,2008(1).
16. 戴卫义,王玮,邹斌. 坚持立德树人　推进高校学生事务管理工作[J]. 中国高等教育,2014(Z1).
17. 邓福蓉. "中国梦"视域下大学生核心价值观教育重点及方法创新[J]. 学校党建与思想教育,2013(2).
18. 丁念金. 学习文化的人性优化功能与学习型城市建设[J]. 开放教育研究,2013(4).
19. 董俊. 促进高校贫困学生和谐发展的意义及途径[J]. 学校党建与思想教育,2006(1).
20. 杜振财. 快速大众化教育下的高校学生工作探析[J]. 中国青年政治学院学报,2012(6).
21. 杜志丽,贺思辉. 某高校贫困生心理健康与人格及防御机制的相关研究[J]. 中国学校卫生,2006(2).
22. 段丹东. 团学组织的思政教育作用与高校人才培养[J]. 继续教育研究,2012(6).

23. 方晓珍.高校“立德树人”的理论指导与实践路径[J].思想理论教育导刊,2013(6).
24. 费拥军.高校实践育人路径的优化探究[J].教育与职业.2014(9).
25. 冯刚.坚持立德树人　注重统筹谋划　推进大学生思想政治教育创新发展[J].思想教育研究,2014(3).
26. 干洪,徐达奇.高素质工程应用型人才培养途径研究[J].高等工程教育研究,2010(6).
27. 高斌,类延旭,方仲奇.新时期高校服务育人路径的思考[J].学校党建与思想教育,2009(10).
28. 高建广,靳文娟.加强大学文化建设是高校践行立德树人的重要途径[J].学校党建与思想教育,2013(26).
29. 龚克.立德树人、素质教育与内涵式发展[J].中国高等教育,2013(2).
30. 关仲和.关于应用型人才培养模式的思考[J].中国大学教学,2010(6).
31. 郭欣欣.本科生导师制研究[D].暨南大学2007年硕士学位论文.
32. 韩益凤,陈中建.贫困大学生健全人格培养策略研究[J].扬州大学学报(高教研究版),2006(5).
33. 郝文武.教育民主的主体间性本质和方式[J].教育理论与实践,2009(2).
34. 浩歌.将核心价值体系融入立德树人全过程[J].中国高等教育,2007(9).
35. 何万国,何华敏.应用型人才培养的瓶颈——实践教学[J].实验室研究与探索,2011(6).
36. 胡波,等.地方院校应用型人才培养方案研究[J].中国大学教学,2006(5).
37. 华小洋,蒋胜永.应用型人才培养相关问题研究[J].高等工程教育研究,2012(1).
38. 黄海燕,肖华.高校思想政治工作要适应新形势拓展新空间[J].学校党建与思想教育,2004(12).
39. 黄辉.立德树人:现代职业教育的根本任务[J].中国职业技术教育,2013(7).
40. 黄建美,邹树梁.高校资助育人创新视角:构建多维资助模式的路径探析[J].中国高教研究,2012(4).
41. 贾立敏,赵军合,杜凌飞.思想政治教育由“育德”走向“立德”的保障机制论析[J].学校党建与思想教育,2013(15).

42. 贾英健. 中国梦的价值论审视[J]. 理论学刊,2014(4).
43. 姜秀丽,杨锐锋. 试析新建本科院校应用型人才培养的教学体系[J]. 黑龙江高教研究,2012(3).
44. 蒋胜永,杨慧瑛,刘世荣. 地方院校应用型人才培养方案构建的实践探索——以绍兴文理学院为例[J]. 中国大学教学,2010(10).
45. 金武州. 基于人才培养的高校社团与地方行业协会合作模式探究[J]. 学校党建与思想教育,2013(11).
46. 靖国安. 本科生导师制:高校教书育人的制度创新[J]. 高等教育研究,2005(5).
47. 李炳义. 高校教师立德树人的实现途径[J]. 教育探索,2014(5).
48. 李金奇. 市场机制导向下应用型人才培养模式探析[J]. 中国高等教育,2011(8).
49. 李靖茂. 论用社会主义核心价值体系构筑大学生精神世界[J]. 高教探索,2008(4).
50. 李亚杰. 高校服务育人的实践与探索[J]. 河南师范大学学报(哲学社会科学版),2012(5).
51. 李毅. 把握"立德树人"根本任务的思想政治教育[J]. 毛泽东思想研究,2013(4).
52. 李振跃. 新时期高校学生工作队伍建设刍议[J]. 内蒙古师范大学学报(教育科学版),2007(9).
53. 梁成山. 四大支持系统下的高校资助育人长效机制研究[J]. 大学教育,2014(2).
54. 刘德仿,王旭华,阳程. 以能力培养为中心的机械工程应用型人才培养教学体系探索与实践[J]. 中国高教研究,2009(11).
55. 刘根厚. 高校学生管理制度功能的失落与复归[J]. 教育理论与实践,2011(8).
56. 刘焕阳,韩延伦. 地方本科高校应用型人才培养定位及其体系建设[J]. 教育研究,2012(12).
57. 刘娜,杨士泰. 立德树人理念的历史渊源与内涵[J]. 教育评论,2014(5).
58. 刘迎春,熊志卿. 应用型人才培养目标定位及其知识、能力、素质结构的研究[J]. 中国大学教学,2004(10).
59. 刘耘. 务实致用:对地方大学应用型人才培养模式的探索[J]. 中国高教研究,2006(5).

60. 龙献忠,钟和平. 人文关怀视野下的高校对话德育及其建构[J]. 高等教育研究,2012(1).
61. 牟文谦. 人的全面发展的逻辑内涵[J]. 重庆社会科学,2010(4).
62. 欧阳康. 价值多元化进程中的高校“立德树人”使命[J]. 中国高等教育,2014(2).
63. 潘懋元,石慧霞. 应用型人才培养的历史探源[J]. 江苏高教,2009(1).
64. 潘懋元,吴玫. 高等学校分类与定位问题[J]. 复旦教育论坛,2003(3).
65. 潘玉驹,何毅. 论发展性大学生综合素质评价体系的构建[J]. 高等工程教育研究,2009(5).
66. 彭林权,兰英. 对大学生思想政治教育“立德树人”的多维审视[J]. 学校党建与思想教育,2014(12).
67. 彭永东,朱平. 当代大学生幸福观教育略论[J]. 江淮论坛,2012(5).
68. 钱国英,马建荣,林怡. 本科应用型人才培养的定位与教学组织设计——浙江万里学院的实践[J]. 中国高教研究,2010(1).
69. 沈壮海. 将优秀传统文化融入高校立德树人实践[J]. 思想政治工作研究,2014(4).
70. 石立岩. 临沂师范学院以扁平化管理为核心的体制创新案例分析[J]. 国家教育行政学院报,2008(1).
71. 孙弘安. 坚持立德树人 加强大学生核心价值体系教育[J]. 中国高等教育,2013(9).
72. 孙兰英. 网络文化建设和管理思想与高校思想政治教育的创新[J]. 思想理论教育导刊,2012(2).
73. 孙玉坤. 中国经济发展转型与高层次应用型人才培养[J]. 高等工程教育研究,2012(2).
74. 谭秀森. 论高校立德树人根本任务的实现机制[J]. 思想教育研究,2013(11).
75. 檀传宝. 立德树人实践应有的三大坚守[J]. 人民教育,2013(21).
76. 万荣根. 大学学习:生命意义的追寻[J]. 社会科学战线,2008(8).
77. 汪先平. 坚持立德树人 夯实“五观”教育[J]. 中国高等教育,2011(18).
78. 汪永智. 关于构建和实施职业院校“立德树人”系统工程几个问题的思考[J]. 中国成人教育,2011(24).

79. 王从严. 和谐校园文化建设与学生社团的持续发展[J]. 中国青年研究, 2008(5).
80. 王萍霞,汤正华,肖华. 平等交往中师生关系的嬗变——试论应用型本科高校班导师制[J]. 教育与现代化,2008(3).
81. 王荣德. 新建本科院校应用型人才培养体系的构建与实践[J]. 高等工程教育研究,2011(6).
82. 王树荫,温静. 中国梦的由来、意义与实践路径[J]. 中国高等教育, 2013(10).
83. 王挺,杜文东. 江苏省大学生 16PF 常模标定[J]. 中国健康心理学杂志, 2007(7).
84. 王小虎,王乐乐,李晓辉. 产学研合作教育:应用型人才培养的重要途径[J]. 现代教育科学,2010(9).
85. 王晓莉. "立德树人"何以可能——从道德教育角度的审思与建议[J]. 全球教育展望,2014(2).
86. 王兴芬. 面向应用型人才培养的实践教学内涵建设及其管理机制改革[J]. 实验技术与管理,2012(9).
87. 吴潜涛,吴俊. 坚持"三个面向"与"立德树人"的统一[J]. 思想理论教育导刊,2014(4).
88. 吴仁华. 围绕应用型人才培养 加快新建本科院校改革和发展[J]. 中国高等教育,2010(22).
89. 吴仁华. 大学科布局:地方新建本科院校发展工科的重要策略[J]. 高等工程教育研究,2014(1).
90. 吴太胜. 大学生参与管理:高校和谐治理的推进路径分析[J]. 山东省青年管理干部学院学报,2008(6).
91. 吴耀兴,陈政辉. 论应用型人才培养的内涵及策略[J]. 黑龙江高教研究,2008(12).
92. 吴忠权. 地方新建本科院校人才培养目标定位及模式构建——基于应用型人才培养的思考[J]. 河北师范大学学报(教育科学版),2009(10).
93. 习近平. 始终与人民心相印共甘苦——在十八届中央政治局常委与中外记者见面时的讲话[J]. 人民论坛,2012(33).
94. 习近平. 中华民族伟大复兴的梦想一定能实现[J]. 党建,2013(1).
95. 项进,田红芳. 以人为本 立德树人[J]. 思想教育研究,2008(4).
96. 肖华. 高校"中国梦"教育的认同意蕴[J]. 黑龙江高教研究,2014(5).

97. 肖华,陆旭保,博采众长,推陈出新,全面推进节约型校园建设[J]. 高校后勤研究,2012(4).
98. 肖华,王萍霞. 应用型人才培养中"辅导员 + 班导师"育人机制研究[J]. 职业技术教育,2009(29).
99. 肖华. 以人为本,建立应用型人才素质发展的引导机制[J]. 常州工学院学报(社科版),2006(3).
100. 肖蓉,吴倩茹. 立德树人:大学生思想政治教育的本质要求[J]. 教育探索,2014(3).
101. 谢树玉. 困难学生自尊自立自强教育研究[J]. 教育者协会研究2002(4).
102. 熊晓梅. 坚持立德树人理念 推进教师思想政治教育工作[J]. 中国高等教育,2013(Z3).
103. 徐柏才,李从浩. 深入开展大学生爱国主义教育的若干思考[J]. 中南民族大学学报(社会科学版),2004(2).
104. 徐同文,陈艳. 英国大学应用型人才培养机制探析及启示[J]. 高等工程教育研究,2013(4).
105. 徐跃进. 立德树人 增强思想政治教育工作"正能量"[J]. 中国高等教育,2013(10).
106. 许军国. 从校园文化视角看立德树人[J]. 中国教育学刊,2014(4).
107. 许武. 立德树人是教育的根本任务[J]. 中国高等教育,2013(1).
108. 许志才. 高素质应用型人才培养路径研究[J]. 国家教育行政学院学报,2010(6).
109. 薛深,胡相峰. 高校贫困生资助的人文关怀[J]. 教育评论,2008(3).
110. 薛香,肖华. 贫困大学生人格特征调查的分析与思考[J]. 常州工学院学报(社科版),2008(5).
111. 杨艳春. 立德树人的马克思主义人本理路探析[J]. 思想教育研究,2014(1).
112. 杨业华. 大学生思想政治教育要坚持解决思想问题与解决实际问题相结合[J]. 思想理论教育导刊,2005(2).
113. 袁贵仁,本刊记者. 深入学习贯彻党的十八大精神 把立德树人作为教育的根本任务——访党的十八大代表、教育部党组书记、部长袁贵仁[J]. 思想理论教育导刊,2013(1).
114. 苑迅,郭辉,秦昌明. 地方高校应用型人才培养与实践教学体系构建的探索与实践[J]. 实验技术与管理,2011(8).

115. 曾小彬. 创新人才培养模式　提升应用型人才培养质量[J]. 中国大学教学,2010(3).
116. 曾鹰,宋喆. 生活世界视域下的高校思想政治教育[J]. 教育评论,2010(6).
117. 张瑜,彭庆红. 高校辅导员角色定位及其扮演[J]. 学校党建与思想教育,2004(10).
118. 张冰,白华. 盲助:破解中国高校贫困生资助范式的路径选择[J]. 社会科学家,2013(3).
119. 张传发,刘加志. 谈立德树人根本任务在高职教育实践平台的实现[J]. 中国成人教育,2013(14).
120. 张翠英,温卫中. 地方院校应用型人才培养模式研究与实践[J]. 黑龙江高教研究,2013(2).
121. 张德江. 应用型人才培养的定位问题及模式探析[J]. 中国高等教育,2011(18).
122. 张洪田,等. 应用型人才培养体系的探索与实践[J]. 中国高教研究,2008(2).
123. 张景和. 坚定不移将立德树人做到实处[J]. 中国教育学刊,2014(5).
124. 张立民,周红英. 和谐社会视野下的幸福观定位[J]. 学术论坛,2007(9).
125. 张朋钊. 立德树人的现实途径[J]. 学校党建与思想教育,2010(6).
126. 张茹粉. 榜样教育的理性诉求[J]. 河南师范大学学报(哲学社会科学版),2008(3).
127. 张瑞. 立德树人视野下的高校辅导员队伍建设[J]. 学校党建与思想教育,2013(22).
128. 张世英. 新建本科院校应用型人才培养的研究与探索[J]. 中国大学教学,2011(2).
129. 张兄武. 基于利益相关者理论的本科应用型人才培养"责任共担"机制探究[J]. 高等工程教育研究,2013(1).
130. 张艳国,刘小强. 坚持立德树人　培养师德高尚的人民教师[J]. 中国高等教育,2011(9).
131. 张耀灿. 榜样文化:社会主义核心价值观培育机制的构建[J]. 学校党建与思想教育,2014(7).
132. 赵波. 高校师生相互关系中的冲突及其沟通管理[J]. 江苏社会科学,2010(4).

133. 赵建红,汤颖.应用型人才培养模式下实践教学体系的构建[J].黑龙江高教研究,2011(5).
134. 赵铸.发挥本科生班导师的立德树人功用[J].中国高等教育,2008(17).
135. 郑南宁.立德树人 培育追逐“中国梦”的民族脊梁[J].中国高等教育,2013(10).
136. 郑雅萍,王静.论高校后勤服务育人的时代性[J].中国高等教育,2010(5).
137. 郑永扣.发挥思想理论建设在立德树人工作中的引领作用[J].中国高等教育,2013(9).
138. 周德俭,莫勤德.地方普通高校应用型人才培养方案改革应注意的问题[J].现代教育管理,2011(3).
139. 周菁.应用型人才培养目标下高校实践教学教师队伍建设研究[J].教育探索,2011(9).
140. 周如东,李淑娜.立德树人运行机制的理论研究与建构[J].黑龙江高教研究,2014(2).
141. 周如东.高校立德树人运行路径的选择[J].煤炭高等教育,2014(4).
142. 朱春生.高校后勤社会化中大学生参与后勤管理刍议[J].江苏高教,2012(5).
143. 庄华洁,周金其.本科应用型人才培养模式的研究与实践——浙江大学城市学院教学改革创新纪实[J].高等教育研究,2004(6).
144. 邹广严.关于构建应用型人才培养模式的若干问题[J].中国高等教育,2009(23).

报刊、网络资料

1. 新华社.把培育和弘扬社会主义核心价值观作为凝魂聚气强基固本的基础工程[N].人民日报,2014-02-26(1).
2. 蔡娟.“两个一百年”奋斗目标铸就“中国梦”[N].中国社会科学报,2013(455).
3. 冯平平,陈瑞昌.常州工学院为学生追梦搭建平台[N].中国教育报,2013-06-18(8).
4. 冯平平,月航.常工院贫困大学生免费午餐 1大荤1小荤3素菜[N].常州日报,2011-11-24(B01).

5. 高闰青. 教育需要人文精神滋养[N]. 光明日报,2010-10-28(1).
6. 胡锦涛. 在庆祝清华大学建校100周年大会上的讲话[N]. 人民日报,2011-04-25(1).
7. 贾英健. 始终坚持社会主义意识形态的主导性[N]. 光明日报,2010-10-28(7).
8. 蒋斌,徐浩,丁庆芳. 将军营的种子撒播在校园[N]. 中国国防报,2013-09-05(3).
9. 焦新. 地方高校转型发展呼唤顶层设计——访《地方本科院校转型发展实践与政策研究》课题负责人孟庆国[N]. 中国教育报,2014-01-06(4).
10. 焦新. 加快地方本科院校转型 服务社会经济发展——《地方本科院校转型发展研究报告》负责人答记者问[N]. 中国教育报,2013-12-31(2).
11. 李剑平,纪宝成. 市长市委书记孩子几乎不上职业院校[N]. 中国青年报,2013-04-15(11).
12. 林以勤,周瑾亮,肖华. 常工院学生奖学金评定步入"多元化"[N]. 常州日报,2006-11-21(5).
13. 马德秀. 实现"中国梦",高校大有可为[N]. 中国社会科学报,2013(428).
14. 欧阳康. 以共同理想提升民族自觉——"中国梦"的价值意蕴[N]. 中国教育报,2013-04-18(8).
15. 潘懋元. 高校办学应避免同质化[N]. 中国教育报,2011-07-04(2).
16. 史占中. 大国复兴与崛起:从"中国制造"到"中国智造"[N]. 文汇报,2013-01-15(12).
17. 苏雁,张永超. 常州工学院:大力激发大学生社团活力[N]. 光明日报,2010-04-15(11).
18. 孙临平. 中国梦的自信在哪里[N]. 解放军报,2013-05-22(1).
19. 唐景莉,董少校. 地方高校如何定位:应用型本科错位竞争求突围[N]. 中国教育报,2011-11-01(1).
20. 王文革. 对高校师生关系的思考[N]. 光明日报,2009-01-07(11).
21. 新华社. 我国近五年资助高校贫困生4170万人次[N]. 光明日报,2011-11-16(9).
22. 习近平. 青年要自觉践行社会主义核心价值观[N]. 人民日报,2014-05-04(2).

23. 习近平. 在同各界优秀青年代表座谈时的讲话[N]. 人民日报,2013-05-05(1).
24. 新华社. 党中央国务院不断加大资助高校家庭经济困难学生工作力度[N]. 光明日报,2010-01-05(7).
25. 颜晓峰. 中国精神:实现中国梦的动力之源[N]. 江西日报,2013-04-01(B03).
26. 仪垂杰. 关于高校德育创新的思考与实践[N]. 光明日报,2009-10-19(10).
27. 董少校. 应用技术大学时代如何迎接[N]. 中国教育报,2014-04-26(1).
28. 袁贵仁. 深化教育领域综合改革 加快推进教育治理体系和治理能力现代化——在2014年全国教育工作会议上的讲话[N]. 中国教育报,2014-01-15(1).
29. 袁贵仁. 深化教育领域综合改革[N]. 中国教育报,2013-11-20(1).
30. 赵婀娜. 记者专访教育部副部长鲁昕——建设现代职业教育体系:解决就业结构性矛盾的重要举措[N]. 人民日报,2014-03-24(16).
31. 赵周贤,刘光明. 沿着中国特色社会主义道路奋力实现"中国梦[N]. 经济日报,2013-01-04(1).
32. 郑永扣. 大学内涵我见[N]. 光明日报,2014-08-30(5).
33. 中央党校中国特色社会主义理论体系研究中心. 深刻把握中国梦的丰富内涵和特质[N],人民日报,2014-6-6(7).
34. 宗河. 教育部等七部门出台加强高校实践育人工作意见[N]. 中国教育报,2012-02-04(1).
35. 2009年高校学生思想政治状况滚动调查表明大学生主流思想出现转折性变化. [EB/OL]. http://www.gov.cn/gzdt/2009-07/06/content_1358319.htm.
36. 关于进一步加强和改进大学生社会实践的意见(中青联发〔2005〕3号)[EB/OL]. http://www.ccyl.org.cn/documents/zqlf/200703/t20070321_14557.htm.
37. 国务院关于建立健全普通本科高校高等职业学校和中等职业学校家庭经济困难学生资助政策体系的意见(国发〔2007〕13号)[EB/OL]. http://www.xszz.cee.edu.cn/zizhuzhengce/zonghezhengce/2012-09-02/1225.html.
38. 教育部关于加强高等学校辅导员班主任队伍建设的意见(教社政

〔2005〕2 号）[EB/OL]. http://www.moe.edu.cn/edoas/website18/90/info14090.htm.

39. 凌军辉. 江苏一高校聘任大学生评议员参与学校管理[EB/OL]. http://news.xinhuanet.com/society/2009-06/12/content_11531143.htm.

40. 鲁昕. 建设现代职业教育体系：解决就业结构性矛盾的重要举措[EB/OL]. http://news.xinhuanet.com/2014-03/22/c_119896137.htm.

41. 全国学生资助管理中心. 高校新生入学资助详解[EB/OL]. http://www.moe.edu.cn/publicfiles/business/htmlfiles/moe/s8235/list.html.

42. 习近平. 在中法建交 50 周年纪念大会上的讲话[EB/OL]. http://www.fmprc.gov.cn/mfa_chn/zyxw_602251/t1141773.shtml.

43. 中共教育部党组关于在"五四"期间深入开展中国梦宣传教育活动的通知.（教党〔2013〕5 号）[EB/OL]. http://www.moe.edu.cn/publicfiles/business/htmlfiles/moe/s4559/201304/150438.html.

44. 中华人民共和国财政部教科文司，中华人民共和国教育部财务司，全国学生资助管理中心. 高等学校学生资助政策简介（本专科生）[EB/OL]. http://www.moe.edu.cn/ewebeditor/uploadfile/2014/08/04/20140804111734616.

外文类

1. John Retallic, Barrry Cocklin. Learning Community in Education: Issues, Strategies, and Contexts. London: Routledge, 1999: 6.

2. Ted Tapper, David Palfreyman. Continuity and Change in the Collegiate Tradition. Higher Edueation Quarterly, 1998(52): 146.

3. Ted Tapper, David Palfreyman. Oxford and the Decline of the Collegiate Tradition. London: Woburn Press, 2000: 100.

后记

面对即将付梓的拙著，既欣慰，又惶恐；既喜悦，又遗憾。欣慰、喜悦的是在不惑之年，不觉梦想成真，十年寒窗，二十载耕耘，将青春和智慧奉献在美丽的校园里，将阳光播撒在希望的田野上，与学生一同成长；惶恐、遗憾的是，由于自身的学识水平、实践经历的局限，本书只是对应用型本科人才培养问题的一点管窥，还不够深入，不够透彻。正如有学者所言，高等教育应用型创新人才培养问题是一项非常复杂又极其重要的课题，远非一个课题、一本研究著作所能解决得了的，而是需要在长期的办学实践中不断加以探讨与研究。

选择“应用型本科高校立德树人探索”这个选题来进行研究，主要基于三方面的考虑。

第一，应用型本科人才培养是一个无法回避的时代性问题。随着经济社会结构加快转型，新型的先进制造业和现代服务业对应用型人才的需求日益增加，使得人力资源结构性供需矛盾更加突出，甚至出现大学生“就业难”和行业企业“用工荒”并存的“悖论”。其实，行业企业“用工荒”突出的根本性问题，是中高级技术工人和应用型人才的匮乏。应用型本科高校如何培养出适应社会发展实际需要的人才？注重立德树人是关键，这将直接影响和决定应用型人才的质量和可持续发展性。

第二，我作为应用型本科高校的一名教育工作者，历任校团委书记、学工部（处）副部长、后勤管理处处长、学工部（处）部长、人武部部长等不同的岗位，其间还有下基层到地方政府挂职的经历，在长期的实际工作中，经常会遇到问题与困惑。在应用型本科人才培养体系中,高校思想政治教育工作究竟如何准确定位,真正发挥育人功能,更加有效地服务于学生的成长成才? 在反思与追问中,多年来,我不断进行实践探索与理论研究,主持或参与了多项省、市、校级相关课题研究,撰写研究论文,并反馈于教育实践。

第三,我校是一所年轻的地方本科高校,在应用型人才培养的探索与实践中,执着追求、勇于创新,逐步形成了自己的经验与特色,培养了大批服务于区域经济发展的优秀应用型人才,有的已经成为了地方经济社会发展中各行各业的领军人物,为我校赢得了良好的社会声誉。这一切,为我完成本选题提供了良好的研究基础和实践平台。

在研究和写作中,我的工作单位常州工学院的领导和同事给予了极大的鼓励与支持,聆听南京大学博士生导师龚放教授的课程,苏州大学博士生导师姜建成教授、南京师范大学博士生导师王永贵教授、苏州大学博士生导师方世南教授对本书的写作给予了热心的指导并提出了宝贵的修改意见。本书的出版,得到了江苏省教育科学规划办、江苏省教育厅以及我校的支持,也得到了苏州大学出版社的大力帮助。在此,对诸位专家、领导、同事等的关心、帮助与支持,一并致谢! 另外,在写作过程中,参考了相关学者的研究成果,在此向作者致谢!

改革不停顿,探索不止步。在应用型本科高校立德树人过程中,我始终坚持“心中有学生,心中有大爱,心中有韬略”,始终坚持把立德树人作为科学来研究,作为艺术来创造,作为事业来追求,始终保持年轻的心态,用青年大学生喜闻乐见的方式去工作,引导和帮助每一位学生成长成才,走向幸福人生。本书作为一家之言,且作引玉之砖,就教方家斧正。

肖 华

2014 年 8 月于风华斋